W0083415

Michael Brückner

50 Sachwerte, die Sie ruhig schlafen lassen

50 SACHWERTE

die Sie gut schlafen lassen

FBV

Michael Brückner

Bibliografische Information der Deutschen Nationalbibliothek
Die Deutsche Nationalbibliothek verzeichnet diese Publikation in der Deutschen Nationalbibliografie; detaillierte bibliografische Daten sind im Internet über **http://d-nb.de** abrufbar.

Für Fragen und Anregungen:
brueckner@finanzbuchverlag.de

1., Auflage 2013

Nymphenburger Straße 86
D-80636 München
Tel.: 089 651285-0
Fax: 089 652096

Redaktion: Ulrike Kroneck
Korrektorat: Markus Setzler, mehrlichtimtext, Tübingen
Umschlaggestaltung: Judith Wittmann
Umschlagabbildung: istockphoto.com
Satz: Carsten Klein, München
Druck: CPI – Ebner & Spiegel, Ulm
Printed in Germany

ISBN Print 978-3-89879-709-2
ISBN E-Book (PDF) 978-3-86248-288-7

Weitere Informationen zum Verlag finden sie unter

www.finanzbuchverlag.de

Beachten Sie auch unsere weiteren Verlage unter
www.muenchner-verlagsgruppe.de

Inhalt

Vorwort

Wer nicht mehr so recht weiter weiß, greift gern auf bewährte Lösungen zurück. Fast alle führenden Industrienationen sitzen auf einem gewaltigen Schuldenberg. Allein mit drastischen Einsparungen lassen sich diese Pulverfässer nicht entschärfen. Daher sind die Regierungen und Notenbanken ganz offenkundig entschlossen, die brisante Verschuldungssituation, die sogar den Fortbestand des Euro bedroht, mit dem schon in den USA nach dem Zweiten Weltkrieg erfolgreichen Instrument der »Finanziellen Repression« zu lindern. Die Strategie ist denkbar einfach: Die Notenbanken halten die Leitzinsen langfristig auf einem extrem niedrigen Niveau. Das tun sie bereits seit einiger Zeit, und wenn man den offiziellen Verlautbarungen Glauben schenkt, dürfte sich daran in den nächsten Jahren nichts ändern. Gleichzeitig steigt die Inflation, hervorgerufen in erster Linie durch die gigantische Liquiditätsflutung der Märkte, ausgelöst von der Europäischen Zentralbank und der US-amerikanischen Federal Reserve.

Die Bürger bemerken davon zunächst nichts, im Gegenteil, die Situation scheint sich zu beruhigen, der Druck auf den Euro lässt nach und die Aktienkurse steigen überwiegend. Doch selbst bei noch vergleichsweise moderaten Inflationsraten von vier bis fünf Prozent führt die »Finanzielle Repression« mittel- bis längerfristig zu einer schleichenden Enteignung der Sparer, während sich die Staaten zu günstigen Konditionen neu verschulden und den Druck der Altschulden mithilfe der Inflation verringern können. Klarer Fall: Wenn die Inflationsrate über einen längeren Zeitraum deutlich höher ist als der Zins, machen die Sparer ein Verlustgeschäft (ungeachtet dessen müssen sie ihre Zinserträge sogar noch versteuern).

Viele Anleger flüchten daher in inflationsgeschützte Sachwerte. Neben den Klassikern Immobilien und Edelmetalle gibt es mittlerweile zahlreiche Möglichkeiten, mit Sachwerten Renditen zu erzielen und im Idealfall darüber hinaus von einem emotionalen Mehrwert zu profitieren. Im vorliegenden Buch stellen wir sowohl die Klassiker unter den Sachwert-Investments als auch die Exoten vor. Gerade für diese Exoten gilt: Der Anleger sollte eine Affinität zum Thema haben. Investment- und Sammelleidenschaft – beides ist in diesen Fällen gefragt.

Die Inspiration zum vorliegenden Buch ging von der äußert erfolgreichen Serie »Wahre Werte« in der *Welt am Sonntag* aus. Der Autor hat zwischen 2010 und 2012 hierzu zahlreiche Beiträge beigesteuert. Einige davon wurden für dieses Buch aktualisiert und überarbeitet. Die meisten der folgenden 50 Kapitel indessen hat der Autor exklusiv für diesen Titel recherchiert.

Verlag und Autor wünschen den Leserinnen und Lesern eine glückliche Hand bei all ihren Investments.

Michael Brückner

Einleitung

Faszination der Sachwerte

Eine gesuchte Armbanduhr aus einer renommierten Manufaktur statt Aktien? Eine Holzkiste mit altem Bordeaux statt eines Depots mit langweiligen Anleihen? Lupenreine Diamanten statt undurchsichtiger Fonds? Kräftige rote Rubine statt schwindsüchtiger Magerzinsen auf einem Tagesgeldkonto? Faszinierende Oldtimer statt enttäuschender Zertifikate? Möglicherweise haben Sie sich auch schon einmal solche Fragen gestellt. Dies ist sogar sehr wahrscheinlich, denn mit dem Kauf dieses Buches signalisieren Sie immerhin Ihr Interesse an Investments der etwas anderen Art.

Macht es aber wirklich Sinn, lustbetont zu investieren, oder ist die Hoffnung auf Renditen für manche Liebhaber und Sammler edler Stücke nicht mehr als ein beruhigendes Placebo, um die Ausgaben für ein exklusives Hobby zu relativieren? Ganz nach dem Motto: Die Uhr mag 10.000 Euro gekostet haben, dafür behält sie ihren Wert und dieser Wert wird längerfristig vielleicht sogar zulegen. Weshalb also das Geld auf Sparbüchern und Festgeldkonten parken, wenn man sich mit den Rücklagen Wünsche erfüllen und schöne Dinge leisten kann, die dem Leben Glanzlichter aufsetzen? Das Feuer eines Diamanten strahlt allemal mehr Faszinationskraft aus als ein nüchterner Depotauszug. Und wahr ist auch: Keine seltene Referenz der Uhrenmanufaktur Patek Philippe und keine gepflegte Rolex hat innerhalb von zehn Jahren jemals annähernd soviel an Wert eingebüßt wie zum Beispiel die sogenannte Volksaktie der Deutschen Telekom.

Natürlich lassen sich für beinahe alle Arten des exotischen Investments überzeugende Argumente finden. Der Liv ex-100 – also der in London notierte »Dax für hochwertige Weine« – erholte sich nach den diversen Finanz- und Eurokrisen in den Jahren 2008/2010 schneller als die wichtigsten Börsenindizes. Und Porzellan aus Meißen erwies sich in der Vergangenheit sogar als Top-Performer.

Diskrete Form der Geldanlage

Aus steuerlicher Sicht spricht ebenfalls manches dafür, in schöne Sachwerte zu investieren: Steigen diese nämlich im Wert, können Sie eventuelle Veräußerungsgewinne nach Ablauf der zwölfmonatigen Spekulationsfrist steuerfrei vereinnahmen. Eine Abgeltungsteuer wie bei anderen Formen der Kapitalanlage fällt somit nicht an. Viele Anleger schätzen ferner die weitgehende Diskretion eines solchen Investments. Jeder kann bei einem renommierten Edelmetallhändler oder bei einer Bank zum Beispiel Goldbarren kaufen und diese bar bezahlen. In diesen Fällen hinterlässt er keine Spuren. Gleiches gilt für den Kauf einer edlen Uhr oder eines Diamanten beim Juwelier. Auch eine Kiste mit hochwertigen Weinen können Sie erwerben, ohne dass der Fiskus etwas davon erfährt. Ihre Konten und Depots hingegen sind für die Steuerbehörden gleichsam ein offenes Buch. Spätestens mit der Einführung der automatisierten Kontenabfrage durch Finanz- und Sozialämter ist der deutsche Bankkunde »gläsern«. Der Kauf und Verkauf von Sachwerten erfolgt weitgehend diskret, sofern zwei Voraussetzungen erfüllt sind:

1. Die Anschaffung sollte bar bezahlt werden. Daher unsere Empfehlung, Edelmetalle bei spezialisierten Händlern oder fremden Banken zu kaufen (die Hausbank dürfte das Geschäft über das Girokonto ihres Kunden abwickeln – und dadurch deutliche Spuren hinterlassen).
2. Der Schwellenbetrag von 15.000 Euro pro Geschäft darf nicht überschritten werden. Dann nämlich ist der Verkäufer verpflichtet, eine Legitimationsprüfung vorzunehmen, das heißt, er muss den Kunden um

dessen Personalausweis oder Pass bitten, diesen kopieren und die Unterlagen fünf Jahre aufbewahren. Kommt es in dieser Zeit zu Betriebsprüfungen beim Verkäufer, dürfte in der Regel eine Kontrollmitteilung an das Wohnsitz-Finanzamt des Käufers erfolgen. Spätestens dann ist es vorbei mit der Diskretion.

Emotionale Renditen statt Zinsen

Ein Argument, das immer wieder gegen Sachwert-Investments ins Feld geführt wird, ist die Tatsache, dass der Anleger keine laufenden Einnahmen aus seinem Engagement erhält. Ganz gleich, ob er sich für Goldbarren, Oldtimer, Porzellan, Malt-Whisky oder Wein entscheidet – Zinsen oder Dividenden wie auf Aktien oder Spareinlagen werden in diesen Fällen nicht gezahlt. Bei näherer Betrachtung vermag dieses Argument allerdings nur bedingt zu überzeugen. Denn zum einen befinden sich die Zinsen schon seit Jahren auf einem sehr niedrigen Niveau. Nach Abzug von Steuern und der aktuellen Inflationsrate bleibt unter dem Strich meist kein wirklicher Kapitalertrag mehr. Im Gegenteil: Wir erleben im Augenblick das, was Ökonomen als finanzielle Repression bezeichnen. Sie tritt ein, wenn die Zinsen dauerhaft deutlich niedriger sind als die Inflation. Ohne dass er es sogleich bemerkt, wird der Sparer schleichend enteignet, während sich die Staaten dank niedriger Zinsen günstig refinanzieren können.

Sachwertinvestments eignen sich daher besonders in Zeiten niedriger Guthabenzinsen. Zum Zweiten profitiert der Anleger von einer emotionalen Rendite, denn in aller Regel hat er eine besondere Affinität zu den schönen Sachwerten, in die er sein Geld investiert: Er ist zum Beispiel Uhren- oder Porzellansammler, ist fasziniert von der Mechanik chromblitzender historischer Fahrzeuge, oder ihm bereitet der Aufbau eines eigenen Weinkellers mit Spitzengewächsen große Freude. Was sind schon ein paar Euro Zinsen im Vergleich mit diesem Besitzerstolz? Und immerhin: Die emotionale Rendite ist garantiert steuerfrei.

Werterhalt versus Wertsteigerungspotenzial

Wenn Sie eine gesuchte Referenz von Patek Philippe oder Meissner Porzellan erstehen, hoffen Sie natürlich auf eine Wertsteigerung. Denn nur darin liegt ein potenzieller Gewinn, da – wie erwähnt – mit den auf den nachfolgenden Seiten vorgestellten Investmentideen keine laufenden Erträge erzielt werden. Ihre Rendite entspricht also dem Unterschied zwischen Einkaufs- und Verkaufspreis. Wer scharf kalkuliert, müsste von diesem Gewinn sogar den Zinsverlust abziehen. Denn statt einen teuren Schweizer Zeitmesser zu kaufen, hätten Sie Ihr Geld natürlich auch auf einem Sparkonto anlegen und dafür Zinsen kassieren können.

Damit nicht genug: Bei vielen der schönen Sachwerte fallen sogar noch laufende Kosten an. Uhren zum Beispiel müssen nach ein paar Jahren zur Revision. Dabei wird das Werk auseinandergenommen, gereinigt, geölt und wieder zusammengebaut. Hierfür muss der Uhrenfreund schon mit ein paar Hundert Euro rechnen. Handelt es sich um einen sehr wertvollen Zeitmesser mit vielen mechanischen Raffinessen, so kann der finanzielle Aufwand für eine Revision durchaus mit einem vierstelligen Betrag zu Buche schlagen. Einen zumindest ebenso hohen Erhaltungsaufwand muss einkalkulieren, wer in historische Fahrzeuge investiert.

Edelmetalle und Diamanten sind in dieser Hinsicht zwar ausgesprochen pflegeleicht, aber natürlich brauchen Sie eine sichere Form der Aufbewahrung. Ein Banksafe kostet Gebühren, und einen wirklich geeigneten Tresor bekommen Sie ebenfalls nicht zum Schnäppchenpreis. Ein Weinsammler wiederum benötigt einen geeigneten Keller, um seine Schätze über viele Jahre lagern zu können.

Bleiben wir realistisch: In manchen Fällen dürfen Sie unter dem Strich nicht mit einer nennenswerten realen Wertsteigerung rechnen, die Sie auch am Markt durchsetzen können. Denn was bringt es Ihnen – von Verdruss einmal abgesehen –, wenn Ihnen der Auktionator zwar bescheinigt, dass der

Wert Ihrer Antiquitäten theoretisch um 80 Prozent gestiegen ist, sich zu diesem Preis aber keine Käufer finden? Doch dann gibt es da die höchst erfreulichen Fälle, in denen Anleger zum Beispiel mit gesuchten Uhren, kostbarem Schmuck, gefragten Oldtimern und absoluten Spitzenjahrgängen aus dem Bordeaux richtig viel Geld verdient haben. Voraussetzung dafür ist aber, dass

- die betreffende Ware seinerzeit günstig eingekauft wurde
- der Anleger einen langen Atem hat (nennenswerte Wertsteigerungen treten meist erst bei einer Haltedauer von deutlich mehr als zehn Jahren ein)
- sich der Markt tatsächlich in die erhoffte Richtung entwickelt hat (niemand weiß heute, was in 20 Jahren gefragt sein wird, der Wert von schönen Sachwerten ist daher auch vom Zeitgeist und modischen Zyklen abhängig).

Ein realistischer Anleger setzt daher nicht allein auf eine Wertsteigerung seiner »Sweatheart-Objekte«, sondern freut sich bereits über eine Werthaltigkeit. Die Chancen hierfür stehen schon deutlich besser, denn viele der Sachwerte, die wir Ihnen in diesem Buch vorstellen, haben einen entscheidenden Vorteil: Es handelt sich um inflationsgeschützte Sachwerte. Der gesuchte Jahrgang eines Bordeaux-Weines ist eben nur noch in geringen Mengen verfügbar. Er kann – im Gegensatz zu Papiergeld – nicht beliebig vermehrt werden. Daraus resultiert zunächst einmal Werthaltigkeit, im besten Fall sogar Wertsteigerungspotenzial. Werthaltig ist ein Objekt dann, wenn Sie nach einer bestimmten Zeitspanne unter Berücksichtigung der Inflation beim Verkauf genauso viel Geld bekommen wie Sie seinerzeit investieren mussten.

Ein Praxisbeispiel

Angenommen, Sie kaufen heute eine alte Taschenuhr aus Glashütte zum Preis von 10.000 Euro. Bei einer unterstellten Inflationsrate von durchschnittlich 2 Prozent pro Jahr müssten Sie bei einem Verkauf zehn Jahre später mindestens 12.190 Euro erlösen, um den aktuellen Gegenwert Ihrer seinerzeitigen Investition zu erhalten. Streng genommen müsste man auch in diesem Fall sogar den Verzicht auf Zinsen berücksichtigen.

Ich erwähne dies an dieser Stelle nicht, um Sie von einem Investment in schöne Sachwerte abzuhalten. Im Gegenteil, ich bin der Überzeugung, dass solche Sachwerte in jedes gut strukturierte Vermögensportfolio gehören. Aber selbstverständlich handelt es sich nicht um Alternativen zu klassischen Formen der Kapitalanlage. Sparguthaben, Immobilien und Wertpapiere bleiben die tragenden Säulen einer soliden Anlagearchitektur. Hinzukommen sollten ausreichende Barbestände bzw. kurzfristig verfügbare Gelder (zum Beispiel auf Tagesgeldkonten). Dennoch darf man die emotionale Rendite einer Geldanlage nicht unterschätzen. Aus ihr erwachsen nicht zuletzt Freude und Motivation, für manchen ist sie eine Triebfeder für überdurchschnittliches Engagement. Denn nicht jedem erscheint es als erstrebenswert, Vermögen lediglich mit dem Ziel aufzubauen, den Erben später das Leben so leicht wie möglich zu machen. Die absehbare Erfüllung ganz persönlicher Vorlieben und Herzenswünsche, die noch dazu Aussicht auf Werthaltigkeit haben, weckt vielfach stark motivierende Impulse.

Die wichtigsten Werttreiber

Die Seltenheit

Was rar ist, also nicht in beliebigen Stückzahlen zur Verfügung steht, erzielt in der Regel hohe Preise. Bei Edelsteinen handelt es sich zum Beispiel um natürliche Ressourcen. Und die Erde gibt keine größeren Mengen her – nicht für alles Geld dieser Welt. Und wenn von einem begehrten Uhrenmodell aus den 1950er-Jahren weltweit nur noch drei Exemplare vorhanden sind, muss der Preis fast schon naturgemäß explodieren, sobald eine dieser drei Uhren etwa in einer Auktion angeboten wird. Schließlich ist dies für Sammler oft für viele Jahre die letzte Chance, an das Objekt ihrer Begierde zu kommen. Je seltener ein Sachwert ist, desto größer erscheint jedoch das Risiko von Fälschungen. So mancher leichtgläubige Zeitgenosse ging schon Betrügern auf den Leim und kaufte gefälschte oder manipulierte Diamanten oder Farbedelsteine.

Der Sammlermarkt

Ein Objekt kann noch so schön und selten sein – wenn keine Nachfrage besteht, darf nicht mit signifikanten Wertsteigerungen gerechnet werden. In vielen Fällen sind es Sachwerte-Sammler und Museen, die für Preissprünge sorgen. Das Ziel eines jeden Sammlers ist es, seine Sammlung zu komplettieren. Dafür dürfte er bereit sein, für fehlende Objekte tief in die Tasche zu greifen. Oft kommt es auf Auktionen zu regelrechten Bietergefechten und am Ende zu Zuschlagspreisen, die vom eigentlichen fairen Wert der Ware weit entfernt sind. Manchmal treiben Fonds und Spekulanten die Preise nach oben – wie etwa beim Gold und anderen Edelmetallen. Als Folge kann sich eine gefährliche Blase bilden, die früher oder später platzen muss. Für die Anleger kommt es daher darauf an, rechtzeitig auszusteigen. Sammler hingegen folgen anderen Motiven. Ein Numismatiker dürfte sich kaum von einer gesuchten Münze trennen, nur weil er fallende Goldpreise erwartet.

Die Opinionleaders

Wer in Wein investieren möchte, bevorzugt Gewächse mit möglichst vielen Parker-Punkten. Wer Uhren als Kapitalanlage vorzieht, dürfte sich zuvor informieren, welche Marken und Modelle Experten empfehlen. Und wenn Fachjournalisten und Analysten glänzende Zeiten für Gold und Silber versprechen, wird sich mancher Anleger ernsthaft überlegen, vielleicht doch einen Teil seines Vermögens in Edelmetalle zu investieren. Vermeintliche und tatsächliche Experten und angebliche »Gurus« können die Preise extrem in die Höhe treiben oder abstürzen lassen. Eine schlechte Bewertung von Parker – und ein Wein aus gutem Hause ist allenfalls noch die Hälfte wert. Genau hierin liegt die Gefahr: Der Investor ist dem wankelmütigen Urteil von Experten ausgeliefert. Was heute hochgejubelt wird, könnte schon morgen gnadenlos abgestraft werden.

Die Macht der Marke

Uhren von Rolex und Patek Philippe erzielen auf Auktionen meist die höchsten Zuschlagspreise. Der Grund ist einfach nachvollziehbar: Beide Hersteller verfügen über eine sehr starke, international bekannte Marke. Rolex steht synonym für Luxus-Zeitmesser. Derselbe Effekt lässt sich bei Porzellan aus Meißen beobachten. Nur das »weiße Gold« aus der Nähe von Dresden mit seiner beeindruckenden Geschichte und den vielen Anekdoten rund um August den Starken lässt auf deutlich überdurchschnittliche Wertsteigerungen hoffen. Haben Sie überdies schon einmal darüber nachgedacht, weshalb immer Bordeaux als Wein mit Anlagequalität genannt wird, obgleich Spitzengewächse aus dem Burgund mindestens ebenso gut sind und meist ebenso lange gelagert werden können? Auch hier spielen die Macht und Magie der Marke eine wichtige Rolle. Bordeaux – wer denkt da nicht an große Namen wie Château Lafite oder Château Rothschild? Die kleineren Weingüter aus dem Burgund hingegen sind nur einem kleinen Kennerkreis bekannt.

Der Lifestyle

Ob einem dies nun passt oder nicht, Tatsache ist: »The trend is your friend.« Wenn gutbetuchte Zeitgenossen im großen Umfang Fancy-Diamanten oder Malt Whiskys kaufen, weil diese exotischen Investments eben trendy sind, wirkt sich dies ebenfalls tendenziell preissteigernd aus.

Diskretion und Mobilität

Vielen Anlegern geht es – wie eingangs bereits erwähnt – um eine diskrete Form der Kapitalanlage, die keine Spuren hinterlässt. Gefragt sind überdies Objekte, die einen hohen Wert auf kleinstem Raum verdichten und damit gleichsam als Fluchtwährung taugen. Hierzu eignen sich Diamanten und wertvolle Farb-Edelsteine in besonderer Weise. In unruhigen Zeiten kann auch diese Überlegung die Nachfrage stimulieren.

Auf den folgenden Seiten stellen wir Ihnen die wichtigsten Sachwert-Investments vor, wobei sich die Palette von Klassikern wie etwa Uhren, Diamanten, Goldmünzen und Briefmarken bis hin zu außergewöhnlichen, ja teilweise sogar skurrilen Sachwerten spannt. In die letztgenannte Kategorie fallen sicher Eierbecher und Brillen. Aber lassen Sie sich überraschen – sogar damit kann man Renditen erwirtschaften, wenngleich solche Spezialgebiete entsprechendes Know-how erfordern. Picken Sie Ihre ganz persönlichen »Sweatheart-Investments« heraus und tauchen Sie ein in eine Welt, in der es keine Zinsen, wohl aber eine emotionale Rendite in Form von Begeisterung und Leidenschaft gibt.

Armagnac – der Underperformer unter den Bränden

An Exklusivität mangelt es dem Armagnac nicht. Er zählt zu den authentischsten Spirituosen, reift in jahrhundertealten Kellern und spricht in erster Linie die Individualisten unter den Genießern an. Mehr noch: Armagnac ist wesentlich älter als Cognac. Denn während die Cognac-Herstellung bis ins 17. Jahrhundert zurückreicht, wurde das Brennen von Armagnac bereits 1461 erstmals urkundlich erwähnt.

Woran liegt's, dass der kleine Bruder unter den führenden französischen Edel-Destillaten deutlich hinter dem Cognac zurückbleibt? Eines steht fest: An der Qualität liegt es mit Sicherheit nicht! In dieser Hinsicht kann der Armagnac mit den Spitzen-Cognacs durchaus mithalten. Aber den Armagnac-Brennereien fehlen die großen, international bekannten Labels. Beim Armagnac gibt es nicht so bedeutende Namen wie Hennessy, Hine, Rémy Martin, Courvoisier oder Otard, die sich als imageträchtige Zugpferde auf den internationalen Märkten bewähren könnten.

Doch wenden wir uns zunächst den »Fundamentaldaten« zu, sprich: dem Anbaugebiet und dem Produktionsverfahren. Am 25. Mai 1909 wurde per Dekret genau festgelegt, wo Armagnac produziert werden darf. Am 6. August 1936 erfolgte die offizielle Klassifizierung als Appellation d'Origine Contrôlée Armagnac, also als offizielles Erzeugungsgebiet. Die Region des Armagnacs ist recht unterschiedlich und umfasst die Bereiche Bas-Armagnac, Haut-Armagnac und Armagnac-Ténarèze. Insgesamt ist dort eine Fläche von 15 000 Hektar mit Reben bepflanzt, die sich auf die drei Départements Gers, Landes und Lot-et-Garonne aufteilt. Es herrscht ein vergleichsweise mildes und warmes Klima. Während im Westen des Armagnac-Gebietes die Feuchtigkeit des Atlantiks spürbar ist, macht sich im Osten mediterranes Klima bemerkbar. Die Frage, aus welchem dieser Gebiete der beste Armagnac kommt, wird von Experten unterschiedlich beantwortet. Die Mehrheit schätzt die Region Bas-Armagnac als bestes Anbaugebiet, eine Minderheit bevorzugt Ténarèze-Brände wegen ihrer besonderen Eleganz. Wir wollen in diesem Disput der Genießer nicht die Rolle des Schiedsrichters einnehmen, sondern die einzelnen Anbaugebiete etwas näher vorstellen.

Die Armagnac-Gebiete

Das Gebiet **Haut-Armagnac** wird geprägt vom Fluss Gers. An seinen Ufern liegen Mirande, Lectour und Auch, die Hauptstadt der Gascogne. Die Böden sind sehr kalkhaltig. Geschätzt werden in erster Linie die einfacheren Tischweine aus Haut-Armagnac. Nur ein verhältnismäßig geringer Anteil der dortigen Weine wird für die Armagnac-Produktion verwendet. In der Region **Ténarèze** liegt Condom, das Handelszentrum für den Armagnac. Der Boden ist teilweise kalkhaltig, teilweise aber auch lehmig. Der Weinbau spielt in diesem Gebiet traditionell eine wichtige Rolle. Kenner schätzen die von dort kommenden Armagnacs als besonders finessenreich und schwärmen vom unverwechselbaren Bukett, das manchen Genießer an Veilchen erinnert.

Wie gesagt, die überwiegende Zahl von Armagnac-Freunden schwört auf Brände aus dem **Bas-Armagnac**. Und das hat einen guten Grund: Der dortige Boden besteht aus vom Meer zurückgelassenen Ablagerungen, darunter eine Mischung aus Sand und Lehm. Im nordöstlichen Teil des Gebietes bildet reiner Lehm die unteren Bodenschichten. Brände aus dem Bas-Armagnac können Jahrzehnte im Fass lagern und immer besser werden.

So entsteht Armagnac

Das Brennverfahren unterscheidet sich von dem des Cognacs in einem wichtigen Punkt: In früheren Jahren wurde der Armagnac in zwei Brennblasen produziert, also nach einer Methode, die bei der Cognac-Destillation Anwendung findet. Heute jedoch wird Armagnac in der Regel im sogenannten »Kolonnenbrennverfahren« in nur einem Destillationsvorgang hergestellt. Das Verfahren gleicht einem ausgeklügelten Kreislauf. Zunächst gelangt der normal temperierte Wein in einen Behälter, in dem sich eine Kühlschlange befindet, in der später die Alkoholdämpfe kondensieren. In diesem Behälter wird also gleichzeitig der kühle, einströmende Wein erwärmt, während die Dämpfe aus der Brennblase abgekühlt werden.

Der vorgewärmte Wein gelangt anschließend über den Zulauf in den Brennapparat, in dem Temperaturen bis zu 90 Grad Celsius herrschen. Nach dem Brennvorgang steigen die Alkoholdämpfe in das Geistrohr am oberen Ende der Brennblase und von dort in die bereits erwähnte Kühlschlange. Das Destillat hat einen Alkoholgehalt zwischen 52 und 63 Prozent. Doch keine Regel ohne Ausnahme: Seit dem Jahr 1972 ist den Armagnac-Brennern auch die zweifache Destillation nach dem »Alambic-Verfahren« gestattet.

Nach diesem Destillationsvorgang braucht der junge Armagnac zunächst einmal Ruhe. In neuen Eichenfässern (»Gascogner schwarze Eiche«) mit 225 bis 420 Litern Inhalt lagert er solange, bis das junge Destillat jene Bestandteile aus dem Holz herausgelöst hat, die ihm sein unverwechelbares Bukett und seine charakteristische Bernsteinfarbe verleihen. Um allerdings einen allzu starken Holzgeschmack zu vermeiden, wird der Armagnac danach in ältere Fässer umgefüllt. Die Spirituose muss mindestens ein Jahr lagern, meist reift sie aber sechs bis acht Jahre. Um jedoch einen absoluten Spitzenbrand zu erreichen, sollte man einen Armagnac 15 bis 20 Jahre oder sogar noch länger ruhen lassen.

Am Ende schließlich steht die »Vermählung«: Mehrere Destillate unterschiedlicher Jahrgänge werden zu einem großen Armagnac vereint. Maßgeblich für die Altersangabe ist das Alter des jüngsten Destillats. Tauchen auf dem Etikett zum Beispiel drei Sterne auf, dann lagerte das jüngste Destillat zwei Jahre. Supérieur, Premier choix oder Grande sélection deuten auf vier Jahre, V.S.O.P., Réserve oder V.O. auf fünf Jahre hin. Extra, X.O. oder Napoléon dürfen sich Armagnacs nennen, deren jüngstes Destillat über fünf Jahre alt ist. Die hier genannten Namen stehen jedoch nur beispielhaft. Die Palette der möglichen Altersangaben ist erheblich breiter – und, zugegeben, ein wenig verwirrend. Übrigens: Bis zu einem Alter von fünf Jahren übernimmt der Staat die Garantie für die Korrektheit der Altersangabe. Was darüber hinausgeht, ist Vertrauenssache.

In den meisten Fällen kommt Armagnac als Sorten- und Jahrgangsverschnitt in den Handel. Allerdings bieten einige Häuser auch sortenreine Brände an. Steht auf dem Etikett zum Beispiel die Bezeichnung »Bas-Armagnac«, so haben Sie ein erstklassiges Erzeugnis ohne Gebietsverschnitt erworben. Darüber hinaus können Sie unter Jahrgangs-Armagnacs wählen, die aus Grundweinen eines Jahrgangs destilliert wurden. Besonders begehrt sind diese Spirituosen als Geburtstags- und Jubiläumsgeschenke.

Armagnac als Kapitalanlage

Eigentlich hat Armagnac alles, was ihn zur Geldanlage prädestiniert: Er wird lediglich in überschaubaren Mengen gebrannt, richtet sich an einen exklusiven und zahlungskräftigen Kreis von Genießern, und er kann lange Zeit gelagert werden. Wie auch bei anderen Bränden gilt: Je älter das Destillat ist, desto höher der Preis. Allerdings weist der Armagnac einen entscheidenden Nachteil auf: Hinter ihm steht nicht die geballte Marketingkraft der großen, börsennotierten Cognac-Konzerne. Individuelle Genießer schätzen das, Investoren bedauern aber, dass diese Spirituose im Vergleich mit dem Cognac unter seinem eigentlichen Potenzial gehandelt wird. Allerdings steigt die Nachfrage nach Prestige-Armagnacs in Russland und in anderen aufstrebenden Staaten Asiens. Davon könnten Armagnac-Investoren längerfristig profitieren. Wir empfehlen Ihnen, unter spekulativen Aspekten vor allem sortenreine Brände oder Jahrgangs-Armagnacs zu kaufen.

Die Einstiegspreise

Gute Armagnacs für den puren Genuss gibt es ab etwa 25 Euro. Dafür erhalten Sie dann schon einen V.S.O.P.-Brand. Für einen günstigen X.O. zahlen Sie etwa 15 Euro mehr. Meist lohnt sich eine Preisrecherche im Internet. Manche Online-Spirituosenhändler bieten ihre Ware deutlich billiger an als der klassische Fachhandel. Allerdings sollten Sie in diesem Fall genau wissen, welchen Brand Sie kaufen möchten, denn eine fachmännische Beratung gibt es bei den Online-Händlern selten, dafür aber meist recht zutreffende Beschreibungen.

Falls Sie jedoch die eine oder andere Flasche Armagnac als Kapitalanlage erstehen, diese im Spirituosenkeller lagern und in einigen Jahren mit der Chance auf Gewinn verkaufen möchten, empfehlen wir Ihnen – wie schon erwähnt – alte Jahrgangs-Armagnacs, bei denen die Einstiegspreise jedoch bereits recht hoch sind. Ein 1918er Armagnac Damblat kostet im Münchner Feinkostgeschäft Dallmayr zum Beispiel knapp 550 Euro pro Flasche. Der noch ältere Armagnac Baron de Castelnau aus dem Jahr 1903 kommt bereits auf fast 900 Euro. Und für den 1923er Bas-Armagnac Baron Gaston Legrand müssen Sie circa 750 Euro zahlen. Der 1958er Monastère Notre Dame schlägt mit rund 240 Euro zu Buche.

Bitte beachten Sie: Alle Preise, die in diesem Buch genannt werden, beruhen auf sorgfältigen Recherchen im Jahr 2008. Eine Gewähr kann dennoch nicht übernommen werden. Gerade die Preise für ältere Brände dürften in den kommenden Jahren weiter steigen.

INVESTMENTKOMPASS

Die Blue Chips unter den Armagnac-Marken

Armagnac Château de Laubade: Häufig wird dieses Château mit dem Cognac-Hersteller Hennessy verglichen. Beide Brennereien gehören zu den Qualitätsführern und setzen konsequent auf hochwertige Brände im gehobenen bis höchsten Preissegment.

Baron de Sigognac: Seit Generationen produziert die Inhaber-Familie Guasch ausschließlich Bas-Armagnacs, also Brände aus der besten Lage.

Armadis: Das größte Armagnac-Haus mit Hauptsitz in Villeneuve wurde erst im Jahr 1946 gegründet. Es betreibt sechs Brennereien. Bei Kennern hoch im Kurs stehen die alten Brände, so zum Beispiel der Marquis de Puysegur X.O. oder der Extra und der Napoléon derselben Marke.

Castarède: Das im Jahr 1832 gegründete Unternehmen gilt als das älteste Armagnac-Handelshaus. Zu den Spezialitäten von Castarède gehören jedoch die begehrten Jahrgangs-Armagnacs. Das Haus dürfte über eine der umfangreichsten Sammlungen an solchen exklusiven Bränden verfügen. Die ältesten Destillate gehen auf das Jahr 1888 zurück.

Francis Darroze: Dieses bereits 1793 gegründete Armagnac-Haus darf ebenfalls zu den absoluten Qualitätsführern gezählt werden. In Kennerkreisen zählt es mit Sicherheit zu den drei Spitzen-Herstellern. Darroze bietet keine verschnittenen Brände an, sondern ausschließlich Jahrgangs-Armagnacs. Das Spektrum umfasst 45 solcher Vintage-Brände. Sie reichen teilweise zurück bis Anfang des vergangenen Jahrhunderts.

Die Haltedauer

Sie können Armagnac viele Jahrzehnte ohne Qualitätseinbußen lagern. Er wird dadurch zwar nicht besser, denn die Harmonisierung des Brandes vollzieht sich während der Lagerung im Fass, dennoch liegt es auf der Hand, dass sehr alte Armagnacs rar und entsprechend teuer sind. Lagern Sie Ihre Armagnacs lichtgeschützt und stehend.

Armbanduhren – Shootingstars unter den Sachwerten

Wann eignet sich eine Uhr als Kapitalanlage? Man kann die Antwort auf diese Frage ganz prägnant auf den Punkt bringen: Nobler Markenname plus ungewöhnliche Technik ergibt ein begehrtes Sammlerstück. Wenn die Uhr dann noch selten ist, bestehen mittel- bis längerfristig gute Aussichten auf eine Wertsteigerung. Das bedeutet im Umkehrschluss: Eine kaum bekannte Marke mit durchschnittlicher Technik, die Sammler links liegen lassen, wird im Laufe der Jahre erheblich an Wert einbüßen. Als Kapitalanlage mithin ungeeignet.

Doch es gibt sie wirklich – Armbanduhren, die ihren Besitzern Traumrenditen bescheren. Das lässt sich mit zahlreichen beeindruckenden Beispielen belegen, bei denen sich Aktien- und Bonds-Investoren höchst verwundert die Augen reiben dürften: Zwischen 1961 und 2007 hat der Wert eines Chronographen von Patek Philippe (Referenz 1463) etwa um das 400-Fache zugelegt. Zugegeben, der stolze Eigentümer einer solchen Armbanduhr musste fast 50 Jahre auf diese Wertsteigerung warten. Doch mitunter geht es wesentlich schneller: Die zum Jubiläum eines großen deutschen Juweliers auf den Markt gekommene Platin-Armbanduhr mit Jahreskalender von Patek verdoppelte ihren Wert in nur drei Jahren.

Die Platin-Uhr mit Ewigem Kalender und Minutenrepetition – ebenfalls von Patek Philippe – kostete in den 1980er-Jahren rund 185.000 Schweizer Franken, das sind heute etwa 153.000 Euro. Aber 15 Jahre später wurde sie vom Genfer Auktionshaus Antiquorum für umgerechnet 1,3 Millionen Euro versteigert.

Fast schon legendär ist die Erfolgsgeschichte der Rolex Daytona mit dem Paul-Newman-Zifferblatt. Vor vielen Jahren wollten nur wenige Uhrenfreunde diesen Stahl-Chronographen kaufen, der dem bekannten US-Schauspieler gewidmet war. Für weniger als 1.000 D-Mark konnte man den verschmähten Zeitmesser seinerzeit erstehen. Heute sind die Paul-Newman-Daytonas weltweit gesuchte Sammlerstücke, für die auf Auktionen 50.000 Euro und mehr gezahlt werden.

Für das Rolex Sondermodell »Comex Sea Dweller« zahlen solvente Sammler teilweise sechsstellige Summen. Gleiches gilt für die A. Lange & Söhne Tourbillon »Pour le Mérite«. Vergleichsweise preiswerte Uhren wie die »Monaco Steve McQueen« von TAG Heuer haben ihren Wert in wenigen Jahren ebenfalls fast vervierfacht. Und sogar einige limitierte Sammlermodelle der preisgünstigen Marke Nomos aus Glashütte verzeichneten Wertzuwächse, wenngleich diese naturgemäß moderat ausfielen.

Lange Zeit galten Armbanduhren der großen Marken aus der Schweiz und dem sächsischen Glashütte als Männerspielzeug. Mittlerweile jedoch werden sie auch als Kapitalanlage geschätzt. Freilich gilt es, realistisch zu bleiben, denn rund 80 Prozent aller teuren Armbanduhren bergen kein Wertsteigerungspotenzial. Aber da bleibt eben der Rest von 20 Prozent – und der hat es in sich. Beispiele für atemberaubende Wertsteigerungen bei Armbanduhren gibt es zuhauf.

Klingt gut, doch sollte sich der Uhrenliebhaber und Anleger einer Tatsache stets bewusst sein: Der Uhrenmarkt ist unberechenbar und unterliegt – wie die Kunst – schwer vorhersagbaren modischen Zyklen. Das Beispiel der Rolex Daytona zeigt, dass es vom Ladenhüter bis zum Superstar oft nur eine Frage der Zeit und der sich wandelnden Vorlieben der Sammler ist.

Erste Adressen unter den Nobelmarken

Trotz aller Unwägbarkeiten gibt es – ähnlich wie bei Aktien – durchaus »Fundamentaldaten«, die über die Werthaltigkeit oder sogar über das Wertsteigerungspotenzial einer Nobeluhr entscheiden. An erster Stelle steht die Magie der Marke. Am wertstabilsten sind in der Regel Uhren der Marken Rolex und Patek Philippe. Die Produkte dieser beiden Manufakturen könnten unterschiedlicher kaum sein: Hier die hochfeinen Patek-Ticker mit einer Vielzahl von Zusatzfunktionen, die nur in geringen Stückzahlen auf den Markt kommen. Dort die robusten Rolex-Uhren, die in großen Mengen produziert werden, deren Markenname aber weltweit synonym für teure Zeitmesser steht. Günter Eichberger vom Auktionshaus Dorotheum zählt ferner Lange & Söhne, Breguet, IWC und Jaeger-LeCoultre zu den allerersten Adressen.

Potenzial wird zudem der in ihrem Ursprung italienischen Kultmarke Panerai zugebilligt, die weltweit über ungemein aktive Fanclubs verfügt. Einige ältere Modelle weisen bereits signifikante Preissteigerungen auf.

Die feinen Uhren aus der Manufaktur Vacheron Constantin lassen zwar Uhrensammler anerkennend mit der Zunge schnalzen, doch blieb die Wertsteigerung bei dieser Marke meist hinter der vergleichbarer Modelle von Patek zurück. Genau dies könnte Vacheron Constantin als »Underperformer« langfristig interessant machen, ebenso wie Uhren aus den Manufakturen Audemars Piguet und Hublot.

Einen weiteren wichtigen Werttreiber stellen eigene Uhrwerke dar, die in die Gehäuse eingeschalt werden. Uhren mit Werken von der Stange sind als Kapitalanlage wenig geeignet. Schließlich sollte der Anleger auf die uhrmacherischen Raffinessen des Zeitmessers achten. Bei diesen Komplikationen, wie sie im Fachjargon genannt werden, handelt es sich um Zusatzfunktionen, über deren praktischen Wert sich zwar trefflich streiten lässt, die aber aus Uhrwerken kleine mechanische Meisterwerke machen. Die begehrteste Komplikation ist nach wie vor der Chronograph, also die Stoppuhrfunktion, erkennbar an den beiden Drückern am Uhrengehäuse – über und unter der Krone.

Noch größere Herausforderungen an die uhrmacherischen Talente stellt der Schleppzeiger- oder Doppelzeiger-Chronograph, häufig »Rattrapante« genannt. Bei solchen Uhren starten auf Knopfdruck zwei Chronographen-Anzeiger, von denen einer gestoppt werden kann, während der andere weiterläuft. Damit lassen sich Zwischenzeiten ablesen.

Es liegt auf der Hand: Je schwieriger die Komplikation, desto wertvoller die Uhr. »Ewige Kalender«, Armbanduhren mit Mondphase und Schlagwerk (Repetitionsuhren) und natürlich Uhren mit dem filigranen Tourbillon erreichen schnell Preise im fünf- und sechsstelligen Bereich. Und das, obgleich zum Beispiel das Tourbillon kaum eine praktische Bedeutung hat. Der kleine Käfig im Werk wurde eigentlich zur Erhöhung der Ganggenauigkeit von Taschenuhren entwickelt. In Armbanduhren bleibt er immerhin ein Augenschmaus.

Worauf bei Vintage-Uhren zu achten ist

Bei älteren Zeitmessern, den sogenannten Vintage-Uhren, entscheiden zusätzlich der Erhaltungszustand und im Idealfall eine lückenlose Dokumentation der regelmäßigen Wartungen über den Preis. Wer auf eine optimale Wertsteigerung seines Zeitmessers spekuliert, muss schließlich ebenso standfest bleiben wie ein Weinsammler, der sich nicht am Inhalt seiner Flaschen delektieren darf. Für eine bestmögliche Wertentwicklung sollte eine Uhr nie getragen werden. Schon kleinere Tragespuren können nämlich den Wert um bis zu 40 Prozent drücken.

INVESTMENTKOMPASS

Realistisch kalkulieren

Luxus-Armbanduhren von großen Marken mit »inneren Werten« – also aufwendigen Werken – haben gute Chancen, langfristig an Wert zuzulegen. Dafür muss der Investor aber auf laufende Zinseinnahmen verzichten. Außerdem entstehen Folgekosten für Wartung, Reparaturen und die sichere Aufbewahrung der guten Stücke. Wer in Uhren investiert, sollte daher auch Interesse und Begeisterung für hochwertige Zeitmesser mitbringen.

Buchtipp

Vom Autor des vorliegenden Buches stammt auch das Werk *Uhren als Kapitalanlage*. Es enthält eine Fülle von Praxistipps und alle wichtigen Adressen. Das Buch ist ebenfalls im FinanzBuch Verlag erschienen.

Bilderuhren – Gemälde mit Rendite-Tick

Kaiserwetter in der Hauptstadt der k. u. k.-Monarchie. Ein makellos blauer Himmel wölbt sich über Wien, durch die hohen Fenster der Hofburg flutet das Sonnenlicht in das Arbeitszimmer seiner Majestät. Die Stimmung von Franz I. scheint das allerdings nicht zu heben. Mit ernster Miene sitzt der Monarch an seinem Schreibtisch und studiert Unterlagen. Es ist Vormittag, 10.10 Uhr. Das zeigt jedenfalls die Uhr über dem Fenster des kaiserlichen Büros. Doch während die Zeit in diesem Bild stehen geblieben scheint, läuft die Uhr weiter. Vorausgesetzt, sie wurde aufgezogen. Denn es handelt sich um keinen gemalten, sondern um einen echten Zeitmesser, der in das Gemälde integriert wurde. Die Bilderuhr mit Kaiser Franz I. am Schreibtisch in der Hofburg aus dem Jahr 1830 gehört zu den Highlights des Wiener Uhrenmuseums.

Bilderuhren aus der verspielten Zeit des Biedermeier sind gewiss nicht nach dem Geschmack aller Sammler von außergewöhnlichen Zeitmessern. Wer aber ein gesuchtes Werk von einem bekannten Künstler besitzt, nennt möglicherweise einen wertvollen Schatz sein Eigen. Die Nachfrage nach Bilderuhren ist groß und besteht international. Die Preise reichen je nach Motiv bis zu 70.000 Euro.

Dass die meisten gesuchten Bilderuhren aus Österreich stammen, kann nicht überraschen. In der ersten Hälfte des 19. Jahrhunderts wurden die talentiertesten Uhrmacher nicht zuletzt mit deutlichen Steuererleichterungen nach Wien gelockt. Dort arbeiteten sie dann mit Künstlern und Handwerkern aus anderen Bereichen zusammen. So entstanden zum Beispiel die Laterndluhren mit ihren aufwendigen Gehäusen als typische Repräsentanten des Biedermeier – und eben die Bilderuhren. Dabei handelt es sich um Gemälde, in die an geeigneten Stellen Uhren integriert wurden. Meist entdeckt man diese Zeitmesser aber erst auf den zweiten Blick. Zum Beispiel in einem Kirchturm oder einem anderen Gebäude. International gefragt sind diese Kunstwerke allerdings nur, wenn sowohl die Qualität des Bildes als auch die Finessen des Uhrwerks faszinieren. Eine schlichte Zweizeiger-Uhr dürfte potenzielle Käufer kaum überzeugen. Meist wurden die Uhrwerke mit einem Wiener Vierviertel-Schlag auf Tonfeder und Repetition ausgestattet. In manche Bilderuhren integrierte man darüber hinaus Spielwerke, die zu jeder vollen Stunde eine Melodie erklingen lassen. Dabei gilt: Je mehr Schlagwerke und Musik, desto besser. Beliebt waren Handwerksszenen, geschichtliche Ereignisse und berühmte Persönlichkeiten. Bilderuhren aus Belgien, Frankreich und der Schweiz zeigen hingegen überwiegend Landschafts- und Dorfszenen mit in Türmen integrierten Zifferblättern.

Neben den technischen Finessen von Uhr-, Schlag- und Spielwerk entscheidet die Technik der Malerei über den Wert von Bilderuhren. Werke aus Österreich zum Beispiel wurden immer auf Eisen oder Kupferblech gemalt, die meisten anderen auf Leinwand. Auch dieser Untergrund entscheidet über den Wert eines solchen Kunstwerks. Bilderuhren, deren Motive auf Kupferblech gemalt wurden, sind in der Regel teurer. Dafür ist Kupferblech beständiger gegen Korrosion.

Die Preise für gesuchte Bilderuhren haben sich in den zurückliegenden 25 Jahren teilweise mehr als verzehnfacht. Weit überdurchschnittlich stiegen die Bilderuhren des einstigen Glasmalers C. L. Hoffmeister (gelegentlich auch »Hofmeister« geschrieben). Werke mit der Signatur dieses Meisters verzeichnen seit einiger Zeit Spitzenpreise. Für eine Wiener Biedermeier-Bilderuhr mit Spielwerk aus dem Jahr 1826, die einen Blick auf Wien zeigt mit einem in den Turm des Stephansdoms integrierten Werk, mussten vor einiger Zeit fast 32.000 Euro gezahlt werden. Und eine Bilderuhr, die den Dom von Maria Zell zum Motiv hat, in dessen Kirchturm sich ein Uhrwerk mit Spindelhemmung befindet, wurde bei einer Auktion im Dorotheum erst bei über 28.000 Euro zugeschlagen. Der neue Besitzer bekommt nun dank des integrierten Walzenspielwerks abwechselnd den Viktoriawalzer und den Mailänder Krönungswalzer zu hören.

Die Musikspielwerke wurden von spezialisierten Herstellern in allen Qualitätsstufen zugekauft. Zu erwähnen sind unter anderem Olbrich und Einsiedl in Wien sowie Rzebitschek in Prag. Signiert wurden nur Bilderuhren von herausragender Qualität. Und nur die bergen Wertsteigerungspotenzial.

Im Grunde ist es also ganz einfach: Als Investment kommen eigentlich nur Bilderuhren mit der Signatur von C. L. Hoffmeister in Betracht. Alles andere ist zweit- und drittklassig, somit als Kapitalanlage ungeeignet. Allerdings hat der Meister nicht bei allen sogenannten Hoffmeister-Uhren selbst Hand angelegt. Manche Exemplare wurden vielmehr von seinen Schülern angefertigt. Nur Bilderuhren, die ausschließlich von Hoffmeister gemalt wurden, tragen seine Signatur. Darauf sollten Sammler und Investoren sehr genau achten, denn während die Experten bei gesuchten und signierten Hoffmeister-Werken nach wie vor von einer weiteren Preissteigerung ausgehen, ist bei mittleren Qualitäten kein nennenswerter Wertzuwachs mehr zu erwarten. Da muss dann der Besitzerstolz die ausbleibende Rendite ersetzen.

Investmentkompass

Auf Details achten

Die meisten Bilderuhren entstanden zwischen 1800 und 1865 in Österreich, der Schweiz, Frankreich und Belgien. Österreichische Bilderuhren wurden immer auf Eisen oder Kupferblech gemalt, alle anderen auf Leinwand.

Preistreiber

Die Bilderuhr sollte von einem anerkannten Meister signiert sein, am besten von C. L. Hoffmeister. Ein Musikwerk neben dem Uhr- und Schlagwerk wirkt sich ebenfalls potenziell wertsteigernd aus. Gleiches gilt für Bilder, die auf Kupferblech gemalt wurden.

Bezugsquellen

Vor allem über die großen internationalen Auktionshäuser. In der Regel werden immer nur wenige Einzelstücke während Uhrenauktionen versteigert.

Boote und Yachten – schwimmende Geldanlage?

Mit alten Autos kann man beachtliche Renditen einfahren, wie Sie in den Kapiteln über Oldtimer und Youngtimer lesen können. Aber wie sieht es eigentlich mit Yachten und Booten aus? Eignen auch sie sich als Kapitalanlage? Oder sucht, wer derlei behauptet, nur ein Alibi, um den Gegenwert einer Eigentumswohnung in einen schwimmenden Untersatz zu investieren? Bekannt ist immerhin, dass Boote und Yachten von guter Qualität in aller Regel wesentlich werthaltiger sind als Autos. Und tatsächlich kann man mit diesen Luxusobjekten durchaus Gewinne einfahren – indem man sie verchartert.

Aber längst nicht jede Yacht oder jedes Boot bringt dem Eigentümer neben der emotionalen Rendite auch Profit. Hans Mühlbauer, der Gründer und Inhaber von DMC-Reisen, hat sich als Fachautor unter anderem mit dem Thema »Yachten als Kapitalanlage« intensiv beschäftigt. Für ihn kommen in erster Linie Segel- und Motoryachten sowie Katamarane in einer Länge zwischen neun und 16 Metern als Investment in Betracht. »Diese können nach dem Kauf an eine Charterfirma nach Wahl zur Vermarktung und zum Betrieb für vier oder fünf Jahre übergeben werden«, rät Mühlbauer.

Doch grau ist bekanntlich alle Theorie. Schauen wir uns folgendes Praxisbeispiel näher an: Der Investor kauft eine Segelyacht und bringt etwa ein Fünftel des Kaufpreises als Eigenkapital ein. In den folgenden fünf Jahren steht das Objekt einer Charterfirma zur Verfügung. Pro Jahr sollte die Yacht dann mindestens 15 Wochen gebucht sein. Aus den Erträgen lässt sich das Darlehen finanzieren. Anschließend wird die Yacht wieder verkauft. »Der Restwert nach Abzug des Kapitaldienstes ist dann verdientes Geld«, sagt

Mühlbauer. Angesichts des anhaltend niedrigen Zinsniveaus erscheint dieses Investment besonders interessant.

Der Markenname zählt

Der entscheidende Punkt ist freilich, welcher Preis beim Verkauf des Bootes oder der Yacht erzielt wird. Ist eine Yacht älter als fünf Jahre, kommt sie als Charter-Objekt kaum noch infrage. Die anspruchsvolle Klientel wünscht sich moderne Yachten mit entsprechendem Komfort. Der Eigentümer kann das Objekt dann entweder selbst nutzen und sich an der emotionalen Rendite seines Hobbys erfreuen, oder er verkauft seine Segel- oder Motoryacht. Ob er dabei einen so guten Preis erzielt, dass es nach Abzug aller Kosten für eine interessante Rendite reicht, hängt von vielen Faktoren ab. Dazu zählen naturgemäß der Erhaltungszustand und die geleisteten Motorstunden. Wurde die Yacht nachweisbar regelmäßig von einem Fachmann gewartet, wirkt sich dies ebenfalls potenziell preissteigernd aus.

Vor allem aber gilt: Die Marke macht's. Bekannte und weithin geschätzte Werften steigern die Werthaltigkeit ihrer Produkte. Im Bereich der Privatyachten und Katamarane zählt Experte Hans Mühlbauer unter anderem Namen wie Swan, Nauticat, Oyster, Hallberg-Rassy, Catana und Outremer zu den Nobelmarken, bei Motoryachten haben zum Beispiel Sea Ray, Azimut und Feretti einen guten Klang. Generell aber gilt: Nur Yachten in einem absoluten Top-Zustand erhalten einen hohen Marktwert und erscheinen somit unter Investment-Aspekten interessant. Doch selbst bei optimaler Pflege verliert eine Yacht immer an Wert – vor allem in den ersten drei Jahren.

Wer in »schwimmenden Luxus« investieren möchte, muss nicht unbedingt mit hohen sechs- oder gar siebenstelligen Summen kalkulieren. Für knapp 100.000 Euro erhält man bereits eine Segelyacht von neun bis zehn Metern Länge. Allerdings sollten die laufenden Kosten nicht unterschätzt werden. »Sie machen pro Jahr in der Regel zwischen 10 und 15 Prozent der Anschaffungskosten aus«, sagt Hans Mühlbauer. »Große Mega- und Superyachten werden oftmals verchartert, um wenigstens diese laufenden Kosten zu refinanzieren.«

Nicht zuletzt entscheiden natürlich die Finanzierungskonditionen darüber, ob das Renditekalkül der Freunde des maritimen Vergnügens aufgeht. Bei einem Finanzierungsbedarf unter 50.000 Euro eignet sich oft noch der klassische Ratenkredit. Braucht der Yachten- oder Boote-Käufer ein höheres Darlehen, führt der Weg über spezialisierte Finanzdienstleister wie etwa Ciris Capital (ab 50.000 Euro aufwärts) oder Eerdmans (beide mit Sitz in den Niederlanden).

Die Sparkasse oder Genossenschaftsbank gleich um die Ecke dürfte als Finanzierungspartner ausscheiden, denn im Gegensatz zu einem Eigenheim weist aus der klassischen Sicht eines Bankers selbst die luxuriöseste Yacht einen entscheidenden Nachteil auf: Sie ist eben nicht immobil – und selbst die Eintragung ins Schiffsregister hat noch nicht denselben Stellenwert wie die erstrangige Absicherung eines Hauses im Grundbuch.

Investmentkompass

Wann lohnt sich ein Investment?

Nur wenn die Aussicht besteht, die Yacht oder das Luxusboot verchartern und nach wenigen Jahren zu einem guten Preis verkaufen zu können. Ein hervorragender Erhaltungszustand und ein geschätzter Markenname wirken sich potenziell wertsteigernd aus. Entscheidend sind überdies die Finanzierungskonditionen. Das aktuell niedrige Zinsniveau und das starke Interesse an Yachten und Booten bilden insgesamt ein attraktives Umfeld, um in solche Objekte zu investieren.

Welche Yachten und Boote sind gefragt?

Vor allem Segel- und Motoryachten sowie Katamarane ab einer Länge von neun Metern.

Wie lange können Yachten und Boote verchartert werden?

Maximal fünf Jahre. Danach sollte das Objekt verkauft werden.

Mit welchem Investment muss man rechnen?

Ab 100.000 Euro aufwärts. Nach oben gibt es dann allerdings kaum Grenzen: »The sky is the limit.«

Briefmarken – Nur Raritäten versprechen Renditen

Sagen wir es frei heraus: Die meisten halten Briefmarkensammeln für ein eher spießiges Hobby. Deshalb schrumpft der Markt, außerdem sterben die Sammler allmählich aus. Doch sollte man nicht vorschnell urteilen: Auch mit den vermutlich kleinsten Wertpapieren der Welt lässt sich mitunter eine ansehnliche Rendite erzielen – vorausgesetzt, man investiert neben Geld auch viel Geduld. Denn Briefmarken steigen nur allmählich im Wert. Und auch nur dann, wenn es sich um wirklich seltene Exemplare aus gefragten Spezialgebieten handelt. Aber immerhin: Der von dem renommierten Londoner Briefmarken- und Münzhändler Stanley Gibbons zusammengestellte SG-100 Rare Stamp Index, in dem hundert gesuchte Raritäten enthalten sind, stieg zwischen der Auflegung im Jahr 2000 und Anfang 2012 um über 103 Prozent. Dieser »Dax für Briefmarken« wird inzwischen nicht nur von Sammlern, sondern gleichermaßen von Sachwert-Investoren stark beachtet. Die Internet-Adresse finden Sie im Investmentkompass am Ende dieses Kapitels.

Was macht eine Briefmarke aber begehrt und damit wertvoll? Mitunter erweist sich sogar ein Fauxpas als Volltreffer. Sogar Nichtsammler haben vermutlich irgendwann schon einmal von der legendären Audrey Hepburn-Wohlfahrtsmarke gehört oder gelesen. In diesem Fall folgte der anfänglichen Peinlichkeit eine bemerkenswerte Performance. Diese Rarität gilt heute als die wertvollste moderne Briefmarke der Welt. Ihr Nennwert lautet auf 1,10 D-Mark plus 0,50 D-Mark Zuschlag (0,56 plus 0,26 Euro). Im Juni 2005 verkaufte das Wiesbadener Auktionshaus Heinrich Köhler diese seltene Marke für 58.000 Euro. Vermutlich würde sich kaum jemand für dieses Postwertzeichen interessieren, hätte es den damals Verantwortlichen nicht an Fingerspitzengefühl gemangelt. Auf der Marke war Audrey Hepburn mit einer Zigarette abgebildet, ein Foto aus dem legendären Streifen »Frühstück bei Tiffany«. Die Familie der Schauspielerin legte gegen dieses Sujet ihr Veto ein, immerhin war Audrey Hepburn an einer Lungenkrankheit gestorben. Offiziell kam diese Marke daher nie in Umlauf – bis auf wenige Exemplare, die wegen einer angeblichen Kommunikationspanne nicht an die Bundesdruckerei zur Vernichtung zurückgeschickt wurden.

Ein weiteres Highlight: Knapp vier Jahre nach dem Verkauf der Hepburn-Marke wechselte für 320.000 Euro ein 12er-Block »Der Schwarze Einser« seinen Besitzer. Und wiederum war es ein peinlicher Fehler, der im Nachhinein für spektakuläre Preissprünge sorgte: Eine Marke in diesem bayerischen Block stand auf dem Kopf. Für 200.000 Euro wurde diese Rarität ausgerufen, zugeschlagen aber erst bei 320.000 Euro. »Natürlich kommt es immer mal wieder zu Highlights. Auktionsergebnisse im sechsstelligen Bereich pro Los bleiben aber eine große Ausnahme«, weiß Dieter Michelson, Geschäftsführer des Auktionshauses Heinrich Köhler.

Eignen sich Briefmarken daher wirklich als Geldanlage, können Investoren damit attraktive Renditen erwirtschaften? »Nur unter dem Aspekt der Kapitalanlage würde ich niemandem empfehlen, in Briefmarken zu investieren. Es sollte schon eine hohe Affinität zur Philatelie, am besten ein hohes Maß an Leidenschaft als eine Art Ersatzrendite hinzukommen«, sagt Michelson.

Obwohl die Zahl der Sammler stetig sinkt, gibt es offenkundig in Deutschland noch viele (teilweise sehr vermögende) Menschen, die sowohl Geld als auch besagte Leidenschaft in Briefmarken investieren. Der Bund der Philatelisten schätzt die Zahl der Briefmarkensammler in der Bundesrepublik auf über drei Millionen. Das beginnt beim langjährigen Sammler, der ab und zu ein paar Euro in sein Hobby steckt, und reicht bis zu prominenten Persönlichkeiten, darunter der Eigentümer einer Lebensmittel-Einzelhandelskette, der eine der größten Sammlungen sein Eigen nennt. Auch Simon Wiesenthal, der 2005 verstorbene Gründer des Dokumentationszentrums des Bundes Jüdischer Verfolgter des Naziregimes in Wien, galt einst als engagierter Briefmarkensammler. Seine philatelistischen Schätze wurden im Jahr 2006 versteigert.

Doch worauf sollte achten, wer nicht nur aus Leidenschaft, sondern zudem mit der Hoffnung auf Wertzuwächse in Briefmarken investieren möchte? »Zunächst gilt es, unverzichtbares Fachwissen aufbauen. Hierzu gibt es Fachliteratur und Verbände, wo sich der Interessent informieren kann«, rät Reinhard Fischer vom gleichnamigen Auktionshaus in Bonn. Unter dem Aspekt der Kapitalanlage kommen für ihn in erster Linie die klassischen Marken bis 1870 in guter Qualität in Betracht, zum Beispiel aus Bayern, Baden, Oldenburg und Württemberg. »Unter Umständen können ferner die semiklassischen Ausgaben bis 1920 interessant sein, außerdem Spezialitäten wie etwa deutsche Inflationsmarken bis 1923 oder Marken aus ehemaligen deutschen Kolonien«, sagt Fischer. Kapitalanleger sollten nur Spitzenwerte und keine Mainstream-Marken kaufen.

Kurzum: Wenn man plant, in Briefmarken zu investieren, gilt es, auf Klasse und keinesfalls auf Masse zu setzen. Interessant sind darüber hinaus alte Briefe. Entfernen Sie keinesfalls die Marke vom Brief. Die Marke hat vielleicht keinen großen Wert, aber der Brief kann ein kleiner Schatz sein, etwa wenn er einen besonderen Stempel aufweist.

Dieter Michelson bestätigt dies mit einem leichten Anflug von Poesie: »Die ungebrauchte Marke summt, die gestempelte Marke flüstert, aber der Brief erzählt eine Geschichte«. Immerhin hat Heinrich Köhler vor über 20 Jahren einen Brief für 2,3 Millionen D-Mark versteigert.

Wer eine werthaltige Sammlung aufbauen möchte, muss sich spezialisieren. Ein roter Faden sollte erkennbar sein. Man kann sich etwa in die altdeutschen Gebiete einarbeiten (Preußen, Sachsen, Bayern, Thurn und Taxis) – allemal ein spannendes und umfassendes Thema. Wer pro Monat 200 bis 300 Euro investiert, kann sich über die Jahre eine schöne und werthaltige Sammlung aufbauen.

Doch Vorsicht: »Es gibt nicht nur Philatelisten, sondern auch ›Filoutilisten‹«, sagt Reinhard Fischer augenzwinkernd. Experten empfehlen, bei Marken ab einem Katalogwert von rund 300 Euro unbedingt auf ein Attest von einem anerkannten Prüfer zu achten (siehe Investment-Kompass). Immerhin gibt es von manchen Marken heute mehr Fälschungen als Originale. Ein Beispiel hierfür ist die Theresienstadt-Marke. »Diese ist relativ selten und hat einen Handelswert von ein paar Hundert Euro. Die meisten in Umlauf befindlichen Theresienstadt-Marken sind aber Fälschungen«, weiß Reinhard Fischer.

INVESTMENTKOMPASS

Erst gründlich informieren

Wer Briefmarken nicht nur sammeln, sondern damit Geld verdienen möchte, braucht vertieftes Wissen. Massenware ist billig – daran wird sich auch in zehn oder zwanzig Jahren nichts ändern. Investieren Sie daher nur in einzigartige und gesuchte Marken. Kleinere Sammlungen mit dem begehrten Schwerpunkt Altdeutsche Staaten (vor 1871), Deutsches Reich (bis 1945) oder Bundesrepublik Deutschland (ab 1949) lassen sich schon mit einem Investment von unter 5.000 Euro zusammenstellen. Wer größer einsteigen und fünfstellige Summen investieren möchte, sollte gesuchte Einzelstücke aus deutschsprachigen Sammelgebieten (zum Beispiel Briefe) oder komplette Spezialsammlungen erstehen (ab 20.000 Euro).

Perspektiven

Raritäten bleiben immer gefragt und werden im Preis weiter steigen. Der Investor braucht aber viel Geduld. Briefmarken eignen sich nicht für nervöse Spekulanten.

Wer prüft?

Belastbare Atteste erstellen die Experten des Bundes philatelistischer Prüfer (www.bpp.de) und des noch relativ jungen Verbandes philatelistischer Prüfer (www.vppev.de).

Wo und wie informieren?

Bund Deutscher Philatelisten (www.bdph.de), www.philaforum.com (Forum der Philatelisten)

Der »Briefmarken-Dax«

SG-100 Rare Stamp-Index (www.stanleygibbons.com, Menüpunkt »Invest«).

Brillen – Rendite mit Durchblick

Johannes Gutenberg, Mainzer Handwerker und Erfinder des Buchdrucks mit beweglichen Lettern, wurde 1999 von amerikanischen Journalisten zum »Mann des Jahrtausends« gewählt. Wer weiß, vielleicht wäre ihm diese posthume Ehrung niemals zuteil geworden, hätte es nicht schon ein paar Hundert Jahre vor Gutenberg die ersten einfachen Sehhilfen gegeben. Denn was bringt einem Menschen das spannendste und interessanteste Buch, wenn er es mangels Sehschärfe nicht lesen kann?

Da traf es sich gut, dass der arabische Gelehrte Abu Ali al-Hasan ibn al-Haitham (965–1039) schon frühzeitig auf die Idee kam, das Auge mithilfe einer geschliffenen Linse zu unterstützen. Aus Quarz oder Bergkristall entstanden später die ersten Lesesteine – einfache Halbkugeln, die auf das Schriftstück gelegt wurden und somit eigentlich eher die Vorläufer der heutigen Lupen waren. Später wurden die Linsen aus dem Edelstein Beryll geschliffen, von dem man den Begriff »Brille« ableitete. Den Lesesteinen folgten die Stielbrillen. Sie bestanden aus kleineren, flach geschliffenen Linsen, die man mit einem Stiel direkt vor die Augen halten konnte. Schließlich wurden die Linsen in Rahmen aus Holz, Horn oder Eisen gefasst und zusammengenietet. Diese Nietbrillen sahen den heutigen Sehhilfen schon sehr ähnlich, sie mussten jedoch immer vom Träger vor die Augen gehalten werden. Er hatte somit nur noch eine Hand frei, was sich bei der Arbeit als ziemlich hinderlich erwies. Zunächst befestigte man die gefassten Linsen daher an Kopfbedeckungen (Mützenbrillen). Das war zwar ganz praktisch, sah aber irgendwie schräg aus. Der Durchbruch gelang erst zu Beginn des 18. Jahrhunderts mit der »Schläfenbrille«. Sie wurde mit zwei Bügeln ausgestattet, die auf den Ohrmuscheln auflagen.

Doch nicht unbedingt die kuriosen Spekuliereisen aus vergangenen Jahrhunderten erzielen auf Auktionen Höchstpreise. Viel entscheidender ist die Frage, welcher prominente Zeitgenosse sie einst auf der Nase trug. Mitte 2007 tobte in Großbritannien ein bizarrer Bieterkampf um eine Brille von John Lennon. Sie galt als Markenzeichen des Musikers, der sie nach einem der letzten Beatles-Konzerte an seinen japanischen Übersetzer verschenkt hatte. Der genaue Zuschlagspreis steht bis heute zwar nicht fest, er dürfte jedoch umgerechnet bei etwa 1,5 Millionen Euro gelegen haben.

Zwei Jahre später versteigerte das Auktionshaus Antiquorum in New York eine Brille von Mahatma Gandhi für 1,8 Millionen Dollar. Dafür bekam der Käufer – ein indischer Milliardär – noch Gandhis getragene Ledersandalen, seine Taschenuhr sowie eine Schüssel mit Teller dazu. Verglichen damit war die im April 2012 vom britischen Auktionator Mullock's versteigerte Gandhi-Brille fast schon ein »Schäppchen«: Sie wechselte für rund 42.500 Euro den Besitzer.

»Je prominenter der Träger einer Brille war, desto wertvoller ist sie«, weiß Karl-Heinz Wilke, Optiker und Gründer des Hamburger Brillenmuseums, der seit vielen Jahren historische Sehhilfen sammelt. »Über die Preisentwicklung entscheidet zudem das Material. Holz, Schildplatt, Gold oder Silber sind begehrt«, fügt der Experte hinzu. Darüber hinaus seien die Seltenheit und das Alter wichtige Kriterien.

Lohnt sich also das Spekulieren mit Spekuliereisen? Wilke ist optimistisch: »Die Zahl der international sehr aktiven Sammler steigt stetig. Da aber die Menge an historisch wertvollen Brillen nicht beliebig vermehrbar ist, gehen fast zwangsläufig auch die Preise nach oben.«

Wer sich einige interessante Objekte aus der Kulturgeschichte des klaren Durchblicks anschaffen möchte und nicht unbedingt auf so prominente Vorbesitzer wie John Lennon oder Mahatma Gandhi Wert legt, sollte mit Investitionen im drei- oder vierstelligen Bereich rechnen. Das Wiener Auktionshaus Dorotheum versteigerte 2012 eine Klemmbrille mit Messinggestell und opaleszentem Glas mit einem dazugehörigen Buch aus dem Jahr 1691 für 2.000 Euro. Eine Brille aus Eisen mit Hornrändern aus dem zu Ende gehenden 18. Jahrhundert brachte 425 Euro ein. Und für zehn chinesische Brillen aus Horn, Messing, Glas und Quarz samt Etuis aus Holz, Lack, Shagreen und Perlmutt fiel der Hammer bei 1600 Euro.

»Brillenetuis sind sehr wichtig. Sie können manchmal wertvoller als die entsprechende Brille sein«, sagt Karl-Heinz Wilke. Mitunter liefern diese Etuis zudem interessante Erkenntnisse. Zum Beispiel, welcher Optiker das Vertrauen Gandhis genoss. Es war »H. Cannam Optician« in Gloucester.

Natürlich hat auch Karl-Heinz Wilke Favoriten in seiner Sammlung. Dazu gehören zum Beispiel eine Stiellorgnette aus hellem Schildplatt mit Durchbruchsschnitzung sowie eine chinesische Mandarin-Brille mit Rauchquarzgläsern.

Brillen erfüllen derweil nicht nur den praktischen Zweck der Sehhilfe, längst sind sie darüber hinaus modische Accessoires geworden. Monokel etwa waren einst für jeden Dandy unverzichtbar. Und schon früh spielte die Sonnenbrille eine nicht zu unterschätzende Rolle. Auch die erzielen mitunter bemerkenswerte Preise. Das Dorotheum zum Beispiel versteigerte im Frühjahr 2012 eine Sonnenbrille mit grünen Gläsern und einem Schildplattrahmen samt Etui aus grün eingefärbter Rochenhaut aus dem Jahr 1830 für 813 Euro. Sonnige Aussichten.

INVESTMENTKOMPASS

Auf Vollständigkeit achten
Ist das Original-Etui vorhanden, wirkt sich dies in der Regel preissteigernd aus.

Wo kaufen und verkaufen?
Am besten über renommierte Auktionshäuser oder privat in Sammlerkreisen.

Weitere Informationen gibt es unter anderem bei Brillenmuseen:

- in Deutschland: www.brillenmuseum.de (Geldern) und www.brillenhaus-wilke.de (Hamburg)
- in den Niederlanden: www.brilmuseumamsterdam.nl (Amsterdam)
- in Großbritannien: British Optical Association Museum (www.college-optometrists.org) und www.antiquespectacles.com (Online-Museum).

Cognac – geschmackvolle Renditen

Lange Zeit kämpfte Cognac gegen ein Opa-Image. Seit aber Edel-Cuvées zu vierstelligen Preisen auf den Markt kommen, erleben die Brände aus der Charente eine Renaissance. Einige Spitzendestillate eignen sich sogar als Kapitalanlage.

Man kann aus der Not eine Tugend, aber auch eine Geschäftsidee machen. Im 16. Jahrhundert hatte die Region um das Städtchen Cognac nördlich von Bordeaux, die vom Fluss Charente windungsreich durchzogen wird, ein echtes Problem. Die Handelspartner vor allem in Holland orderten in Cognac immer größere Mengen Wein, doch der vergleichsweise schwache Alkoholgehalt dieser Rebensäfte und seine eher bescheidende Qualität führten dazu, dass er sich für längere Transportwege nicht eignete. Was lag also näher, als den Alkoholgehalt zu erhöhen – durch die Destillation des schwachbrüstigen Weines. Hierzu wurden holländische Brennblasen verwendet. Statt Wein exportierten die Kaufleute in Cognac fortan Weinbrand, dem sogar längere Schiffspassagen nichts anhaben konnten. Der hochprozentige Brand aus der Charente überzeugte schnell die Genießer in den Nachbarländern und verhalf den Brennern aus Cognac zu einem florierenden Geschäft und zunehmendem Wohlstand.

Doch machen edle Cognacs auch die Sammler reich? Lohnt sich dieser Nobelbrand als Kapitalanlage – ähnlich wie Single Malt Whiskys? Bei manchen Cognacs durchaus, denn sie überzeugen mit einer hochprozentigen Performance. Zur Jahrtausendwende brachte zum Beispiel Hennessy einen auf exakt 2000 Flaschen limitierten Millennium-Cognac auf den Markt. Der »Timeless«, wie diese Cuvée aus elf der besten Brände aller Zeiten hieß, kostete schon im Jahr 1999 umgerechnet knapp 1.600 Euro pro Flasche. Zehn Jahre später zahlten Sammler für diese weltweit gesuchte Rarität 5.000 Euro und mehr. Aktuell werden Preise von 7.000 Euro aufgerufen. Sicher keine schlechte Rendite. »Vor einiger Zeit hatten wir eine 300-Milliliter-Flasche Cognac in einer unserer Auktionen, die erst bei rund 4.000 Euro ihren Besitzer wechselte«, berichtet Stefan Sedlmeyr, Sommelier und Geschäftsführer des Münchner Spezial-Auktionshauses Munich Wine Company. Allerdings erwies sich nicht so sehr der Inhalt als preistreibend, sondern der Vorbesitzer des Fläschchens. Es stand einst in der Hausbar von König Ludwig III.

Unter Anlageaspekten seien Cognacs aber dennoch keine Alternative zu gesuchten Bordeaux-Weinen. »Wer mit Cognac Geld verdienen will, muss äußerst selektiv investieren. So macht es zum Beispiel nur Sinn, Spitzenbrände entweder von privaten Anbietern oder bei renommierten Auktionshäusern zu erstehen.« Denn im Handel seien die Cognac-Spezialitäten mittlerweile so teuer, dass allenfalls die Kinder oder Enkel von diesem Investment profitierten, sagt Sedlmeyr.

Grundsätzlich überzeugten Single Malt Whiskys in den vergangenen Jahren mit einer besseren Performance als Cognacs. Und dafür gibt es einen simplen Grund: Deutlich im Preis gestiegen sind Whiskys aus schottischen Destillerien, die mittlerweile geschlossen wurden (»Lost distilleries«). Diese Brennereien werden also definitiv keine Brände mehr liefern, was den Wert der noch vorhandenen flüssigen Preziosen naturgemäß in die Höhe treibt. Viele Cognac-Brennereien indessen sind im Besitz größerer Unternehmen, teilweise gehören sie sogar zu börsennotierten Luxusgüterkonzernen. Diese Marken werden also vermutlich niemals vom Markt verschwinden.

Deutliche Preissteigerungen versprechen darüber hinaus nur absolute High-end-Cognacs in limitierter Auflage. Als Kapitalanlage seien vor allem Cognacs im Super Premium Bereich geeignet, weiß Marcus Gehrlein, Marketing Manager für die Rémy-Cointreau-Marken in Deutschland. Er vergleicht diese Brände nicht mit anderen Spirituosen, eher schon mit Luxusartikeln wie Uhren von

Rolex und Taschen von Hermès. »Sie alle vereinen Tradition, Geschichte, Perfektion, Qualität und besonders die Leidenschaft der Menschen, die das Produkt herstellen«, sagt Gehrlein. Zu diesen Luxus-Cognacs zählt er in erster Linie den Louis XIII de Rémy Martin »Rare Cask«, von dem weltweit nur 786 Karaffen auf den Markt kamen. Obwohl dieser Cognac mit einem Verkaufspreis von rund 10.000 Euro pro 0,7-Liter-Flasche nicht unbedingt ein Schnäppchen war, ist er längst ausverkauft. Das Flaggschiff des Hauses ist der Louis XIII de Rémy Martin »Black Pearl« Magnum zum Preis von 25.000 Euro. »Die Cuvée von Louis XIII de Rémy Martin besteht aus 1200 bis zu 100 Jahre alten Eaux-de-vie. Es ist also ein Jahrhundert in einer Flasche«, schwärmt Gehrlein.

Obwohl Cognac heute als eine typisch französische Spirituosen-Spezialität gilt, waren es im 18. Jahrhundert vor allem Pioniere aus dem nahen Ausland, die der Branche auf die Sprünge halfen. Jean Martell zum Beispiel kam von der Kanalinsel Jersey, ließ sich aber bereits im Jahr 1715 in Cognac nieder. Später folgten Richard Hennessy aus dem irischen Cork, Thomas Hine aus England und Jean-Antoine Otard de la Grange aus Schottland. Auch Anthony (später Antoine) Hardy kam aus England über den Ärmelkanal ins französische Cognac-Dorado. Er gründete 1863 eine Brennerei, die bis heute zu den ersten Adressen in der Charente zählt. Einer seiner Nachfolger, Jacques Hardy, brachte später mit dem Hardy Perfection (Mindestalter 140 Jahre) einen Cognac auf den Markt, den der Münchner Auktionator Stefan Sedlmeyr nach wie vor für einen Blue Chip unter allen Edelspirituosen hält. Allerdings: Dieses Top-Produkt ist im Handel unter 6.000 Euro kaum noch zu bekommen.

Wer nicht ganz so viel ausgeben möchte und demnächst auf Hawaii Urlaub macht, kann sich an der Bar im Trump International Hotel Waikiki Beach Walk einen Cognac-Cocktail der Luxusklasse gönnen: Er besteht aus Cognac Hardy Perfection, Likör Grand Marnier Cuvée Spéciale und Krug Champagner. Der Drink kostet rund 800 US-Dollar.

Der überzeugte Cognac-Investor dürfte auf solche abwegigen Gedanken gar nicht kommen. Er hegt und pflegt seine Bestände. Denn kostbar ist nicht nur der Inhalt der Karaffen, sondern auch das Zubehör. Der Louis XIII de Rémy Martin wird zum Beispiel in einem luxuriösen Koffer aus rotem Leder, edel gemasertem Holz und einem goldenen Verschluss geliefert. Die Karaffe besteht aus Baccaratkristall mit einem überdimensional großen Kristallverschluss als Blickfang. »Um hohe Preise zu erzielen, müssen das Zubehör und die Originalverpackung vorhanden und in gutem Zustand sein«, sagt Sedlmeyr. Sogar vermeintliche Kleinigkeiten wie die Lackversiegelung nehmen Cognac-Investoren genau unter die Lupe. Ist sie nicht mehr in gutem Zustand, sinkt der Wert des Nobel-Brandes deutlich. Und natürlich kann es nicht schaden, wenn sich schon prominente Genießer ab und zu ein Gläschen des betreffenden Cognacs gönnten. Der Louis XIII de Rémy Martin war angeblich der Lieblings-Cognac von Winston Churchill.

INVESTMENTKOMPASS

Die Herkunft

Die Region, in der legal Cognac hergestellt werden darf und in der die Trauben für diese Spezialität wachsen, gliedert sich in sechs Anbaugebiete: Grande Champagne, Petite Champagne, Les Borderies, Fins Bois, Bons Bois und Bois Ordinaires. Die Trauben für Investment-Cognacs sollten zu 100 Prozent aus der Grande Champagne kommen. Früher durfte sogar deutscher Branntwein als »Kognak« bezeichnet werden. Dies wurde jedoch im Versailler Vertrag nach dem Ersten Weltkrieg verboten. Seither heißt deutscher Branntwein eben Weinbrand.

Altersangaben

VS bedeutet, dass der jüngste verwendete Branntwein mindestens zwei Jahre alt sein muss. V.S.O.P. (Very Superior Old Pale) heißt, der jüngste Branntwein muss mindestens vier Jahre alt sein. Trägt der Cognac die Bezeichnung Napoléon, XO, Très Vieux, Royal oder Vieille Réserve, dann ist der jüngste Branntwein mindestens sechs Jahre alt. Für die Bezeichnung XO gilt ab 2016 ein Mindestalter von zehn Jahren.

Cognac-Aktien

Viele Brennereien gehören zu großen Luxusgüter- oder Spirituosenkonzernen. Man kann somit auch indirekt in Cognac investieren, indem man die Aktien kauft, zum Beispiel LVMH (Hennessy) oder Rémy-Cointreau (Rémy Martin).

Computer – Weshalb die Oldies heute Top-Preise erzielen

Damit arbeiten möchte heutzutage wohl keiner mehr. Computer aus der »digitalen Steinzeit« sind groß, unendlich langsam und nervig. Aber zumindest kann man mit manchem dieser Oldies heute Geld verdienen. Ein prominentes Beispiel hierfür ist der Apple I, ein Mitte der 1970er-Jahre vorgestellter Einplatinencomputer mit Holzgehäuse. Neben dem Entwickler Steve Wozniak arbeitete ein gewisser Steve Jobs an diesem Rechner. Ein Verkaufsschlager sollte es nicht werden. Nach eben gerade zehn Monaten zog man das Gerät vom Markt zurück. Seinerzeitiger Ladenpreis: 666,66 US-Dollar.

Hätte man damals nur zugegriffen. Denn vor wenigen Jahren versteigerte das Auktionshaus Christie's in London ein solches Gerät für sage und schreibe rund 157.000 Euro. Sicher eine Ausnahme, aber klassische Computer aus den 1970er- und 1980er-Jahren werden immer knapper und somit auch teurer. Die Zahl der Sammler erscheint zwar überschaubar, doch nicht wenige Oldie-Freunde sind bereit, für das Objekt ihrer Begierde tief in die Tasche zu greifen.

Flohmarkt-Schnäppchen sind ausverkauft

»Die Preisentwicklung hängt natürlich von der Menge der verfügbaren Geräte ab«, sagt Boris Jakubaschk, privater Sammler und Betreiber eines virtuellen Computermuseums. Modelle wie der Commodore C64, von dem weltweit bis zu 30 Millionen Stück verkauft worden sein sollen, seien noch vergleichsweise günstig zu bekommen, auch wenn es keine Flohmarkt-Schnäppchen mehr gebe.

Der C64 wird aktuell auf der Internetauktionsplattform ebay zu Preisen um 100 Euro angeboten. »Geräte, die nur in geringen Stückzahlen produziert wurden oder für Sammler besonders wichtig sind, erreichen aber schnell vier- oder gar fünfstellige Preise«, sagt Jakubaschk, dessen Karriere als Sammler mit einem Commodore 3032 begann, den er von seinem Onkel geschenkt bekam. Mittlerweile umfasst sein privates Museum rund 300 Geräte.

Zu den Renditebringern gehört neben dem Apple I zum Beispiel der Altair 8800. »Der sieht aus wie ein medizinisches Gerät«, scherzt Jakubaschk. Mitte der 1970er-Jahre musste man für diesen Homecomputer 750 US-Dollar auf den Ladentisch legen. In gutem Erhaltungszustand sollte man heute hingegen mit einem vierstelligen Betrag rechnen.

»Zu den richtig teuren Geräten zählt der Commodore C65, ein Nachfolger des C64, der aufgrund der Commodore-Insolvenz über das Prototypenstadium nicht hinauskam«, berichtet Andreas Paul vom »Verein zum Erhalt klassischer Computer«. Verständlich, dass solche Geräte heute kaum erhältlich sind. Geschätzt gibt es weltweit nur noch rund 250 Geräte dieses Modells, allesamt fest in Sammlerhänden.

Kommt ausnahmsweise solch eine elektronische Rarität auf den Markt, erzielt sie einen hohen vierstelligen Preis. Vor ein paar Jahren wechselte ein C65 über ebay seinen Besitzer. Für diesen Computer-Oldie zahlte der Käufer mehr als 6.000 Euro – das entspricht rund dem Zwanzigfachen des Preises, zu dem diese nie in Serie produzierten Modelle einst verkauft wurden.

Apple Lisa ist heute eine Rarität

Zu den absoluten Exoten gehört ferner der kaum noch erhältliche Wang 700 aus dem Jahr 1969 – ein Gerät, das irgendwo zwischen einem Tischrechner und einem archaischen Homecomputer angesiedelt war. Boris Jakubaschk hat unter den Computer-Raritäten einen Favoriten – den Apple Lisa aus den 1980er-Jahren.

Dabei handelte es sich um einen der ersten Personalcomputer, die über eine Maus und ein Betriebssystem mit grafischer Benutzeroberfläche verfügten. Großer Erfolg war diesem Modell nicht beschieden, immerhin erschien der Preis von etwa 10.000 Dollar einfach zu hoch. Schon bald folgte daher der deutlich günstigere und inzwischen legendäre Apple Macintosh. Für einen »Lisa« müsste man heute wohl in etwa das Doppelte des damaligen Preises zahlen. Ab welchem Alter gelten Computer aber als »klassisch«? Das hängt unter anderem vom Alter der Interessenten und Sammler ab.

»Für die heute 40- bis 50-Jährigen sind die Geräte ihrer Jugend klassische Systeme. Typische Beispiele hierfür sind der C64, die Baureihen Commodore Amiga, Commodore PET System, Commodore VC-20, aber auch Atari ST und Schneider CPC«, erläutert Andreas Paul. Andere Sammler konzentrieren sich auf exotischere Modelle wie den Sony MSX oder den Oric Atmos.

Dabei können die günstigen Oldies von heute die Raritäten von morgen sein. »Weitverbreitete Geräte werden noch zu halbwegs bezahlbaren Preisen gehandelt. Diese steigen aber langsam, weil das Angebot immer knapper wird«, sagt Paul. Entscheidend sei aber immer der Erhaltungszustand, fügt Boris Jakubaschk hinzu. »Ein Gerät verliert erheblich an Wert, wenn es nicht mehr funktioniert«. Daneben gibt es preissteigernde Faktoren: Wenn zum Beispiel ein bekannter Autor vor vielen Jahren ein Manuskript auf einem Homecomputer geschrieben hat und die Daten bis heute gespeichert sind, wird selbst ein einstmals preiswertes Massenprodukt zur gefragten Rarität.

INVESTMENTKOMPASS

Welche Modelle?

Begehrt sind klassische Systeme, zum Beispiel der C64, die Baureihen Commodore Amiga, PET System, VC-20, aber auch Atari ST und Schneider CPC. Ebenfalls interessant: Sony MSX und Oric Atmos.

Antizyklisch kaufen

Günstige Oldies können die Raritäten von morgen sein. Allerdings ist Geduld gefragt. Die Preise steigen langsam, weil das Angebot immer knapper wird.

Erhaltungszustand entscheidet

Funktioniert der Computer nicht mehr, sinkt der Preis erheblich. Andererseits: Hatte der Computer einen prominenten Vorbesitzer, wirkt sich dies potenziell preissteigernd aus.

Diamanten – Investment für Profis

Diamanten gehörten zu den Top-Performern des Jahres 2011. Der RapNet Diamond Index für einkarätige zertifizierte Diamanten legte um nicht weniger als 19 Prozent zu. Damit bewegte sich die Preisentwicklung für diese Edelsteine fast auf gleichem Niveau wie Gold. In den nächsten Jahren könnten Diamanten sogar das Gold outperformen.

Diamanten als Kapitalanlage haben dennoch nach wie vor ein etwas zwiespältiges Image. Immer wieder war in den vergangenen Jahren von skrupellosen Anlagebetrügern zu lesen, die arglosen Kunden billige Edelsteine zu abenteuerlichen Preisen aufschwatzten. Aber selbst wenn der Anleger seine Diamanten bei einem seriösen Händler erwirbt, droht bei einem Verkauf oft eine herbe Enttäuschung. Die hohe Spanne zwischen Kauf- und Verkaufspreis sowie die in Deutschland zu zahlende 19-prozentige Mehrwertsteuer machen ein Diamanten-Investment oft zu einem Verlustgeschäft. Um dies zu verhindern und idealerweise einen Gewinn zu erzielen, sollte der Anleger sehr langfristig planen.

Wer aber Geduld aufbringt und in Edelsteine von höchster Qualität investiert, hat durchaus Chancen auf eine brillante Rendite. Immerhin ist der Diamond Price Index in den zurückliegenden fünf Jahren um rund 75 Prozent gestiegen. Für Farbdiamanten, die sogenannten Fancys, werden schon astronomische Preise gezahlt. Ende 2011 versteigerte zum Beispiel das Auktionshaus Sotheby's einen gelben Diamanten für über acht Millionen Euro. Der »Sun Drop« brachte immerhin über 110 Karat auf die Edelsteinwaage (1 Karat entspricht 0,2 Gramm).

Als Kapitalanlage kommen nur Diamanten von höchster Qualität in Betracht. Als wertbestimmende Faktoren werden in den Medien immer wieder die legendären »4 C« genannt. Sie stehen für Colour (Farbe), Cut (Schliffform), Clarity (Reinheit) und Carat (Gewicht in Karat). Zwar entscheiden diese wichtigsten Kriterien der Diamanten-Graduierung tatsächlich in hohem Maße über den Wert des Edelsteins. Doch was die Medien ihren Lesern verschweigen: Eigentlich hängen der Preis und die Wertentwicklung eines Diamanten von sieben Cs ab. Zu den vier erwähnten Cs kommen nämlich noch die Kriterien Certificat (Zertifikat), Conflictfree (keine Konflikt- oder Blutdiamanten) und Cut grade (Schliffausführung).

Welche Voraussetzungen müssen Diamanten erfüllen, um als Kapitalanlage infrage zu kommen? Hier die wichtigsten Empfehlungen.

Carat: Die Edelsteine sollten jeweils ein Gewicht von mindestens 0,5 Karat aufweisen. Mit dem Gewicht steigt der Preis des Diamanten überproportional. Bei ansonsten identischen Qualitätskriterien ist ein Einkaräter in der Regel deutlich mehr wert als zwei Halb-Karäter. Grund: Große Steine sind einfach seltener.

Colour: Investmentsteine sollten durch Hochfeines Weiß (im Fachjargon »River« genannt) oder Feines Weiß (»Top Wesselton«) überzeugen. Seltene Farbdiamanten (die erwähnten »Fancys«) sind mittlerweile so extrem teuer, dass sie nur noch für Superreiche infrage kommen.

Diamant-Farbgrade im Überblick

GIA-Farbskala	Frühere Farbskala	Farbbereich englisch	Farbbereich deutsch
D	River	Exceptional White +	Hochfeines Weiß +
E		Exceptional White	Hochfeines Weiß

GIA-Farbskala	Frühere Farbskala	Farbbereich englisch	Farbbereich deutsch
F	Top Wesselton	Rare White +	Feines Weiß +
G		Rare White	Feines Weiß
H	Wesselton	White	Weiß
I	Top Crystal	Slightly Tinted White	Leicht getöntes Weiß
J	Crystal		
K	Top Cape	Tinted White	Getöntes Weiß
L			
M	Cape	Tinted Colour 1	Getönt 1
N			
O	Cape	Tinted Colour 2	Getönt 2
P			
Q	Light yellow	Tinted Colour 3	Getönt 3
R			
S-Z	Yellow	Tinted Colour 4	Getönt 4
–	Fancy Colour	Fancy Colour	Fantasiefarben

Clarity: Anlagediamanten sollten idealerweise lupenrein sein, das heißt, selbst bei 10-facher Vergrößerung unter der Lupe dürfen keine Einschlüsse zum Vorschein kommen. Überzeugt der Edelstein in allen anderen Qualitätskriterien, so eignet er sich auch mit »Very, very small inclusions« (also sehr, sehr kleinen Einschlüssen) als Kapitalanlage. Dennoch ist der Preisunterschied erheblich: Ein Diamant zwischen 1 und 1,49 Karat und mit sehr, sehr kleinen Einschlüssen kann fast 30 Prozent weniger wert sein als ein gleich großer lupenreiner Stein.

Die gängigsten Reinheitsgrade

Grad	Bezeichnung	Anzahl und Größe der Einschlüsse	Erkennbarkeit mit der Lupe bei 10-facher Vergrößerung	Erkennbarkeit mit dem bloßen Auge durch das Oberteil
FL	Flawless	Keine Einschlüsse (lupenrein) keine äußeren Merkmale	Nichts zu erkennen	Nicht sichtbar
IF	Internally Flawness	Keine Einschlüsse, lupenrein	Nichts zu erkennen	Nicht sichtbar
VVS1 VVS2	Very, very small inclusions	Sehr, sehr kleine Einschlüsse	Nur sehr schwierig zu erkennen	Nicht sichtbar
VS1 VS2	Very small inclusions	Sehr kleine Einschlüsse	Schwierig zu erkennen	Nicht sichtbar
SI1 SI2	Small inclusions	Kleine Einschlüsse	Leicht zu erkennen	Nicht sichtbar
I1 P1	Imperfect, Piqué 1	Einschlüsse	Sofort zu erkennen	Gerade noch zu erkennen
I2 P2	Imperfect, Piqué 2	Größere und/oder zahlreiche Einschlüsse	Sofort zu erkennen	Gut zu erkennen
I3 P3	Imperfect, Piquet 3	Große oder zahlreiche Einschlüsse	Sofort zu erkennen	Sehr leicht zu erkennen

Hinweis: In Europa gilt IF als höchster Reinheitsgrad, in Amerika FL.

Cut: Mittlerweile gibt es unzählige Schliffformen. Investoren sollten aber vor allem auf die Klassiker setzen. Dazu gehört der runde Brillantschliff und der längliche Smaragdschliff.

Cut grade: In dieser Kategorie wird die Schliffausführung nach den Kriterien Finish, Polish und Symmetrie bewertet. Im Idealfall sollte ein Anlagediamant mit einem »excellent« benotet werden.

Certificate: Ohne Expertise (auch Zertifikat oder Graduierungsbefund genannt) verliert ein Diamant drastisch an Wert. Der Investor sollte daher auf dieses Dokument achten – und auch darauf, wer es ausgestellt hat. International anerkannt sind drei gemmologische Institute: das Gemological Institute of America (GIA) mit Sitz in New York, der Hoge Raad voor Diamant (HRD) mit Sitz im belgischen Antwerpen und das International Gemological Institut (IGI), ebenfalls in Antwerpen ansässig. Neben dem Graduierungsbefund enthält das Zertifikat detaillierte Angaben über die Abmessungen und Proportionen sowie die Fluoreszenz des Edelsteins, um sichergehen zu können, dass die Expertise auch wirklich zu dem betreffenden Stein gehört. Jedes Zertifikat ist nummeriert. Seit einigen Jahren wird diese Nummer von IGI, GIA und HRD zudem per Laser in die Rundiste des Diamanten graviert, also in die Kante, welche die obere von der unteren Hälfte des Edelsteins trennt. Diamant-Zertifikate sind außerdem mit Sicherheitsmerkmalen ausgestattet, die man vom Personalausweis oder Reisepass kennt.

Conflictfree: Um die Einfuhr von sogenannten Blutdiamanten, mit deren Verkaufserlösen afrikanische Diktatoren Kriege gegen die eigene Bevölkerung führen, weitgehend zu unterbinden, wurde der Kimberley-Prozess ins Leben gerufen, benannt nach der historischen Diamantenstadt in Südafrika. In den Staaten der Europäischen Union wurde das Kimberley-Zertifizierungssystem vor knapp zehn Jahren umgesetzt. Seither dürfen nur noch Diamanten aus Staaten eingeführt werden, die sich verpflichten, keine Konfliktdiamanten zu exportieren. Schlupflöcher, kritisieren Experten, habe es aber immer gegeben. Und seit geraumer Zeit dürfen sogar wieder Diamanten aus der Marange-Mine in Zimbabwe eingeführt werden – aus einem Land, in dem der greise Diktatur Robert Mugabe wütet. Diamanten aus Konfliktregionen sind als Kapitalanlage ungeeignet, da bei einem Verkauf immer mit erheblichen Abschlägen gerechnet werden muss.

Für Diamanten als Kapitalanlage spricht die hohe Konzentration von Werten auf kleinstem Raum. Diamanten im Gegenwert einer Luxusvilla passen locker in eine Streichholzschachtel. Sie eignen sich daher ideal als »Fluchtwährung«, zumal die Edelsteine fast überall auf der Welt wieder in Geld getauscht werden können. Vorausgesetzt freilich, der Verkäufer kann ein Zertifikat von einem der drei international anerkannten gemmologischen Institute vorlegen.

Die Nachteile eines Diamant-Investments: Der Markt wird von wenigen Großkonzernen beherrscht, allen voran De Beers, die aufgrund ihrer starken Stellung den Preis beeinflussen. Ferner gibt es für Diamanten kein System zur Preisfeststellung, das zum Beispiel mit dem Goldfixing vergleichbar wäre. Anhaltspunkte für die Preisentwicklung gibt der in New York erscheinende Rapaport Diamond Report (www.diamonds.net).

Während beim Kauf von Goldbarren und -münzen keine Mehrwertsteuer zu zahlen ist und bei Silbermünzen nur der ermäßigte Steuersatz von 7 Prozent anfällt, muss beim Erwerb von Diamanten in Deutschland der volle Mehrwertsteuersatz von 19 Prozent gezahlt werden. Der Ausweg: Der Investor kauft die Edelsteine in Dubai, Singapur oder Hongkong und zahlt keine Mehrwertsteuer. Bei einem Erwerb in der Schweiz fallen nur 8 Prozent Mehrwertsteuer an. Steuerehrliche Bürger dürfen diese Diamanten dann allerdings nicht nach Deutschland einführen – oder sie müssen nachträglich die hier geltende Mehrwertsteuer zahlen.

Bewertungskriterium	gut	sehr gut	gut
Tafelgröße	53 - 55 %	56 - 66 %	67 - 70 %
Oberteilhöhe	9 - 10 %	11 - 16 %	16 - 17 %
Unterteilhöhe	40 - 41 %	42 - 45 %	56 - 47 %
Oberteilwinkel	27 - 30 Grad	31 - 37 Grad	38 - 40 Grad
Unterteilwinkel	38 - 39 Grad	40 - 42 Grad	43 - 44 Grad

Bewertung der Proportionen von Diamanten (Die Prozentzahlen beziehen sich wiederum auf den Rundistedurchmesser)

INVESTMENTKOMPASS

Langfristige Anlagen

Wer in Diamanten investieren möchte, muss sich vorab gründlich informieren. Er sollte ferner nur Steine von erstklassiger Qualität kaufen und einen langen Anlagehorizont haben. Dann ist gegen eine kleine Sachwert-Beimischung in Form von Diamanten nichts einzuwenden. Der Schwerpunkt in diesem Segment sollte aber auf Gold und Silber liegen.

Schliffformen für Investment-Diamanten

Brillant: Rund geschliffener Diamant, dessen Oberteil mindestens 32 Facetten sowie eine Tafel aufweist und dessen Unterteil mindestens 24 Facetten und eine Kalette (kleine Fläche an der Spitze des Steins, sozusagen das Gegenstück zur Tafel) haben muss.

Navette: Diamant mit ovaler Form, verläuft jedoch in zwei Spitzen.

Princess: quadratisch oder rechteckig geschliffener Diamant. Der Princess-Schliff verleiht dem Stein ein Funkeln, das mit dem eines Brillanten vergleichbar ist.

Smaragd: In der Regel längliche Form. Durch die rechteckigen Flächen wird die Reinheit des Diamanten hervorgehoben (oft auch als Emerald bezeichnet).

Oval: Diese Schliffform kommt dem Brillantschliff sehr nahe, im Grunde handelt es sich um eine ovale Variante.

Wichtig: Exotische Schliffformen sollten Sie als Investor meiden, sie sind später relativ schwer zu verkaufen.

Edelbrände – Wenn Früchtchen Rendite bringen

Robert Gierer hat eine Schwäche für Nebenwerte der unterschiedlichsten Art. Der Inhaber einer Edelbrennerei in Bodolz bei Lindau schaut nicht nur bei der Auswahl von Aktien nach versteckten Werten mit Potenzial, auch bei den hochprozentigen Formen der alternativen Kapitalanlage empfiehlt der Edelbrenner und gelernte Obstbaumeister, sich nicht ausschließlich auf die bekannten und weltweit geschätzten Blue Chips zu konzentrieren: »Natürlich konnte man mit alten Single Malt Whiskys aus mittlerweile geschlossenen Destillerien in der Vergangenheit Geld verdienen. Obstbrände hingegen brachten vor allem eine Genuss-Rendite«, sagt Gierer. Aber der Destillateur vom Bodensee, der mehrere bayerische Sterne-Restaurants und die Lufthansa First Class Lounge am Münchner Flughafen beliefert, lässt keinen Zweifel an seiner Überzeugung, dass im Sinne der Diversifizierung durchaus ein paar Raritäten-Brände ins hochprozentige Portfolio gehören. »Wirkliche Top-Destillate werden immer seltener. Aber es gibt sie noch – die versteckten Perlen.« Und dass diese angesichts einer steigenden Nachfrage durch in- und ausländische Kenner mittel- bis langfristig im Preis steigen, ergibt sich aus den Gesetzen des Marktes.

Gefragt sind in erster Linie sortenreine Brände aus exotischen Früchten, die nur in geringen Mengen auf den Markt kommen. Um zum Beispiel rund 1,3 bis 1,6 Liter Vogelbeerbrand zu gewinnen, braucht man nicht weniger als 100 Kilogramm von diesem Obst. Die Vogelbeere ist ziemlich unergiebig, da sie hauptsächlich aus Sorbit, also unvergärbarem Zucker, besteht. Auch die Wildkirsche verspricht keine für die Massenproduktion geeigneten Mengen, besteht sie doch zu 80 Prozent aus Stein.

Neben dem Vogelbeerbrand, der Wildkirsche und dem Zibartenbrand (ein Wildpflaumen-Destillat) erscheinen unter Investment-Aspekten sortenreine und seltene Jahrgangsbrände interessant. »Hochfeine Destillate aus längst vergessenen Obstsorten, nach Möglichkeit noch international prämiert – solche Brände sind für Genießer und Anleger gleichermaßen geeignet«, sagt Georg W. Schenk, Chef der Ersten Dresdner Spezialitätenbrennerei Augustus Rex und »Master of World-Spirits«. Er nennt gleich einige kaum bekannte Exoten: »Zum Beispiel Maklone – eine geschmacksintensive Birnensorte – oder Lausitzer Nelkenapfel«. Wie alle hochprozentigen Spirituosen seien Obstbrände lange lagerfähig – eine wichtige Voraussetzung für Wertsteigerungspotenzial. Bei der richtigen Lagerung (siehe Investmenkompass) werde ein Destillat immer besser, reifer und runder, schwärmt Schenk.

Von der langen Lagerfähigkeit der Obstbrände konnte sich seinerzeit nicht zuletzt der junge Brenner Thomas Ziegler überzeugen, der im Jahr 1980 im Lagerkeller des traditionsreichen Familienunternehmens Ballons voller Obstbrände fand, die schon sein Urgroßvater und Großvater gebrannt hatten. Es handelte sich um ein Wildkirschendestillat, das die Kennerschar auf Anhieb begeisterte. Bei einer Blindverkostung durch eine hochkarätig besetzte Jury errang Zieglers Nr. 1, wie er das geistige Vermächtnis seiner Vorfahren getauft hatte, den ersten Platz. Ziegler erkannte diese Chance, investierte in Technik und Rohware, entwickelte neue Brennverfahren und machte aus seinem Betrieb durch eine geschickte Marketingstrategie lange Zeit den Imageführer unter Deutschlands Brennereien. Sogar die Mitbewerber räumen ein, dass ein 20-jähriges Pflaumen-Destillat von Ziegler höchste Handwerkskunst sei. In den 1990er-Jahren brachte Ziegler Methusalem-Destillate aus der Zeit von 1913 bis 1918 auf den Markt, für die anspruchsvolle Genießer hohe dreistellige Summen pro Flasche zahlten. »Auch heute lagern wir in unseren Felsenkellern Raritätenbrände aus alten Jahrgängen und in nur noch geringen Mengen, die einen gewissen Mehrwert versprechen«, sagt Ilona Hösl von der Brennerei J & M. Ziegler in Freudenberg.

»Sammelwürdige Jahrgangsbrände sollten – wie große Weine – jeweils unterschiedlich schmecken. Das heißt, sie werden weder ›geblendet‹, also verschnitten, noch geschönt«, rät Georg W. Schenk.

Wer also nicht nur auf Genuss, sondern gleichermaßen auf Wertsteigerung spekuliert, sollte auf vier Kriterien achten. Zum einen müssen die Brände aus Obst hergestellt werden, das nicht in großen Mengen verfügbar ist. Zu diesen »Ausnahmeerscheinungen« zählt zum Beispiel die Wildkirsche. Wertsteigernd wirkt sich zum Zweiten eine geringe Ergiebigkeit aus. Je mehr Früchte für den Nobelbrand verarbeitet werden müssen, desto teurer wird das Resultat. Drittens sollte das Obst von sehr guter Qualität sein und einen hohen Zuckeranteil aufweisen. Schließlich muss der Investor einen langen Atem haben und seine Raritätenbrände viele Jahre lagern. Einfachere Obstbrände eignen sich als Kapitalanlage ebenso wenig wie Whisky aus dem Supermarktregal. Abgesehen von den alten Raritäten sei die Preisentwicklung in der Vergangenheit parallel zu jener des Obstes verlaufen, weiß Ilona Hösl. Und das verheißt nicht gerade eine saftige Rendite zum Anbeißen.

Doch wie tief muss der Investor und Gourmet in die Tasche greifen, wenn er einen hochwertigen Spitzenbrand erstehen möchte? Edelbrenner Robert Gierer bemüht noch einmal den Vergleich mit der Börse: »Es gibt einerseits große Namen und Marken, bei denen man schnell eine dreistellige Summe pro Flasche investieren muss. Da spielen die Brands der Brände eine Rolle. Und dann gibt es eben die Nebenwerte, die Brände der noch etwas unbekannteren Marken, die in der Spitze zwischen 40 und 80 Euro kosten«. Immerhin – einen hochprozentigen Genuss versprechen beide, egal, ob es sich um einen Blue Chip oder um einen Nebenwert unter den Bränden handelt.

INVESTMENTKOMPASS

Brand, Wasser oder Geist?

Bei einem Geist werden die frischen oder tiefgekühlten Früchte und deren Säfte mit 96-prozentigem Alkohol übergossen. Danach erfolgt die Destillation. Anders bei einem Brand. Hier rührt der Alkohol von der Vergärung von Früchten her. Dieses Verfahren ist aufwendiger und bringt geringere Mengen. Auch Produkte, die den Zusatz »-wasser« tragen (zum Beispiel Kirschwasser), gehören zu den hochwertigen Destillaten.

Die Brände im Überblick

Steinobstbrände (Rohstoffe: Aprikosen, Kirschen, Mirabellen, Pfirsiche, Pflaumen, Zwetschgen).

Kernobstbrände (Rohstoffe: Äpfel, Birnen, Quitten).

Beerenobstbrände (Brombeeren, Erdbeeren, Heidelbeeren, Himbeeren, Johannisbeeren, Vogelbeeren).

Wie lagern?

»Dunkel und stehend«, empfiehlt Destillateur Georg W. Schenk.

Eierbecher – kleine Näpfe aus weissem Gold

Möglicherweise ist bei den meisten Menschen eine Sammelleidenschaft latent vorhanden, die nur darauf wartet, geweckt zu werden. Im Fall von Manfred Haack erwies sich ein relativ einfacher Eierbecher aus dem Jahr 1900 als Auslöser für eine Passion, über die er mittlerweile sogar ein Buch veröffentlicht hat. Seine Frau Marianne bekam diesen Eierbecher aus Porzellan vor gut 25 Jahren geschenkt. Über das Motiv mag man geteilter Meinung sein: Es zeigt zwei tanzende Hasen. So etwas würde heute allenfalls noch für die Tischdekoration am Ostersonntag durchgehen. Bei Manfred und Marianne Haack begann mit diesem Eierbecher jedoch der Aufbau einer umfassenden Kollektion, die heute rund 1000 Exemplare umfasst und, wie der Berliner Sammler versichert, »durchaus museumswürdig ist«. In aller Welt sucht Manfred Haack nach alten Eierbechern aus Porzellan. Für manche seltenen Stücke muss man mittlerweile schon tief in die Tasche greifen. Ein englischer Eierbecher von Worcester Flight and Barr mit eingraviertem »B« und dem handgemalten Dekor »Music pattern« aus dem zu Ende gehenden 18. Jahrhundert kostet derzeit rund 1.200 Euro, sofern ein solch seltenes Exemplar überhaupt noch auf den Sammlermarkt kommt.

Eier stehen oft symbolhaft für Geld und Wohlstand. Wer »viele Eier« hat, gehört umgangssprachlich zu den reichen Zeitgenossen. Und in den Siebzigerjahren wurde mit dem Slogan »Das Huhn, das goldene Eier legt« für Pfandbriefe geworben. Porzellan wiederum wird oft als »weißes Gold« bezeichnet. Vor rund zwei Jahren erzielte Christie's bei einer Porzellanauktion neue Rekorde. Vor allem bei seltenen Sammelstücken aus den Manufakturen Meissen und Sèvres fiel der Hammer des Auktionators erst bei fünf- oder gar sechsstelligen Preisen.

Natürlich stellten diese beiden Manufakturen auch Eierbecher her, die heute zu den wertvollsten Exemplaren gehören. Dennoch empfiehlt Sammler Manfred Haack eine gesunde Portion Realismus: »Wer gleich an Wertsteigerung denkt, sollte statt eines barocken Porzellanstücks lieber Aktien ins Portefeuille legen.« Für Eierbecher gebe es keine Markt-, sondern nur Liebhaberpreise. Und die liefen mitunter auf ein Glücksspiel hinaus, berichtet der Experte aus eigener Erfahrung.

Aber immerhin: Mancher Sammler hatte Glück und darf sich heute über eine beachtliche Wertsteigerung freuen. »Die Preise für sehr seltene alte Porzellan-Eierbecher haben sich als Folge der enormen Verknappung seit den 1980er-Jahren verdoppelt, teilweise sogar verdreifacht«, weiß Manfred Haack. Welche Eierbecher versprechen auch künftig steigende Preise? Welche Kriterien machen sie als Investment interessant? Nicht infrage kommen die einfachen Souvenir-Eierbecher mit bunten Abziehbildchen mit Motiven vom Urlaubsort, die früher auf den Tischen der Frühstückspensionen standen und heute nur ein paar Euro wert sind. Daneben gibt es aber die antiken Stücke von großen Manufakturen wie Meissen, Sèvres, KPM Berlin, Rosenthal oder Royal Copenhagen. Sie spiegeln in ihren Formen und Dekoren die Kunststile der jeweiligen Zeit wider – vom Rokoko und Klassizismus bis hin zum Jugendstil und Art Deco.

Ein wichtiges Kriterium für das Wertsteigerungspotenzial ist das Alter. Eierbecher aus der Zeit zwischen 1930 und 1950 eignen sich – von wenigen Ausnahmen abgesehen – kaum als Wertanlage. Interessant erscheinen hingegen Exemplare aus dem 18. und 19. Jahrhundert. Zum Beispiel Meissner Eierbecher mit handgemalten Watteau-Szenen. Dabei handelt es sich um ein in der Porzellanmalerei des 18. Jahrhunderts populäres Motiv mit Liebesszenen, benannt nach dem französischen Maler Jean-Antoine Watteau. Für einen solchen Eierbecher muss der Sammler heute zwischen 200 und 260 Euro zahlen.

»Sehr selten sind ferner die Eierbecher von F. A. Schumann in Moabit«, erläutert Manfred Haack. Für das Exemplar mit stilisiertem Huhn und Küken auf lilafarbenem Fond muss man mit einem Preis zwischen 180 und 220 Euro rechnen. Noch wertvoller sind die Eierbecher aus der französischen Manufaktur Sèvres. Ein Exemplar in Napfform mit handgemaltem Blumendekor der Künstler Pierre-Théodore Buteux und Théodore-Raphael Marcou sowie beidseitig goldener Zahnkante an der Lippe schlägt heute mit 600 bis 750 Euro zu Buche.

Etwas kurios, aber allemal kostbar sind die Doppeleierbecher, wie sie zunächst in Meißen gefertigt wurden. Sie bestehen aus einem runden Eierbecher, in dem das Ei in gewohnter Weise in aufrechter Position gehalten wird, und einem Becher für liegende Eier. Man dreht das gute Stück also einfach um und hat je nach Bedarf einen runden oder ovalen Becher. Im 18. Jahrhundert wurden solche Doppeleierbecher auch in China gefertigt. Das Objekt von Ching-te Chen aus dem 18. Jahrhundert mit einem handgemalten Blumendekor hat einen aktuellen Wert von rund 1500 Euro.

Doch keine Regel ohne Ausnahme – auch jüngere Eierbecher können für renditeorientierte Sammler interessant sein: »Momentan sind bessere Spritzdekor-Eierbecher aus der Zeit von 1927–31 sehr gefragt. Zum Beispiel von Paetsch aus Frankfurt an der Oder«, berichtet Manfred Haack, der nach vielen Jahren der Sammelleidenschaft beinahe alle kostbaren Stücke in seiner Sammlung hat. Die »tanzenden Hasen« sind übrigens nach wie vor dabei.

Investmentkompass

Eierbecher für Einsteiger

Dekormotive: Auf vielen Eierbechern sind Hühner abgebildet, zum Beispiel bei Stücken von Rosenthal oder Thomas Marktredwitz. Als häufigste Dekormotive wurden jedoch Blumen und Blüten gewählt, mitunter auch Zwiebelmuster und andere Formen der Blaumalerei. In England ist das blaue Druckdekor »Old Blue Willow« populär.

Wertbestimmende Kriterien: Alter, Erhaltungszustand, Marke (Name der Manufaktur).

Wo kaufen? Auf Antikmärkten, bei klassischen Auktionshäusern (meist geringes Angebot) und im Internet (vor allem auf den englischen Seiten).

Weitere Informationen: Buch »Alte Eierbecher – Schmuckstücke aus Porzellan« von Manfred und Marianne Haack, Regenstauf 2011. In den USA gibt Joan George dreimal pro Jahr den Newsletter »Eggcup Collectors' Corner« heraus. In England erscheint der »Egg Cup Update«, herausgegeben vom »The Egg Cup International Club«.

Fahrräder – Stahlrösser im Rendite-galopp

Es war eine Karriere, die keine Höhen und Tiefen ausließ: Karl Freiherr von Drais, Sohn eines badischen Richters, schien sich zunächst nicht schlüssig zu sein, mit welcher Arbeit er seinen Lebensunterhalt verdienen sollte. Anfang des 19. Jahrhunderts unterrichtete er als Forstlehrer in Schwetzingen, später strebte er eine Festanstellung als Pädagoge an, arbeitete dann aber lieber als Forstmeister. Seine Leidenschaft gehörte freilich der Mechanik, und so war es für den Tüftler ein Glücksfall, dass er im Jahr 1811 bei vollem Gehalt vom Dienst freigestellt wurde, um fortan als Erfinder zu arbeiten. Es dauerte nur wenige Jahre, bis Karl Freiherr von Drais seine Laufmaschine – oft auch »Draisine« genannt – entwickelte und die Gesellschaft ein wenig mobiler machte.

Das Prinzip war einfach: Die 1817 vorgestellte Laufmaschine verfügte über ein lenkbares Vorderrad, mit dessen Hilfe sich das Gefährt im Gleichgewicht halten ließ. Der Fahrer saß auf einem hölzernen Gestell zwischen zwei Rädern und musste sich mit den Füßen abstoßen, um das Rad in Bewegung zu setzen. Das rund 30 Kilogramm schwere Laufrad kam zwar nie über eine Höchstgeschwindigkeit von 15 Stundenkilometern hinaus, dennoch hatte von Drais sozusagen das Ur-Fahrrad konstruiert.

Heute ist die Laufmaschine so viel wert wie ein teurer Sportwagen. »Wenn einem eine authentische Laufmaschine von Karl Drais angeboten wird, was einem sehr seltenen Glücksfall gleichkommt, muss man dafür je nach Erhaltungszustand zwischen 50.000 und 100.000 Euro zahlen«, weiß Sascha Kaltwasser, Schatzmeister der International Veteran Cycle Association, der zugleich im deutschen Verein historische Fahrräder aktiv ist.

Doch längst nicht nur museale Stücke wie Laufmaschinen und die ersten Hochräder, die zwischen 1870 und 1880 auf den Markt kamen, erzielen Top-Preise. Auch die Klassiker unter den Renn- und Tourenrädern aus den 1960er- bis 1980er-Jahren sind deutlich im Wert gestiegen. »In Sammlerkreisen sieht man in den alten Fahrrädern zunehmend eine Form der Geldanlage, da die Preise der Oldtimer – wie bei Motorrädern und Autos – kontinuierlich zulegen«, sagt Georgios Velissarios, Inhaber von Rembetis Oldtimer Bicycles in Berlin. Die starke Nachfrage nach historischen Rädern, Fahrradrahmen und Zubehörteilen treibt mitunter allerdings schon sonderbare Blüten. So wurde vor wenigen Wochen eine Lampe von Radsonne mit drei Scheinwerfern aus den 1950er-Jahren für fast 1.000 Euro an einen Schweizer Sammler versteigert. »Das ist völlig unrealistisch«, kritisiert Velissarios. Vor allem Opel-Fahrradsammler seien mitunter kaum noch zu bremsen, wundert sich der Berliner – und berichtet kopfschüttelnd über eine bizarre ebay-Auktion: »Da hat sich jemand einen Spaß gemacht und eine alte Unterhose eingestellt, die angeblich von Opel stammte. Er wollte verdeutlichen, wie weit die Sammler gehen. Bei 900 Euro hat er den Fake abgebrochen.«

Rennräder von Opel, einst der führende Fahrradhersteller, seien aktuell überbewertet und hätten zudem nur regionale Bedeutung, urteilt Sascha Kaltwasser. Ihm erscheinen neben den deutschen Marken Wanderer und Adler vor allem die französischen Top-Marken René Herse und Alex Singer sowie italienische Cinelli-Räder aus den 1940er- und 1950er-Jahren interessant. Für solche Oldtimer und Youngtimer unter den Zweirädern muss ein Sammler heute allerdings schon zwischen 3.000 und 4.000 Euro investieren. »Auch ein fahrbereites deutsches Vintage-Rad in gutem Zustand kann durchaus 3.000 Euro kosten«, sagt Sascha Kaltwasser – und fügt gleich einen Tipp hinzu: »Sammler sollten sich verstärkt auf dem britischen Markt umschauen, denn dort bekommt man Vintage-Räder oft ein gutes Drittel unter dem deutschen Preisniveau.« Dafür gibt es eine einfache Erklärung: Der Bestand an historischen Fahrrädern ist in Großbritannien deutlich größer als in Deutschland. Sascha Kaltwasser: »Um 1880 waren in England schon über 10.000 Fahrräder im Einsatz, in Deutschland allenfalls ein paar Hundert.«

Darf aber angesichts der deutlichen Preissteigerungen in den zurückliegenden Jahren weiterhin mit einer attraktiven Wertentwicklung gerechnet werden, oder droht der Oldie-Fahrradmarkt aus dem Gleichgewicht zu geraten? »Fahrräder gewinnen in ganz Europa ständig an Popularität. Das Interesse an historischen Rädern wächst und wächst«, berichtet Georgios Velissarios und verweist darauf, dass die führenden Oldtimertreffen und -messen immer stärker frequentiert würden. Regelmäßig vor der L'Eroica in Italien, der viel beachteten Rundfahrt für historische Fahrräder, steigt die Nachfrage nach sportlichen Vintage-Stahlrössern. Eine gute Gelegenheit für alle, die mit ihren zweirädrigen Oldies Kasse machen möchten.

Wer hingegen plant, in der Hoffnung auf weitere Wertzuwächse in Vintage-Räder zu investieren, sollte unbedingt auf den Originalzustand achten. »Das ist gerade in Europa sehr wichtig. Lieber original und weniger schön, als schön, aber nicht mehr original«, bringt es Sascha Kaltwasser auf den Punkt.

Karl Drais blieb die wirtschaftliche Anerkennung seiner Innovation übrigens versagt. Immer mehr Wagner bauten seine Laufmaschine nach, außerdem war es in vielen Ländern untersagt, mit diesem Gefährt auf den Bürgersteigen zu fahren. Drais starb 1851 mittellos in einem Karlsruher Armenhaus.

Investmentkompass

Begehrte Marken: Wanderer, Adler, Opel, Mercedes, NSU, Diamant, Dürkopp, René Herse, Alex Singer, Cinelli.

Interessante Nischen: Die meisten Sammler von Vintage-Rädern konzentrieren sich auf bestimmte Segmente. Dazu gehören um Beispiel »Lightweights« aus den 1930er- bis 1960er-Jahren, Liegeräder aus den 1930er-Jahren oder auch pedalgetriebene Kleinstfahrzeuge von Charles Mochet (»Velocar«).

Bezugsquellen: Oldtimermessen und -treffen wie Stalen Ros oder Velocipediade, konventionelle Auktionshäuser und Internet-Auktionsplattformen.

Weitere Informationsquellen: www.historischefahrraeder.de. Eine breite Palette an Fachbüchern gibt der Maxime Verlag heraus (www.maxime-verlag.de).

Fancy-Diamanten – fantastische Renditen mit Fantasie-Farben

50 Sachwerte, die sich jeder leisten kann, sollen im vorliegenden Buch vorgestellt werden. Wir wollen ganz offen sein: Echte Fancy-Diamanten werden sich wohl die wenigsten leisten können, denn dafür müssen mittlerweile sechs- oder gar siebenstellige Summen investiert werden. Trotzdem wollen wir aus Gründen der Vollständigkeit diese Top-Edelsteine vorstellen. Und mit einem Augenzwinkern sei hinzugefügt: Vielleicht erbt der eine oder andere Leser einen solchen Top-Edelstein einmal von einer reichen Tante ... Dann weiß man, was man hat.

Als im Frühjahr 2010 bei einer Sotheby's-Auktion in Hongkong der Hammer fiel, war die Liste der wertvollsten Diamanten um einen Stein länger: Für 6,4 Millionen US-Dollar hatte die Londoner Kauffrau Alisa Moussaieff einen Fancy-Diamanten in Tropfenform und mit einem Gewicht von 5,16 Karat erworben.

Der blaue und lupenreine Stein stammte ursprünglich aus der De Beers Millenniums-Kollektion. Der Auktionserfolg sorgte in der Branche zwar weltweit für Aufsehen, doch ungewöhnlich oder gar einmalig erschien dieser Diamanten-Deal keineswegs. Denn Fancy-Diamonds (meist kurz »Fancys« genannt) erfreuen sich bei solventen Investoren und Sammlern höchster Beliebtheit.

Natürliche Farbdiamanten galten schon immer als Steine der Mächtigen, Reichen und Schönen. Einer der bekanntesten Fancys dürfte der Dresdner Grüne Diamant sein, der im Neuen Grünen Gewölbe in der sächsischen Landeshauptstadt bewundert werden kann. Dieser aus Indien stammende

Edelstein ist mit seinen 41 Karat nach heutigem Kenntnisstand der schwerste natürliche grüne Diamant. Er wurde im Jahr 1740 in Leipzig von Kurfürst August dem Starken gekauft.

Auch der sagenumwobene blaue Hope-Diamant ist ein Fancy. Er brachte manchen seiner vielen Eigentümer allerdings Unglück und gilt daher bei Verschwörungstheoretikern als verflucht. Tatsächlich haben Wissenschaftler vor einigen Jahren nachgewiesen, dass der blaue Brillant in den Wirren der Revolution Ende des 18. Jahrhunderts aus dem französischen Kronschatz gestohlen und umgeschliffen wurde. Marie Antoinette trug diesen Diamanten, später gehörte er dem englischen König George IV. und dem Bankier Henry Philip Hope, der dem Diamanten seinen heutigen Namen gab. Weitere Eigentümer waren der russische Fürst Kanitowski, der türkische Sultan Abdul Hamid II. und Aristoteles Onassis. Nicht alle wurden glücklich mit diesem außergewöhnlichen Edelstein, dennoch gilt er nach wie vor als einer der schönsten und teuersten Steine der Welt.

Natürliche oder behandelte Farbdiamanten?

Natürliche Fancys sind ausgesprochen selten. Schätzungen zufolge kommt auf 10.000 farblose Diamanten nur ein wertvolles farbiges Exemplar. Da von Farben ein starker optischer Reiz ausgeht und farbige Steine daher vor allem bei der Schmuckherstellung gern verwendet werden, ist die Nachfrage aber sehr viel größer als das Angebot an natürlichen Farbdiamanten – von den horrenden Preisen, auf die wir gleich noch näher eingehen wollen, einmal ganz abgesehen. Eine preiswertere Alternative besteht darin, weniger wertvolle Diamanten im Labor künstlich farbig zu machen. Eine solche Behandlung muss aber im Zertifikat angegeben werden. Früher wählte man einen sehr einfachen Weg, um Diamanten farbig erscheinen zu lassen: Die Oberfläche des Steins wurde einfach gefärbt. Dann aber entdeckte die Physikerin und spätere Nobelpreisträgerin Marie Sklodowska Curie das Polonium und das Radium. Fortan wurden die Diamanten durch Bestrahlung gefärbt. Die

Resultate waren zwar von höherer Qualität als bei der oberflächlichen Färbung, allerdings wiesen diese Steine einen entscheidenden Nachteil auf: Sie waren stark radioaktiv – und das obendrein noch für eine lange Zeit. Deshalb wurden später Teilchenbeschleuniger (Zyklotrone) eingesetzt. Die Radioaktivität der behandelten Diamanten baute sich dadurch zwar schneller ab, dafür erzielte man aber keine befriedigende Farbgebung. In den 1970er-Jahren kam schließlich eine neue Methode ins Spiel: die sogenannte HPHT-Behandlung. Diese Abkürzung steht für »High Pressure – High Temperature«. Dabei werden die Diamanten einem sehr hohen Druck und hohen Temperaturen (1.500 bis 3.500 Grad Celsius) ausgesetzt. Dieses Verfahren sichert hochwertige Qualitäten für die Schmuckherstellung. Als Kapitalanlage sind diese behandelten Steine aufgrund ihres im Vergleich mit natürlichen Farbdiamanten deutlich geringeren Wertes nicht zu empfehlen.

Nachdem Sie nun wissen, wie Farbdiamanten im Labor entstehen, bleibt die Frage, wie es die Natur schaffte, Diamanten Farbe zu geben. Überwiegend sind es zusätzliche Mineralien und chemische Elemente, die in den betreffenden Steinen eingeschlossen wurden. Blaue Diamanten enthalten zum Beispiel das chemische Element Bor. Intensives Gelb wiederum wird durch Stickstoff hervorgerufen. Daneben können Defekte im Kristallgitter des Diamanten für Farbe sorgen. Wenn Sie so wollen, handelt es sich bei Fancys also um eine Laune der Natur. Da sie aber extrem selten und noch dazu sehr schön sind, erreichen diese Diamanten entsprechend hohe Preise. Doch bevor ich auf das Preisniveau dieser Steine eingehen und die kleinen, aber feinen Unterschiede erklären möchte, seien Fancy-Diamanten zunächst genauer definiert. Denn längst nicht jeder farbige Stein ist ein Fancy – und nicht jeder Fancy erzielt hohe Preise.

Das Geheimnis der Fancy-Diamanten

Das englische Wort Fancy bedeutet übersetzt Fantasie. Als Adjektiv bedeutet es auch schick und extravagant. Neben den Fancy-Farben gibt es auch

Fancy-Schliffe, die von den gängigen Schliffformen abweichen und bisweilen reichlich exotisch anmuten. Wussten Sie zum Beispiel, dass es einen Buddha-Schliff (Buddha-Cut) für Diamanten gibt? Immerhin heißt es, Buddha sitze auf einem Diamantenthron. Wir wollen uns auf den folgenden Seiten jedoch auf die Fancy-Farben konzentrieren.

Im Kapitel über die »4 C« als Werttreiber für Diamanten habe ich im Zusammenhang mit der Farbgraduierung die Farbgrade im Überblick dargestellt. Die sogenannte »Gelbreihe« umfasst sieben Abstufungen und reicht von »Hochfeinem Weiß« (River oder D) bis »Getöntem Weiß« (Crystal oder J). Steine mit der Graduierung »Crystal« weisen bereits eine mit dem bloßen Auge erkennbare schwache Gelbfärbung auf. Diese Diamanten gehören noch zur erwähnten Gelbreihe und nicht zu den Fancys. Bei Diamanten mit einer sehr intensiven gelben Farbe (»Kanariengelb«, wie es im Fachjargon heißt) handelt es sich hingegen um Fancys. Gleiches gilt für cognacbraune Diamanten.

Folgende Fancy-Farben gibt es:

- Kanariengelb (die berühmtesten gelben Fancys sind der *Tiffany*- und der *Jubilee*-Diamant).
- Braun (der größte bisher gefundene braune Diamant ist der *Lesotho* mit 601 Karat; zur »braunen Kollektion« zählen auch die Champagner- oder Schokoladen-Diamanten).
- Blau (sehr seltene und daher wertvolle Diamanten).
- Grün (noch seltener als blaue Diamanten).
- Pink (der größte geschliffene Diamant aus dieser Farbkategorie ist der *Steinmetz Pink*).
- Rot (die seltenste Naturfarbe bei Diamanten; rund 90 Prozent der roten Diamanten stammen aus der Argyle Mine in Australien).
- Schwarz (diese Steine sind erheblich preiswerter und dienen in erster Linie der Schmuckherstellung).

Brownies und Black Diamonds – ein eigenes Kapitel

Braune Diamanten schimmern aufgrund einer plastischen Deformation des Kristalls nicht weiß oder bläulich, sondern eben in der Farbe von Cognac oder Schokolade. Diese Diamanten haben einige Vorteile aufzuweisen: Zum einen sind sie erheblich preiswerter als der klassische Diamant (teilweise bis zu 80 Prozent), zum anderen setzen sie in einem Collier, Armband, Ohrring oder Ring ungewöhnliche farbliche Akzente.

Eine weitere Besonderheit sind schwarze Diamanten. Sie erhalten ihre Farbe vermutlich durch zahlreiche Einschlüsse von Graphit. Allerdings gibt es zu diesem Thema auch abweichende Meinungen. Lange Zeit führten diese Steine ein Schattendasein, doch in den vergangenen Jahren haben namhafte Juweliere und Schmuckdesigner die Faszinationskraft von schwarzen Diamanten entdeckt. Im Jahr 1996 kam der Juwelier De Grisogono erstmals mit einer Kollektion von Schmuckstücken und Uhren auf den Markt, die vollständig mit schwarzen Diamanten ausgefasst waren. Der »Spirit of de Grisogono« gilt mit 312,24 Karat als der bisher größte geschliffene schwarze Diamant weltweit. Er wurde in einen Ring mit 702 weißen Diamanten ausgefasst.

Für Aufsehen sorgte ferner die »Black-Diamonds-Kollektion« von Chopard, die 1998 auf den Markt kam und sehr zur Popularität von schwarzen Diamanten beigetragen hat. Chopard versah Ohrringe, Ringe, Colliers und Uhren mit schwarzen Diamanten – oft zusammen mit weißen oder gelben Diamanten. Der Grund für diese Kombination ist einfach: Ein schwarzer Diamant besitzt kein Feuer, deshalb wird er selten als Solitär Verwendung finden. Vielmehr bedarf es in der Regel der Hilfe einiger weißer Brillanten, um einen schwarzen Diamanten zur Geltung zu bringen.

Sogar Handy-Hersteller schmückten ihre Edel-Modelle mit schwarzen Diamanten. So verzierte Ericsson eines seiner teuersten Mobiltelefone mit 240 schwarzen Diamanten mit einem Gesamtgewicht von etwa 18 Karat. Es dauerte nicht weniger als zwei Monate, bis dieses Handy für Anspruchsvolle fertiggestellt war.

So faszinierend und ästhetisch reizvoll schwarze Diamanten sein mögen, zur Kapitalanlage sind sie nicht zu empfehlen, dafür ist ihr Wert im Vergleich mit weißen Diamanten oder anderen Fancys viel zu gering. Wer Ihnen ernsthaft empfiehlt, Ihr Geld in schwarze Diamanten zu investieren, verdient Ihr Misstrauen.

Welche Faktoren entscheiden über die Fancy-Preise?

Kommen wir noch einmal kurz auf den im Frühjahr 2010 versteigerten lupenreinen blauen Tropfen-Diamanten mit 5,16 Karat zurück. Er wechselte, wie erwähnt, für die stolze Summe von 6,4 Millionen US-Dollar seinen Besitzer. Ein lupenreiner Brillant mit 5 Karat mit der bestmöglichen Farbe (D, also hochfeines Weiß +) kostete im Frühjahr 2010 inklusive Mehrwertsteuer über 130.000 Euro pro Karat, insgesamt also mehr als 650.000 Euro. Das bedeutet: Der Fancy-Diamant brachte bei ansonsten vergleichbaren Qualitätskriterien aufgrund seiner seltenen Farbe gegenüber einem farblosen Stein den zehnfachen Preis. Das zeigt, dass farbige Naturdiamanten eine Anlageklasse für sich darstellen und somit nur für Anleger mit entsprechend großem Vermögen infrage kommen. Galten Fancys früher noch als Kuriositäten, so ist mittlerweile längst ein eigener Markt mit eigenen Gesetzen für diese begehrten Steine entstanden. Wie lauten diese Gesetze – und was unterscheidet sie vom übrigen Diamantenmarkt?

Auf den ersten Blick nicht viel: Der Wert von Fancy-Diamanten ergibt sich ebenfalls aus den erwähnten Kriterien der Diamant-Graduierung, allerdings mit besonderen Prioritäten. Im Vordergrund steht neben dem Gewicht (Karat) vor allem die Farbe und deren Intensität. Der Schliff ist zwar ebenfalls wichtig, entscheidet er doch über die Brillanz des Diamanten. Er fällt bei Fancys aber weniger ins Gewicht als bei weißen Steinen. Gleiches gilt für die Reinheit. Fancy-Diamanten werden vor allem unter zwei Aspekten graduiert: Zunächst geht es darum, die Grundfarbe des Steins zu bestimmen, also zum Beispiel blau, gelb, grün oder pink. Das zweite wichtige Kriterium ist die Intensität der Farbe. Beides zusammen – die Grundfarbe und deren Intensität (also die Farbsättigung) – entscheidet über den Wert von Fancy-Diamanten. Zur Beurteilung der Farbsättigung hat das angesehene US-amerikanische Institut GIA eine neunstufige Skala erarbeitet, die von »faint« (schwach) bis »vivid« (klar, lebhaft) reicht. Hier die Abstufungen im Einzelnen:

1. Faint
2. Very Light
3. Light
4. Fancy Light
5. Fancy
6. Fancy Dark
7. Fancy Intense
8. Fancy Deep
9. Fancy Vivid

Auch die anderen führenden Institute arbeiten mit ähnlichen Bezeichnungen, die im Zertifikat angegeben werden. Im *Diamond Colour Certificate* des Antwerpener HRD findet sich zum Beispiel eine *Colour Grading Scale* (also Farb-Graduierungsskala) mit den Bezeichnungen »light«, »faint«, »intense«, »dark« und »translucent«. Angaben zur Reinheit enthalten diese Zertifikate nicht.

Unser Praxistipp

Zur Kapitalanlage geeignet sind in erster Linie Fancys mit besonders intensiven Farben. Ein naturfarbener Diamant »light pink« kostet zum Beispiel weniger als ein Fancy »vivid pink« in gleicher Größe, Reinheit und mit identischer Schliffform. Diamanten mit hoher Farbsättigung sind selten und daher begehrt.

Häufig ist zudem nicht nur *eine* Farbe auszumachen, vielmehr kommt ein zweiter Farbton hinzu. Dann wird der Stein mit Bezeichnungen wie »yellow-greenish« (gelb-grünlich), »yellow-brownish« (gelb-bräunlich) oder »greenish-yellow« (grünlich-gelb) graduiert. Diese farblichen Nuancen sind bei entsprechender Beleuchtung meist schon mit dem bloßen Auge zu erkennen. Hierbei gilt: Weist der Fancy-Diamant nur eine klare Farbe auf – zum Beispiel ein intensives Gelb – so ist der Wert höher als der eines vergleichbaren Steins, bei dem man eine zweite Farbe erkennt.

Kommen wir nun zu den Sekundär-Kriterien. Natürlich dürfen auch die Schliffform und die Qualität der Schliffausführung nicht außer Acht gelassen werden. Wie bei allen anderen Diamanten, entscheiden ein optimaler Schliff und exakte Proportionen auch über die Brillanz von Fancys. Eine gute Schliffqualität gibt dem Fancy-Diamanten ein faszinierendes Funkeln und verleiht der Farbe ein hohes Maß an Intensität. Beim Bearbeiten eines solchen Steins achtet der Schleifer zudem auf die Einschlüsse, denn die können ebenfalls dazu beitragen, die Farbe des Diamanten zu verstärken. Die Facetten und Winkel bringen ebenfalls mehr Farbe in den Diamanten, sodass der Schleifer sehr genau überlegen muss, welche Schliffform für den betreffenden Fancy am besten geeignet erscheint.

Bei Fancy-Diamanten ist der Brillant-Schliff ebenfalls häufig anzutreffen, ebenso der Oval- und Princess-Schliff. Oft findet man allerdings auch Fantasie-Schliffe. Die Kombination aus Fancy-Farben und Fancy-Schliffen machen den Stein besonders rar oder sogar zum Solitär, was sich wertsteigernd auswirken kann, allerdings nur dann, wenn der betreffende Fancy den Geschmack potenzieller Käufer trifft. Bei allzu ausgefallenen Exoten kann die Fungibilität des Steins sehr eingeschränkt sein.

Die Faszination von Pink-Diamanten

Wie bereits betont, sind rote, grüne und blaue Fancys am seltensten und damit in der Regel am teuersten. Pink-Diamanten (also rosafarbene Steine) gelten zwar ebenfalls als sehr rar, die Chance freilich, einen solchen Fancy zu bekommen, erscheint größer als bei den natürlichen Farbdiamanten in den genannten extrem seltenen Farben. Die Argyle Diamond Mine in Australien ist zwar bekannt für ihre Pink-Diamanten, doch machen diese Steine gerade einmal 1 Prozent der Gesamtproduktion aus. Pink-Diamanten kommen ferner aus Minen in Indien, Brasilien und Afrika, doch die Farbe dieser Steine ist im Vergleich mit den Argyle-Fancys oft schwächer. Pink-Diamanten werden wiederum in fünf Kategorien eingeteilt:

- Pink
- Purplish Pink
- Brownish Pink
- Orange Pink
- Pink Champagne

Was die Farbintensität anbelangt, so ist auch bei Pink-Diamanten die erwähnte neunstufige GIA-Skala ausschlaggebend. Generell gelten Diamanten mit der reinen Farbe Pink (also ohne zweite Farbnuance) als selten und teuer. Je näher sich die Farbe einem roten Diamanten nähert, desto wertvoller ist der Stein.

Die meisten pinkfarbenen Diamanten weisen eine Reinheit von SI1 oder SI2 (leichte Einschlüsse) auf. In Ausnahmefällen werden aber auch pinkfarbene Diamanten mit sehr leichten oder sehr, sehr leichten Einschlüssen (VS bzw. VVS), mitunter sogar in lupenreiner Qualität angeboten, die naturgemäß einen deutlich höheren Wert aufweisen.

INVESTMENTKOMPASS

Bewertungskriterien für Fancy-Diamanten (Naturfarben)

1. Farbe

a. Extrem selten: rot, grün, blau
b. Sehr selten: pink, kräftiges Gelb
c. Selten: gelb, kräftiges Braun
d. Weniger selten: schwarz, braun

Zur Kapitalanlage sehr gut geeignet sind die Kategorien a und b; c ist bedingt geeignet; die Diamanten in der Gruppe d werden vor allem zur Schmuckherstellung eingesetzt.

2. Farbintensität

Je intensiver die Farbe, desto wertvoller der Stein. Die Farbsättigungs-Kategorien »Intense«, »Deep« und »Vivid« sind unter Kapitalanlageaspekten vorzuziehen.

3. Farbklarheit

Je klarer und dominierender eine Farbe ist, desto teurer ist der Fancy-Diamand. Ist eine Sekundärfarbe zu erkennen, kann dies den Preis mindern. Letztlich kommt es aber immer auf den Einzelfall an.

4. Gewicht (Karat)

Grundsätzlich gilt selbstverständlich auch bei Fancys: Je größer der Stein, desto teurer. Allerdings kann ein kleinerer Stein mit einer sehr seltenen Farbe erheblich teurer sein als ein größerer Stein mit einer häufiger vorkommenden Farbe. Ein gelber Diamant mit 3,00 Karat in der Reinheit VS2 wird mehr kosten als ein Diamant in der gleichen Farbe in der Reinheit VS und einem Gewicht von 2,50 Karat. Aber ein Pink-Diamant mit kleinen Einschlüssen und einem Gewicht von 2,00 Karat kostet aufgrund seiner Seltenheit mehr als ein 3,00-Karäter in Gelb.

5. Reinheit

Die Reinheit spielt bei Fancy-Diamanten keine so große Rolle wie bei farblosen Steinen. Natürlich wirkt sich eine größere Reinheit wertsteigernd aus, wichtiger sind aber die Farbe und deren Intensität.

6. Nachfrage

Steine in Pink und Gelb erfreuen sich großer Nachfrage, seit verschiedene Show- und Glamour-Größen solche Steine populär gemacht haben. Äußerst begehrt bleiben blaue, grüne und rote Steine. Diese sind aber nur in sehr eingeschränktem Maß verfügbar. An solche Kostbarkeiten kommt man normalerweise nur mit einem Quäntchen Glück über renommierte internationale Auktionshäuser.

Farbedelsteine I – die fabelhaften Drei

Noch dynamischer als die Preise für Diamanten entwickelte sich der Wertzuwachs bei gefragten Farbedelsteinen. »Verängstigte Anleger aus Europa, aber vor allem Chinesen und Inder haben den Markt beinahe leergekauft«, sagt uns ein erfahrener Edelsteinhändler aus Wien. »Wirkliche Top-Qualitäten sind nur schwer oder gar nicht mehr zu bekommen.« Sogar ein leitender Mitarbeiter der EZB gehört zu den Kunden des Händlers – er wird wohl wissen, warum.

Früher wurde zwischen Edelsteinen und Halbedelsteinen unterschieden, heute spricht man eher von Juwel- und Schmucksteinen. Auch unter Investment-Aspekten gilt es zu differenzieren zwischen den »Standardwerten«, die immer teuer sein werden, und den »Nebenwerten«, also Steinen, die nicht so sehr im Blickpunkt stehen, die aber stark an Wert zulegen können, wenn sie plötzlich in Mode sind und von den Schmuckherstellern in starkem Maße nachgefragt werden. Wie an der Wertpapierbörse auch, eignen sich diese »Nebenwerte« eher für spekulative Anleger. Daher haben wir ihnen im vorliegenden Buch ein eigenes Kapitel gewidmet. Beginnen wir jedoch mit den »fabelhaften Drei« – Rubin, Saphir und Smaragd. Sie gelten als die Klassiker unter den Juwelsteinen. Rubine und Saphire stammen aus der exklusiven Mineralgruppe der Korunde. Was ihre Härte angeht, stehen sie auf Platz zwei hinter Diamant. Smaragde wiederum gehören zur Familie der Berylle.

Die Preise für unbehandelte, also nichtgebrannte Rubine haben sich in den vergangenen Jahren im Detailhandel mehr als verdoppelt. Es handelt sich um gesuchte Raritäten, die wesentlich teurer sind als die handelsüblichen gebrannten Steine. Als Investment geeignet sind ferner die legendären Winza Rubine, benannt nach der Ortschaft Winza in Tansania. Diese Edelsteine zeichnen sich oft durch eine kräftige rote Farbe mit einer leicht blauen Beimischung aus.

Während die Rubin-Preise steigen, stagniert die Wertentwicklung bei Smaragden und Saphiren. Experten zufolge sind Saphire vor allem in einer Größenordnung von 10 Karat aufwärts interessant. Ebenfalls als Investment geeignet: Saphire in Fantasiefarben (Fancy colours), zum Beispiel in Violett.

Überhaupt spielt die Farbe eine sehr wichtige Rolle bei der Wertentwicklung von Edelsteinen. Aquamarine, enge Verwandte der Smaragde, sind vor allem dann sehr begehrt und teuer, wenn sie erstens intensiv blau sind und aus der brasilianischen Mine »Santa Maria« stammen. Ebenfalls begehrt: rosa- bis orangefarbene Imperial-Topase.

In diesem Kapitel wollen wir uns jedoch auf die erwähnten »Standardwerte« Rubine, Saphire und Smaragde konzentrieren, weil diese vor allem für eine chancenreiche Kapitalanlage infrage kommen. Nicht verschweigen wollen wir indessen die Nachteile eines Edelstein-Investments: Der Investor zahlt hohe Handelsaufschläge und – im Gegensatz etwa zu Goldbarren und -münzen – 19 Prozent Mehrwertsteuer. Da nicht davon auszugehen ist, dass die Preise dauerhaft so stark steigen wie in den zurückliegenden Jahren, braucht der Investor einen langen Atem, um eine attraktive Rendite zu realisieren.

Auf der anderen Seite lassen sich Edelsteine – im Gegensatz zu Papiergeld – nicht beliebig vermehren, sie sind daher auf natürliche Weise inflationsgeschützt. Darüber hinaus gelten sie als diskrete Fluchtwährung. Ein Rubin von höchster Qualität mit 5 Karat Gewicht (das entspricht gerade einmal einem Gramm) kann so viel wert sein wie ein Kilobarren Gold.

Die Investment-Grade-Edelsteine im Überblick

Die Welt der Farbedelsteine ist – und das darf man in diesem Zusammenhang sicher ganz wörtlich nehmen – sehr facettenreich. Die Vielzahl der weltweiten Varietäten gäbe allein schon Stoff für ein separates Buch her. Wir wollen uns auf den nachfolgenden Seiten jedoch auf Farbedelsteine konzentrieren, die für Investments infrage kommen.

Rubin: der »rote Blue Chip«

Manche nennen ihn den »König der Edelsteine«. Und das hat durchaus seine Berechtigung. Denn der Rubin zählt zu den teuersten Farbedelsteinen. Große Rubine sind seltener als vergleichbare Diamanten. Das typische Rot dieses Steins kann unterschiedliche Nuancen aufweisen, je nachdem, aus welcher Lagerstätte er stammt. Besonders begehrt sind die Burma-Rubine, die – wie erwähnt – keinesfalls aus den Lagerstätten des heutigen Myanmar kommen müssen. Diese Edelsteine überzeugen mit einem ausgeprägten Rot und einer leicht bläulichen Schattierung. Das Rot der thailändischen Rubine hingegen weist einen Stich ins Bräunliche oder Violette auf. In allen Fällen ist Chrom die farbgebende Substanz. Rubine gehören zu jenen Edelsteinen, die am häufigsten behandelt werden, um Farbe und Reinheit zu optimieren. Feine Rubine in einer Größe von 3 Karat und mehr sind selten und daher entsprechend teuer. Wer sich für Rubine entscheidet, sollte also mit einem vierstelligen Engagement rechnen.

Saphir: beeindruckende Farbenvielfalt

Der Saphir ist ein weiterer Edelstein von Investment-Qualität und zählt, wie der Rubin, zur Korund-Gruppe. Allerdings besteht ein Unterschied, der sich im wahrsten Sinne des Wortes sehen lassen kann: Saphire gibt es in einer beeindruckenden Farbenvielfalt. Nur rot dürfen sie nicht sein, denn dann handelt es sich um Rubine. Die bekanntesten Saphire freilich sind blau. So kann es nicht überraschen, dass man früher sogar den Lapislazuli für einen Saphir hielt. Sammler und Anleger schätzen Saphire in reinstem Kornblumenblau. Die farbgebende Substanz ist in diesen Fällen vor allem Eisen. Wird die Farbe des Saphirs nicht ausdrücklich genannt, sind ausschließlich blaue Steine gemeint. Anderen Saphiren wird die Farbe vorangestellt, also zum Beispiel »grüner Saphir« oder »gelber Saphir«. Sogar farblose Saphire gibt es. Sie heißen Leukosaphire. Neben den intensivblauen Steinen ist in erster Linie der orange-rosafarbige Padparadscha-Saphir begehrt. Üblicherweise werden Saphire zur Steigerung der Farbintensität bei Temperaturen bis zu 1.800 Grad Celsius gebrannt. Ungebrannte Spitzenexemplare von hoher Qualität gelten als ausgesprochene Raritäten und sind entsprechend teuer. Manchen Experten erscheinen Saphire ohnehin preislich überbewertet.

Smaragd: der »edle Grüne«

Unter den Edelsteinen aus der Beryll-Gruppe ist der Smaragd der einzige »Blue Chip«, auch wenn wir in diesem Zusammenhang wohl treffender von »Green Chip« sprechen müssten, denn nur grüne bzw. gelblich grüne Berylle dürfen Smaragde genannt werden. Blaue Berylle kommen als Aquamarine auf den Markt. Die meisten Smaragde weisen Einschlüsse auf, die allerdings den Wert des Steins nicht stark beeinflussen, sofern sie nicht zu groß sind. Die Einschlüsse werden beim Smaragd übrigens fast schon ein wenig poetisch »Jardin« genannt (frz. »Garten«). Daneben gibt es völlig einschlussfreie Smaragde. Falls Sie einen solchen besitzen, dürfen Sie sich glücklich schätzen, denn diese Raritäten erzielen höhere Preise als weiße Diamanten. Der größte Smaragd bringt es auf atemberaubende 16.300 Karat. Er befindet sich im Museum Topkapi-Serail in Istanbul. Wie bereits eingangs erwähnt, wird weithin die Ansicht vertreten, die schönsten Smaragde kämen aus Kolumbien. Edelstein-Experte Heinz Schiendl ist – wie viele seiner Kollegen – anderer Meinung: »Die schönsten Smaragde in funkelndem Grün liefert uns mittlerweile Brasilien.« Weitere Lagerstätten sind Afghanistan und Südafrika.

Investmentkompass

Top-Renditen nur mit Spitzenqualitäten

Rubine sind die Investment-Edelsteine schlechthin und durchaus in derselben Klasse anzusiedeln wie Diamanten. Unbehandelte, also nichtgebrannte Rubine sowie die begehrten Winza-Rubine sind besonders gefragt. Saphire ab 10 Karat aufwärts oder in Fantasiefarben erscheinen als Kapitalanlage ebenfalls interessant. Die Wertentwicklung von Smaragden hingegen war in den vergangenen Jahren nicht immer überzeugend, sondern weitgehend von Stagnation geprägt.

Wo kaufen?

Farbedelsteine kann man natürlich bei Juwelieren, Edelsteinhändlern und auf Auktionen erstehen. Ähnlich wie bei Diamanten zahlt der Käufer dabei jedoch einen hohen Handelsaufschlag sowie die Mehrwertsteuer. Allemal günstiger ist es, die Steine von vertrauenswürdigen privaten Verkäufern zu erstehen. Darüber hinaus gibt es mittlerweile auch viele seriöse Online-Händler, die etwas kundenfreundlicher kalkulieren (der Autor empfiehlt Ihnen gern entsprechende Adressen; die Kontaktdaten finden Sie im Impressum).

Farbedelsteine II – die spekulativen Nebenwerte

Ähnlich wie an der Aktienbörse, erweisen sich auch die »Nebenwerte« unter den Farbedelsteinen oft als wahre Outperformer. Die Karat-Preise für die äußerst begehrten Paraiba-Turmaline in exzellenter Qualität zum Beispiel haben sich innerhalb von wenigen Jahren fast verzehnfacht. Heute muss man im Großhandel mit bis zu 10.000 Euro pro Karat rechnen. Größere Tansanite kommen kaum noch auf den Markt. Rund um den Kilimandscharo wird teilweise in 100 Metern Tiefe versucht, der Erde die letzten Reste dieser Schätze zu entreißen, doch allmählich stößt auch die Technik an ihre Grenzen.

Nehmen wir daher die besonders viel versprechenden Steine an dieser Stelle etwas genauer unter die Lupe. Immerhin eignen sie sich ideal, um ein Edelsteinportfolio, dessen Schwerpunkt auf Diamanten, Rubinen und Saphiren liegt, etwas zu diversifizieren. Hier die »Nebenwerte« im Überblick.

Blauer Zirkon: vielversprechender Underperformer

Manche Aktien von ausgezeichnet geführten und erfolgreich am Markt agierenden Unternehmen verzeichnen lange Zeit kaum Wertsteigerungen, weil sie nicht im Fokus der Anleger stehen. Die Investoren interessieren sich einfach nicht für die betreffenden Werte und verkennen somit das in ihnen schlummernde Potenzial. Wenn es unter den Investment-Edelsteinen einen solchen Underperformer gibt, dann ist es der Blaue Zirkon aus Kambodscha. Zirkon-Varietäten gibt es in unterschiedlichen Farben, so zum Beispiel in Gelb und Gelbrot (Hyazinth genannt), Strohgelb bis fast farblos (Jargon) und eben in Blau (Starlit). Dass diese Steine derzeit noch etwas im Schatten stehen, muss überraschen, denn der Blaue Zirkon von hoher Qualität überzeugt durch ein Feuer, das durchaus mit dem eines Diamanten vergleichbar ist. Fachleute sind überzeugt, dass der Blaue Zirkon schon bald dem Aquamarin den Rang ablaufen könnte. Auch unter Investment-Aspekten erscheinen diese Steine interessant. Sie sind relativ selten und waren bis vor Kurzem noch relativ günstig zu haben. In der Zwischenzeit stiegen jedoch die Preise – und wirklich sehr gute Qualitäten werden selten angeboten.

Turmalin: Farbenfeuerwerk der Natur

Nomen est omen: Der Name Turmalin geht zurück auf das singhalesische Wort »tura mali«, was so viel bedeutet wie »Stein mit gemischten Farben«. Offenbar beflügelten diese Steine mit ihrer ungewöhnlichen Farbenvielfalt schon immer die Fantasie der Menschen. So heißt es in einer alten Legende aus Ägypten, ein Turmalin sei einst auf seinem Weg aus dem Inneren der Erde in Richtung Sonne über einen Regenbogen gewandert und habe dabei alle Farben aufgenommen. Tatsächlich gilt der Turmalin bis heute als »Edelstein des Regenbogens«. Turmaline gibt es in vielfältigen Varietäten: Der Rubellit ist rosa bis rot, der Indigolith blau, der Dravit braun und der Verdelith grün. Gerade der Verdelith ist bei Sammlern begehrt und erzielt gute Preise, auch wenn er es selbst bei guter Qualität nicht mit einem Smaragd aufnehmen kann. Typische Investment-Steine sind die Paraiba-Turmaline, die erstmals im Jahr 1987 in der Mine da Batalha im brasilianischen Staat Paraiba entdeckt wurden und durch ihre intensive blaue und blaugrüne Farbe bestechen. Diese Turmaline wurden zwar nach ihrem ersten Fundort benannt (eben Paraiba), inzwischen kommen sie aber auch aus Afrika. Paraiba-Turmaline sind selten – und Steine von mehr als einem Karat kaum zu finden. Wenig verwunderlich also, dass die Preise für diese Farbedelsteine in den vergangenen Monaten und Jahren deutlich gestiegen sind. Als tendenziell unterbewertet gelten hingegen Rubellite (rote Turmaline) – vorausgesetzt, es handelt sich um Top-Qualitäten.

Citrine: die Größe zählt

Farbedelsteine aus der Familie der Quarze eignen sich in erster Linie für die Schmuckherstellung, aber kaum als Investment. Hierzu gehören zum Beispiel der Amethyst, der Bergkristall und der Ametrin. Doch keine Regel ohne Ausnahme: Citrine, also die gelbe Varietät der Quarze, können ab 50 Karat aufwärts interessant erscheinen. Doch gerade bei Quarzen stellt sich die Frage nach der Echtheit. Experten schätzen, dass es sich bei zwei Dritteln aller in US-Edelsteinshops angebotenen Steine aus der Quarzfamilie um Fälschungen handelt. Generell sollte der Investor daher auf Zertifikate von international anerkannten gemmologischen Instituten achten. Und natürlich braucht er einen Händler oder Juwelier seines absoluten Vertrauens.

Tansanit: von Tiffany eingeführt

Als die tiefblauen Kristalle im Jahr 1967 im ostafrikanischen Staat Tansania erstmals entdeckt wurden, war sich die Fachwelt schnell einig: Dies könnte der Edelstein des 20. Jahrhunderts werden. Eigentlich handelt es sich lediglich um eine blaue Varietät des Minerals Zoisit, doch es gibt gleich mehrere Gründe, weshalb dieser Edelstein so begehrt ist und in den vergangenen Jahren eine deutliche Wertsteigerung erfuhr. Zum einen hatte der faszinierend blaue Tansanit einen höchst prominenten Förderer. Kein Geringerer als der New Yorker Juwelier Tiffany bot diese Edelsteine schon unmittelbar nach ihrer Entdeckung seinen anspruchsvollen Kunden an. Allerdings erwies sich der Name als problematisch: »Blauer Zoisit« – das klang zu sehr nach »Suizid« und weckte negative Emotionen. Also nannte man den Edelstein fortan nach seinem Fundort in Tansania einfach »Tansanit«. Wertsteigernd hat sich ohne Frage die Tatsache ausgewirkt, dass es eben nur eine einzige Lagerstätte bei Arusha in Tansania gibt. Das sichert ein gewisses Maß an Exklusivität. Für Tansanite in besonders guten Qualitäten und mit hoher Karatzahl werden schon heute ansehnliche Preise gezahlt. Tendenz: weiter steigend.

Mandarin-Granat: der stille Star

Während die meisten Sammler und Edelstein-Investoren auf die erwähnten Blue Chips schauten, schossen in den vergangenen Jahren die Preise für den Mandarin-Granat in die Höhe. Wer Anfang der 1990er-Jahre zugriff und sehr gute Qualitäten dieses Steins erwarb, dürfte sein Vermögen seither vervielfacht haben. Im Vergleich mit anderen Granat-Varietäten ist dieser leuchtend orangefarbene Edelstein aus der Gruppe der Spessartine relativ selten. Die ersten Mandarin-Granate wurden im Norden Namibias gefunden. Heute kommen diese Edelsteine vorwiegend aus Nigeria, Kenia und Tansania. Je leuchtender das Orange eines solchen Mandarin-Granats ausfällt, desto wertvoller und seltener ist er. Farbgebende Substanz ist dabei Mangan. Besonders selten sind Mandarin-Granate über 5 Karat in höchster Qualität. Diese Edelsteine sind trotz der in den vergangenen Jahren zu verzeichnenden Preissteigerungen allemal eine Investition wert.

Spinell: lange ein »getarnter Rubin«

Er galt lange gleichsam als »Hochstapler« unter den Farbedelsteinen, weil er früher in vielen Fällen für ein Rubin gehalten wurde: Der Spinell wurde erst später unter Einsatz moderner gemmologischer Erkennungsverfahren als separater Stein erkannt. Aber immerhin weist der Spinell viele Parallelen zur edlen Korund-Familie auf. Spinelle verfügen über eine große Farbpalette, die durchaus mit jener der Korunde vergleichbar ist. Am bekanntesten ist ohne Frage der rote Spinell, aber es gibt auch Varianten in Lila, Rosa und Saphirblau. Während aber ein blauer Spinell unschwer von einem Saphir zu unterscheiden ist, muss man – wie gesagt – bei roten Spinellen schon genauer hinschauen, um sie nicht mit den wesentlich teureren Rubinen zu verwechseln. Dennoch gelten rote Spinelle derzeit noch als unterbewertet und daher als Edelsteine mit Wertsteigerungspotenzial.

Alexandrit: das Chamäleon unter den Edelsteinen

Johannes O. Vranek, Globetrotter, Buchautor und einer der erfahrensten Edelstein-Experten im deutschsprachigen Raum, zählt den Alexandrit ganz klar zu den Investmentsteinen. Er stellt ihn sogar auf eine Stufe mit Saphiren und Smaragden. Der Alexandrit gehört – ebenso wie das Katzenauge – zur Familie der Chrysoberylle. Größere Alexandrite sind äußerst selten und daher sehr teuer. Besonders geschätzt werden diese Steine jedoch wegen einer faszinierenden Eigenart: Sie wechseln ihre Farbe bei Kunst- und Tageslicht. Nicht von ungefähr bezeichnet man diesen Edelstein als Farbwechsler. Tageslicht entlockt ihm ein zart bläulich angehauchtes Moosgrün, das sich bei künstlicher Beleuchtung in Himbeerrot bis Amethystviolett verwandelt. Weil der Alexandrit in der ersten Hälfte des 19. Jahrhunderts erstmals in Russland entdeckt wurde, trägt er bis heute den Namen des Zaren Alexander II. und gilt als typisch russischer Edelstein.

INVESTMENTKOMPASS

Welche Nebenwerte erscheinen interessant?

In erster Linie der Alexandrit. Nachteil: Sehr hohe Einstandspreise. Empfehlenswert sind ferner Tansanite, Mandarin-Granate, blaue Zirkone, rote Spinelle und rote Turmaline.

Vorsicht Fälschungen

Vorsicht beim Kauf von Farbedelsteinen aus der Familie der Quarze. Hier gibt es die meisten Fälschungen. Als Investment kommen allenfalls große Citrine in Betracht.

Wo kaufen?

Hier gelten dieselben Empfehlungen wie für den Kauf von Juwelsteinen (siehe vorhergehendes Kapitel).

Flakons – fantasievolle Gefässe für köstliche Düfte

Yves Saint Laurent war offenkundig nicht nur ein begnadeter Modeschöpfer, er hatte darüber hinaus den richtigen Riecher für Kunst und lukrative Kunstinvestments. Und zwar gerade dann, wenn er sich für künstlerische Nischen interessierte. Im Jahr 1990 ersteigerte YSL, wie der Mann der Moden bezeichnet wurde, das fast schon legendäre Parfüm-Flakon »Belle Haleine« (Schöner Atem), das Altmeister Marcel Duchamp kreiert hatte. Diese Preziose, bekannt unter dem Namen »Eau de Voilette«, hat eine Höhe von 16,5 Zentimetern. Eine kleine Kostbarkeit, die nach dem Tod von Yves Saint Laurent allerdings zu einem wahrhaft gigantischen Preis den Eigentümer wechselte. Auf einer Versteigerung bei Christie's in Paris war einem Bieter dieses Flakon nicht weniger als 7,9 Millionen Euro wert. Damit wurde in diesem Sammelgebiet ein neuer, spektakulärer Rekord aufgestellt. Ursprünglich war das begehrte Objekt in der braunen Original-Schatulle »nur« auf 1,5 Millionen Euro taxiert worden.

»Der immer größer werdenden Schar von Sammlern steht eine immer geringer werdende Anzahl älterer Flakons gegenüber. Daraus ergibt sich automatisch ein höheres Preisniveau«, erklärt Beatrice Frankl, Autorin und selbst passionierte Sammlerin. Allerdings – und dies ist die gute Nachricht für alle, die in die Verpackung edler Düfte investieren möchten – es geht durchaus auch eine Nummer kleiner, obgleich Schnäppchen kaum noch möglich sind. Die 100-Milliliter-Flasche des Parfüm-Klassikers Chanel No. 5 aus den 1930er-Jahren ist derzeit noch für rund 300 Euro zu haben. Stammt das Flakon hingegen aus den 1920er-Jahren, dann sollte man mit gut und gerne 2.000 Euro rechnen. Dass sechsstellige Summen investiert werden, ist derweil keine Seltenheit. Der »Trésor de la Mer« in der Form einer Austernschale wurde im Jahr 2006 in den USA für rund 216.000 Dollar versteigert. Immerhin hat diese Preziose mit René Lalique einen prominenten Schöpfer. Sein Sohn Marc setzte diese weithin geschätzte Tradition seines Vaters fort und schuf unter anderem für das Haus Nina Ricci das berühmte Flakon »L'Air du Temps«, für das Sammler heute ebenfalls hohe Summen zahlen, sofern ein solches Stück überhaupt angeboten wird.

Auch andere große Künstler kreierten unvergessliche Sammlerstücke. Salvador Dalí zum Beispiel schuf 1945 für das Haus Schiaparelli das Flakon »Le Roy Soleil«, das in limitierter Auflage bei dem international geschätzten Hersteller Baccarat gefertigt wurde. Baccarat gehört zusammen mit Lalique, Pochet et Du Courval, Verreries Brosse, Saint Gobain Desjonquères und Wheaton Glass Co. zu den bedeutendsten Glasmarken.

Flakons haben eine lange Tradition. Es gab sie schon bei den Ägyptern rund 1500 vor Christus. In den damaligen Behältnissen wurden Kräuterauszüge und duftende Öle aufbewahrt, die in erster Linie bei rituellen religiösen Handlungen Verwendung fanden. Jene Flakons aber, die heute die Sammler erfreuen, weisen eine wesentlich jüngere Geschichte auf. Es begann im Grunde mit der industriellen Revolution ab Mitte des 19. Jahrhunderts. Damals wurde es möglich, Glas in allen erdenklichen Formen zu bearbeiten. Der Fantasie bei der Gestaltung von Flakons waren fortan keine Grenzen mehr gesetzt. Gleichzeitig kamen Flakons gefüllt mit Parfüm, verpackt und etikettiert, auf den Markt, die es den Kundinnen einfach machten. Bis zu diesem Zeitpunkt war es nämlich üblich gewesen, mit dem leeren Flakon zum Kaufmann zu gehen und dort die duftende Flüssigkeit nachfüllen zu lassen. Einige Flakons schrieben Designgeschichte, wie zum Beispiel das Gefäß für das Parfüm Classique von Jean Paul Gaultier, das die Form eines Frauentorsos hatte.

Schon relativ früh interessierten sich auch Sammler für Flakons, allerdings wurden die wertvollen Behältnisse anfangs nicht als separates Sammelgebiet anerkannt. Vielmehr tauchten sie vor allem im Zusammenhang mit anderen

Sammelleidenschaften auf. Wer Porzellan, Glas oder interessante Objekte aus dem Jugendstil oder Art déco sammelte, besaß eben häufig auch das eine oder andere Flakon, das zu diesem Sammelschwerpunkt passte.

»Inzwischen hat sich das Flakonsammeln als eigenständiges Gebiet etabliert und ist, dank solch hochkarätiger Künstler wie Lalique und Daum in die geheiligten Heerscharen der bedeutenden Sammelgebiete aufgenommen worden«, schreibt Expertin Beatrice Frankl. Das Design des Flakons und der Verpackung sowie ein exklusiver Name und eine möglichst prominente Patenschaft seien für den Verkaufserfolg heute fast unumgänglich. Limitierte Sonderauflagen und die meist dem Original nachempfundenen Duftproben-Miniaturen hätten für einen weiteren Sammlerboom gesorgt, ist sich Beatrice Frankl sicher.

Zu den Blue Chips gehören die bei Baccarat, Lalique oder Saint Louis in der ersten Hälfte des vergangenen Jahrhunderts entstandenen Firmenflakons. Sie sind heute allesamt begehrte Sammelobjekte. Baccarat-Gläser können bis zu zehnmal teurer sein als herkömmliches Glas.

Wie bei allen Sammelobjekten entscheidet auch bei Parfüm-Flakons der Erhaltungszustand über den Preis. Gefragt sind unberührte Flakons in der Originalverpackung. Und natürlich sollten die Preziosen in möglichst einwandfreiem Zustand sein. Unbeschädigte und ungeöffnete Flakons in der Originalverpackung erzielen die höchsten Preise. Für ungeöffnete Flakons ohne Originalbox muss man mit einem Abschlag von mindestens zehn Prozent rechnen. Wurde das Flakon bereits geöffnet, macht die Werteinbuße bis 20 Prozent aus. Ist das Etikett beschädigt, kann dies den Wert um bis zu 50 Prozent reduzieren. Beschädigte Flakons oder solche ohne Etikett und Verschluss sind weder als Sammelobjekte noch als Kapitalanlage wirklich geeignet. Die gleichen Kriterien gelten auch für Miniaturen.

Zu beachten ist schließlich, dass auch dieser Markt modischen Zyklen unterliegt. Noch in den 1970er- und 1980er-Jahren standen Flakons von Lalique besonders hoch im Kurs und erreichten bisweilen atemberaubende Preise. Danach ging dieser Hype zurück. Dafür zogen die Preise für Baccarat-Flakons deutlich an. Nicht schaden kann schließlich ein prominenter Vorbesitzer, wie der Fall von Yves Saint Laurent auf eindrucksvolle Weise belegt.

Investmentkompass

Interessante Objekte

Gefragt sind in erster Linie Flakons von bedeutenden Glasmarken wie Baccarat, Lalique und Saint Louis. Limitierte Auflagen und ein großer Parfüm-Name (zum Beispiel Chanel oder Nina Ricci) können sich ebenfalls preissteigernd auswirken. Kreationen großer Künstler, wie etwa Dalí, sind hingegen kaum noch zu bezahlen. Hervorragende Sammler- und Investmentobjekte sind in der Epoche des Jugendstils zu finden.

Erhaltungszustand

Das Flakon sollte sich in der Original-Verpackung befindet und ungeöffnet sein. Wichtig: Unbedingt auf das Etikett achten. Ist es beschädigt, führt dies zu erheblichen Preisabschlägen.

Wo kaufen?

Am besten auf Antikmärkten, in Auktionshäusern und auf Parfümflakonmessen (weitere Infos unter www.parfumboerse.de).

Perspektiven

Bei sehr alten Flakons ist eine Wertbestimmung schwierig. Insgesamt dürften bei rückläufigem Angebot und konstanter oder leicht steigender Nachfrage die Preise weiter nach oben gehen. Allerdings sollte viel Liebhaberei im Spiel sein, denn zu den klassischen Sachwertinvestments gehören Flakons sicher nicht.

Gemälde – Spekulation auf die schönen Künste

Gerade einmal zwölf Minuten dauerte es, dann war der neue Rekord perfekt. Im Frühjahr 2012 ersteigerte ein anonymer Bieter im Auktionshaus Sotheby's in New York Edvard Munchs Meisterwerk »Der Schrei« für umgerechnet rund 91 Millionen Euro. Am Ende wurde das Bietergefecht von zwei Kaufinteressenten telefonisch ausgetragen. Noch nie hatte jemand so viel Geld für ein Gemälde ausgegeben. Rund um die Welt berichteten die Medien in großer Aufmachung über diesen historischen Auktionsrekord.

Dieser Preis mag so außergewöhnlich, so spektakulär sein wie das berühmte Gemälde des großen norwegischen Expressionisten. Doch der Vorgang beweist zumindest dreierlei. Erstens: Der Preis für ein Gemälde kann regelrecht explodieren. Zweitens: Auktionen sind unberechenbar. Sind mehrere Bieter fest entschlossen, ein bestimmtes Kunstwerk zu erstehen, steigern sie den Zuschlagspreis nahezu ins Unermessliche. Es geht ihnen nur darum, das Objekt zu besitzen, und dafür zahlen sie Summen, die sich vom wahren Wert des Werks – so schwierig der auch zu bestimmen sein mag – abkoppeln und geradezu astronomische Höhen erreichen. Und drittens zeigt dieses Beispiel, dass die meisten Kunstwerke erst dann eine hohe, vielleicht sogar übertriebene materielle Wertschätzung erfahren, wenn der Künstler schon längst verstorben ist. Vincent van Gogh zum Beispiel hätte allein vom Verkauf seiner Bilder zu seiner Zeit nicht leben können.

Zweifellos sind die Kunstpreise in den vergangenen Jahren regelrecht explodiert. Dennoch muss, wer ein Art-Investment in Betracht zieht, nicht zwangsläufig sechs- oder gar siebenstellige Summen anlegen. Natürlich:

Wer sich einen Picasso oder Nolde leisten kann, ist auf der sicheren Seite. Die Werke dieser Maler der klassischen Moderne dürften auf Auktionen immer Top-Preise erzielen. Für ein Gemälde dieser Künstler muss man dann allerdings den Gegenwert eines Hauses investieren.

Eignen sich Gemälde also nur als Anlageobjekte für Multimillionäre? Nicht unbedingt, denn Bilder von bisher noch unbekannnten, aber viel versprechenden Künstlern gibt es zum Teil bereits für rund 1.000 Euro. Das ist deutlich weniger als im Jahr 2012 eine Unze Feingold kostete. Aber genau an diesem Punkt offenbart sich schon das Kernproblem: Welcher junge Künstler ist viel versprechend, wessen Werke werden in zehn, zwanzig oder dreißig Jahren gefragt sein? Eine Antwort auf diese Frage ist noch spekulativer als die Prognose eines Aktienkurses über einen längeren Zeitraum. Denn die Wertschätzung eines Bildes unterliegt immer der Mode, dem zeitgenössischen Geschmack.

Dennoch gibt es viele gute Gründe, die für ein Kunstinvestment sprechen. Hier die wichtigsten im Überblick:

- Kunstobjekte sind resistent gegen Inflationstendenzen und Währungsturbulenzen.
- Die ehemalige Dresdner Bank (jetzt Commerzbank) errechnete vor ein paar Jahren die Wertentwicklung von Cézanne-Gemälden. Angenommen, einer unserer Vorfahren hätte 1874 ein solches Kunstwerk erworben, dann hätte er theoretisch eine inflationsbereinigte jährliche Durchschnittsperformance von rund 9 Prozent erzielt. Auch Werke von Picasso, van Gogh oder Turner weisen eine vergleichbare Wertentwicklung auf.
- Kunstanleger machen sich die Zeit gleichsam zum Verbündeten. Je älter ein Kunstwerk, umso wertvoller. Nachteil: Vielleicht profitieren erst die Kinder, Enkel oder Ur-Enkel von der Wertsteigerung.
- Die an anderer Stelle bereits erwähnte emotionale Rendite fällt gerade bei Kunstwerken besonders hoch aus. Der Kunsthändler und langjähri-

ge Experte des Auktionshauses Christie's, Michael Findlay, nennt drei Beweggründe für das Sammeln von Kunst: Neben der Spekulation auf Renditen motivieren die Steigerung des gesellschaftlichen Status und die Freude am Betrachten der Gemälde zum Kauf solcher Werte.

➤ Auf der anderen Seite sei nicht verschwiegen, dass auch wichtige Argumente gegen Kunst als Geldanlage sprechen. So lässt sich der Wert eines Kunstwerks – sieht man von den Alten Meistern einmal ab – schwer schätzen. Trends, Liebhaberpreise und besonderes Sammlerinteresse wie beim eingangs erwähnten Munch können zu extremen Preisschwankungen führen. Und sogar die Experten verfügen über keine einheitlichen Maßstäbe, sondern lediglich über Richtlinien zur Beurteilung eines Werks. Über den Wert der Kunst entscheidet in erster Linie die internationale Resonanz, die ein Künstler auf seine Werke erfährt.

Zudem erweist sich die Fungibilität als schwierig, also die Möglichkeit, das Gemälde wieder zu verkaufen. Einen Goldbarren kann man in beinahe jeder Bank und bei Edelmetallhändlern zu Geld machen. Soll hingegen ein wertvolles Gemälde veräußert werden, sind Galeristen, Gutachter und Auktionshäuser involviert. Außerdem stellt sich eine Wertsteigerung erst nach Jahrzehnten ein. Und schließlich laufen sogar erfahrene Kunstkenner Gefahr, Fälschungen zu erwerben.

Bei einem Kunstinvestment muss mithin die Freude am Besitz der Werke zumindest gleichberechtigt neben dem Aspekt der Kapitalanlage stehen. Ist dies der Fall, stellt sich die Frage, wie ein »Einsteiger« in dieser Assetklasse vorgehen sollte. Experten empfehlen, ein Kunstinvestment längerfristig vorzubereiten. »Wer gut und richtig in die Kunst investieren will, muss sich damit auseinandersetzen und sich reinarbeiten«, rät Klaus Gerrit Friese vom Bundesverband Deutscher Galeristen und Kunsthändler. Dazu gehört die Lektüre der mittlerweile in großer Zahl erschienenen Fachbücher und Zeitschriften. Die Wirtschaftsmagazine *Capital* und *Manager Magazin* veröffentlichen von Zeit zu Zeit umfassende Themen-Specials, in denen die aktuellen Kunsttrends behandelt werden (siehe nachfolgenden Kasten).

Empfehlenswert ist ferner der Besuch einschlägiger Fachmessen, wie etwa der Art Cologne oder der Art Basel.

Die Top-Four 2012 der Malerei
1. Gerhard Richter
2. Georg Baselitz
3. Anselm Kiefer
4. Jeff Koons

Quelle: *Manager Magazin* 5/2012

Die unterschiedlichen Kunstmärkte

Auf dem **internationalen Markt** werden die Werke von weltweit anerkannten Künstlern gehandelt, wie zum Beispiel Anselm Kiefer, Robert Rauschenberg und Sigmar Polke. Solche Arbeiten erhält der Interessent normalerweise nur in den großen Auktionshäusern wie Sotheby's und Christie's sowie in einigen handverlesenen Galerien vor allem in London und New York. Vorteil: Der Investor kann nicht viel falsch machen, seine Verlustrisiken sind bei diesen weithin anerkannten Künstlern begrenzt. Nachteil: Die Einstiegspreise sind sehr hoch und für Kleinanleger nicht geeignet.

Auf den **nationalen Märkten** sind ebenfalls einige etablierte Künstler vertreten, deren Werke von Galerien, Kunsthändlern und Art Consultants verkauft werden. Tipp: Die einschlägigen Fachmedien studieren, dort wird häufig über Künstler berichtet, die (noch) auf den nationalen Markt beschränkt sind, denen aber der internationale Durchbruch gelingen könnte. Vorteil: Die Einstiegspreise sind günstiger, zudem haben die Arbeiten dieser Künstler Potenzial. Nachteil: Bleibt die grenzüberschreitende Anerkennung des Künstlers und seiner Werke aus, droht Wertverlust.

Bleibt schließlich noch der **Markt der »Neuen Talente«**. Meist handelt es sich dabei um Entdeckungen von Galerien. Diese Künstler lassen zwar Potenzial erkennen, sind am Markt aber noch nicht etabliert, oft existiert überdies keine belastbare Einschätzung des künstlerischen Niveaus. Vorteil: günstige Einstiegspreise in spekulative Objekte. Nachteil: keinerlei Markttransparenz. Traumrenditen sind ebenso möglich wie im schlimmsten Fall ein Totalverlust.

INVESTMENTKOMPASS

Wie investieren?

Zuerst gründlich informieren durch Fachlektüre, Messebesuche und Gespräche mit Fachleuten. Es gilt, einen inneren Bezug zur Kunst aufzubauen. Sollte dieser grundsätzlich fehlen: Hände weg von Kunstinvestments. Die Arbeiten etablierter Künstler sind für Anleger mit überschaubarem Budget nicht mehr finanzierbar. Tipp: In die Bilder neuer und noch wenig bekannter Künstler investieren.

Welcher Künstler birgt Potenzial?

Der Investor sollte recherchieren, wo der Künstler bisher ausgestellt hat, mit welchen Galerien und Museen er zusammenarbeitet. Hat er bereits nationale Erfolge vorzuweisen? Ist er in Sammlungen vertreten? Diese Fragen lassen sich durch gezielte Internet-Recherchen beantworten.

Wie viel investieren?

Der Einstieg ist meist schon für rund 1.000 Euro möglich. Experten raten, maximal 5 bis 10 Prozent des liquiden Vermögens (also ohne Berücksichtigung von Immobilienbesitz) in Kunst zu investieren. Grundsätzlich sollte nur so viel Geld in dieser Asset-Klasse angelegt werden, dass man selbst bei einem Totalverlust nicht in wirtschaftliche Schwierigkeiten gerät.

Wo kaufen?

Bei renommierten Auktionshäusern und angesehenen Galerien. Fehlt eigenes Knowhow, sollte man bei größeren Investitionen auf die Expertise von seriösen Kunst-Consultants zurückgreifen. Auf individuelle, in englischer Sprache ausgestellte Echtheitszertifikate (Certificate of Authenticity) achten.

Luxus-Feuerzeuge – eine zündende Investment-Idee?

Für passionierte Sammler sind Feuerzeuge der Marke S.T. Dupont nicht nur Feuerspender. Sie geben vielmehr sozusagen den »guten Ton« vor. Kenner schätzen diesen Klang, können nicht genug davon bekommen: Ein kristallklarer Ton, fast schon Musik. Er entsteht beim Öffnen der Kappe von Dupont-Kultfeuerzeugen. Rund um die Welt gibt es Sammler, die Feuer und Flamme sind für diese Luxusprodukte aus Frankreich. Marcel Held aus der Nähe von Düsseldorf gehört dazu. Er nennt eine umfangreiche Kollektion von S.T.-Dupont-Feuerzeugen sein Eigen und betreibt eine Website zum Thema. Für ihn sind die edlen Feuerspender das Maß aller Dinge: »Sicher gibt es wunderschöne Modelle von anderen Herstellern, wie zum Beispiel Cartier, Dunhill, Davidoff und Caran d'Ache. Aber für mich sind S.T.-Dupont-Feuerzeuge das Nonplusultra.«

Mit ausgesuchten und streng limitierten Modellen kann man daher durchaus Geld verdienen. Das allerdings weiß mittlerweile auch die internationale Fälscher-Mafia. Wohl keine zweite Produktlinie unter allen Nobel-Feuerzeugen wird so häufig imitiert wie die »Linie 2« und die Reihe »Gatsby« von S.T. Dupont. Neben den limitierten Sondereditionen sind es natürlich die alten Feuerzeuge, die ein Sammlerherz erwärmen.

Von der Höllenmaschine zum Luxus-Accessoire

Nicht immer konnte dabei von Luxus gesprochen werden, denn für die einfacheren Feuerspender, die in erster Linie für Soldaten gefertigt wurden, verwendete man damals eher billige Materialien. »Es ist schwer vorstellbar, aber vor hundert Jahren waren Feuerzeuge, wie wir sie heute kennen, noch gar nicht vorhanden«, sagt der Autor Juan Manuel Clark. Zwar gab es schon zuvor Versuche, Feuerspender zu konstruieren, doch sie schlugen meist fehl. Im 19. Jahrhundert etwa baute der deutsche Chemiker Johann Wolfgang Döbereiner ein auf Wasserstoff basierendes Tischfeuerzeug, das für manche Explosionen in den Salons rauchender Herren sorgte. Schon bald wurde Döbereiners Innovation daher als »Höllenmaschine« verspottet.

Bleibende Verdienste um die Entwicklung des feuerspeienden Luxus-Accessoires erwarb sich der britische Tabakhändler Alfred Dunhill, der in den 1920er-Jahren von zwei benachbarten Ingenieuren das Patent zur Herstellung von Feuerzeugen kaufte. Schon wenig später brachte Dunhill das elegante Modell »Unique« in Silber und Gold auf den Markt. Es ist bis heute eines der beliebtesten Sammler-Feuerzeuge der Luxusklasse. Mitte der 1920er-Jahre brachte Dunhill die legendäre »Unique Watch« auf den Markt – ein Feuerzeug mit integrierter Uhr. Namhafte Juweliere stiegen ins Geschäft ein und boten ebenfalls Luxus-Feuerzeuge für statusbewusste Herren und teilweise auch für anspruchsvolle Damen an. Cartier etwa setzte ganz auf Edelmetalle und versuchte die verwöhnte Kundschaft mit einem Feuerzeug aus 18-karätigem Gold zu überzeugen. Ab den 30er-Jahren folgten Cartier-Modelle in Silber und mit Chinalack.

Derweil ließen es die amerikanischen Konkurrenten eher pragmatisch angehen. Der US-Unternehmer George Grant Blaisdell gründete in Bradford, Pennsylvania, eine neue Firma, die zunächst Feuerzeuge aus Österreich importierte. Doch seine Landsleute verschmähten die Produkte aus der fernen Alpenrepublik. So entschloss er sich, eigene Feuerzeuge herzustellen – nicht für Bankiers und wohlhabende Unternehmer, sondern primär für Normalverdiener. Das Feuerzeug mit dem Namen »Zippo« kostete in den 1930er-Jahren knapp zwei Dollar. Der Käufer erhielt schon damals eine lebenslange Garantie. Aber es gab in der Geschichte der Firma durchaus Edel-Varianten. So brachte der Juwelier Boucheron ein Damen-Feuerzeug in Gold und

Silber im Zippo-Design auf den Markt. Für Zippo-Feuerzeuge gibt es einen international sehr aktiven Sammlermarkt, was sich positiv auf die Wertentwicklung gesuchter Modelle auswirkt. Für alte »Zippos« aus dem Jahr 1933 werden schon mal fünfstellige Beträge gezahlt.

Marktführer im Luxussegment blieb jedoch bis heute S.T. Dupont, obwohl das Unternehmen zunächst nur Lederwaren herstellte. Als dann aber Lucien Dupont während eines Besuchs in New York den Börsencrash des Jahres 1929 miterlebte und sah, wie schnell aus neuen Reichen wieder alte Arme werden können, setzte er fortan ganz auf Luxus-Accessoires für eine wohlhabende Zielgruppe aus Königen, reichen Adeligen, Künstlern und Millionären. Denn diese Kunden, so sein Kalkül, überstehen sogar einen Börsencrash.

Nur in limitierte Sondermodelle investieren

Und weil diese Kundschaft eben vor allem teure Zigarren rauchte und es als banausenhaft galt, diese mit stinkenden Benzinfeuerzeugen anzuzünden, entwickelte Dupont in den 1940er- und 50er-Jahren das erste Gasfeuerzeug, das wenig später in Serie ging. Konkurrent Dunhill zog mit einem eigenen Gasfeuerzeug nach (»Rollagas«). Der erfolgreichen Linie 1 ließ S.T. Dupont 1977 die etwas größere Linie 2 folgen. Später ergänzte das ebenfalls begehrte Modell »Gatsby« die Kollektion. Für alle Modelle werden edelste Materialien wie Gold, Silber, Palladium oder Chinalack verarbeitet.

Für den Anleger hingegen sind die limitierten Sondermodelle interessant. »Manche von ihnen haben ihre Preise in den vergangenen Jahren mindestens verdreifacht, wenn man sie überhaupt noch bekommt«, schwärmt Marcel Held. Darunter die Linie-2-Modelle »Art déco 1996«, »Nuevo mundo 1998« und »St Pétersbourg 2003«. Wer es eine Spur extravaganter mag, sollte sich um das Sondermodell »Prestige Champagne Rosé« von S.T. Dupont bemühen. Dieses Feuerzeug besteht aus 18-karätigem Rotgold und 93 Diamanten. Rund 25.000 Euro muss einem dieses Modell wert sein.

INVESTMENTKOMPASS

Begehrte Marken

In erster Linie die Kultmarke S.T. Dupont, aber auch Cartier, Dunhill, Caran d'Ache und – für den kleineren Geldbeutel – Zippo.

Welche Feuerzeuge sind renditeträchtig?

Ausschließlich sehr seltene Sammlerstücke oder aber sehr aufwendig verarbeitete Sonderanfertigungen mit viel Gold und Diamanten. Bei S.T. Dupont sind insbesondere die Modelle der Linie 2 sowie »Gatsby« begehrt.

Wo kaufen?

Im Internet (zum Beispiel ebay) werden zum Teil sehr interessante Modelle angeboten. Doch wer dort kauft, sollte sich auskennen, um nicht dreiste Fälschungen zu erstehen. Ansonsten ist es empfehlenswert, in renommierten Auktionshäusern zu kaufen, falls dort ein begehrtes Feuerzeug zur Versteigerung ansteht. Nach Möglichkeit sollten Papiere vorliegen (Rechnungen, gegebenenfalls Gutachten), um die Authentizität zu beweisen.

Perspektiven

Seltene Feuerzeuge der erwähnten Spitzenmarken werden immer gute Preise erzielen, hohe Wertzuwächse sind zumindest mittelfristig aber nicht mehr zu erwarten.

Fliegeruhren – alte Modelle im Aufwind

Dieter Delecate kennt seine Kunden: »Die meisten Fliegeruhren erheben sich nie in die Luft«, sagt der Seniorchef des Uhrenherstellers Tutima. Und wenn, dann allenfalls am Handgelenk von Passagieren, die insgeheim gern Piloten wären. Es darf vermutet werden, dass auch die meisten Taucheruhren nur unter der Dusche oder bei einem plötzlichen Regenschauer mit Wasser in Berührung kommen. Als Rolex vor ein paar Jahren die bis 3900 Meter Tiefe einsetzbare Deepsea lancierte, fragte sich mancher, ob je ein Käufer dieser Uhr so tief tauchen würde, um das Qualitätsversprechen des Genfer Herstellers zu testen.

Mehr noch als Taucheruhren sind aber speziell für Piloten konzipierte Zeitmesser seit vielen Jahrzehnten von einem geheimnisvollen Mythos umgeben. Sie erinnern an die Zeit, als das Fliegen noch einem Abenteuer gleichkam und sich die tollkühnen Männer in ihren fliegenden Kisten nicht auf Computer, Satellitennavigation und andere moderne Technik verlassen konnten, sondern auf präzise mechanische Instrumente angewiesen waren.

Die meisten Hersteller haben heute Fliegeruhren in ihrer Kollektion, wobei es sich allerdings meist um relativ einfache Zeitmesser im Flieger-Design handelt. Diese Uhren sind schon für ein paar Hundert Euro zu haben. Wer freilich nach authentischen Fliegeruhren aus den 1930er- und 1940er-Jahren sucht, muss deutlich tiefer in die Tasche greifen. Das renommierte Auktionshaus Antiquorum bot im vergangenen September zum Beispiel eine Laco-Beobachtungsuhr für die Deutsche Luftwaffe zu einem Schätzpreis zwischen 3.000 und 4.000 Euro an. Der Mainzer Fliegeruhrenspezialist Peter-Jesko Buse hat beispielsweise eine gut erhaltene und generalüberholte Laco-Beobachtungsuhr für 7.800 Euro angeboten. Diese Beobachtungsuhren – oft kurz B-Uhren genannt – wurden bei der Marine und der Luftwaffe eingesetzt. Mit ihrer Hilfe ermittelte man früher die aktuelle Position eines Schiffes oder Flugzeugs. Hierzu war eine sehr präzise und auf Reisen eben auch widerstandsfähige Uhr erforderlich.

Gefragt sind vor allem Originale

Die zeitgenössische Fliegeruhr mit Handaufzug kostet derzeit bei Laco in Pforzheim knapp 1.000 Euro. Der Grund für diesen deutlichen Preisunterschied gegenüber den historischen Modellen ist einfach: Begehrt sind nämlich in erster Linie die Originale, also Uhren aus den 1930er- und 1940er-Jahren, die von den jeweiligen Armeen seinerzeit als Piloten-Zeitmesser zugelassen wurden. Davon zu unterscheiden ist die Replik, also die originalgetreue Wiedergabe des Originals. Um eine solche Replik handelt es sich bei der erwähnten Laco-Fliegeruhr für 1.000 Euro. Sie stammt aus der aktuellen Produktion und weist – zumindest derzeit – noch kein Wertsteigerungspotenzial auf. Darüber hinaus gibt es neue Fliegeruhren, die sich zwar am klassischen Design orientieren, aber nicht detailliert historischen Modellen nachgebaut wurden.

Wer sich für eine zeitgenössische Fliegeruhr entscheidet, hat die Qual der Wahl. Das Spektrum beginnt bei preiswerten russischen Poljot-Uhren, reicht über das mittlere Preissegment, wo zum Beispiel Fliegeruhren von Askania, Sinn, Oris, und Fortis angesiedelt sind, bis hin zu Zeitmessern der Luxusmarken wie Breitling, IWC und Breguet. Als erste Fliegeruhr galt übrigens die Santos von Cartier.

Was macht nun eine echte Fliegeruhr aus? Streng festgelegte Kriterien gibt es nicht, so ist zum Beispiel auch der Übergang zu Militäruhren fließend. Viele Modelle verfügen über eine drehbare Lünette zur Messung von Zwischenzeiten, wie etwa die Flieger-Chronographen von Tutima oder Hanhart. Die vom Flugpionier Charles Lindbergh entwickelte Longines Stundenwinkeluhr dient vor allem der Positionsbestimmung. Die Navitimer von Breitling verfügt über eine logarithmische Rechenscheibe, mit denen Flugdistanzen kalkuliert werden können. Besonders traditionsbewusste Freunde von Fliegeruhren bevorzugen Modelle mit Handaufzugswerken, allerdings werden die meisten Piloten-Zeitmesser inzwischen mit Automatikkalibern ausgestattet. Bei einfacheren Modellen kommen auch Quarzwerke zum Einsatz.

So sind es vorrangig optische Merkmale, die eine Fliegeruhr ausmachen. Viele gleichen den Instrumenten, die früher in die Armaturentafeln der Flugzeuge eingebaut wurden. Die Uhrengehäuse weisen einen großen Durchmesser auf, das Zifferblatt ist schwarz, die Ziffern beziehungsweise Indexe sind weiß, um einen optimalen Kontrast zu erreichen. Ziffern, Indexe und Zeiger sind üblicherweise mit Leuchtfarben beschichtet, um die Zeit auch bei Dunkelheit präzise ablesen zu können. Anstelle der »12« befindet sich bei vielen Fliegeruhren ein Dreieck. Charakteristisch für diese Zeitmesser sind zudem besonders große und griffige Kronen. Bis heute führen Pilotenuhren des Schweizer Herstellers Oris daher den Namen »Big Crown«, also »große Krone«. Diese Lösung nimmt sich optisch vielleicht nicht eben ansprechend aus, erfüllte aber einen praktischen Zweck. Früher war es kalt im Cockpit der Flugzeuge, und die Piloten waren entsprechend bekleidet. Während des Fluges mussten sie die Instrumente – und dazu gehörte ihre Uhr – mit Handschuhen bedienen können. Eine filigrane Krone zum Stellen oder Aufziehen der Uhr hätte sich dabei als ausgesprochen unpraktisch erwiesen.

Weicheisen schützt vor Magnetismus

Dass Fliegeruhren darüber hinaus mit langen und besonders robusten Lederbändern ausgestattet werden, ist ebenfalls den niedrigen Temperaturen in großen Höhen geschuldet: Die Piloten trugen ihre Uhren über ihrer dicken Fliegerkluft. Insgesamt machen Fliegeruhren also einen robusten, schmucklosen und maskulinen Eindruck. Genau deshalb erfreuen sie sich solcher Beliebtheit. Sie treffen zum einen den aktuellen Lifestyle und stehen gleichzeitig für die Faszination des Fliegens, die Piloten und Passagiere gleichermaßen in ihren Bann zieht.

Neben diesen charakteristischen äußeren Merkmalen weisen Fliegeruhren auch innerhalb des Gehäuses eine Besonderheit auf: »Das Uhrwerk der Fliegeruhr musste vor starken Magnetfeldern geschützt werden. Deshalb verfügen einige Fliegeruhren über ein Innengehäuse aus Weicheisen«, erläutert der Uhrmachermeister und Fliegeruhren-Spezialist Peter-Jesko Buse.

Wie kaum ein anderer Zeitmesser spiegeln Fliegeruhren Geschichte und Geschichten wider – die Geschichte der Fliegerei und die Geschichten rund um verwegene Flugabenteurer. Und wie alles, was rar und begehrt ist, haben auch die sammelwürdigen Fliegeruhren ihren Preis. Vor allem die Originale aus den 1930er- und 1940er-Jahren stoßen auf eine starke internationale Nachfrage. »Diese Einzelstücke, die lediglich vor Auktionen und während Messen kurzzeitig in dicht umlagerten Tresoren liegen, sind die Aristokraten unter den Fliegeruhren«, schwärmt der Buchautor und Uhrenliebhaber Jürgen J. Ropönus. Und obwohl die Preise für diese gesuchten Zeitmesser schon deutlich gestiegen sind, lohnt der Einstieg noch immer. Vorausgesetzt, die Uhr ist gut erhalten und verfügt über Original-Papiere, die ihre Herkunft dokumentieren. Solche Uhren sind selten, dafür aber sehr gefragt, was fast schon automatisch zu steigenden Preisen führt.

Die gesuchte »Mark XI« von IWC zum Beispiel – Fliegeruhr der Royal Air Force von 1948 in Stahl – kostete 1985 rund 150 D-Mark. Heute müssen Preise von rund 4400 Euro für diese Uhr gezahlt werden, berichtet Hubertus Reygers, Chef der gleichnamigen Galerie für ausgesuchte Uhren in München.

Zu den klassischen Fliegeruhren gehören fünf Fabrikate mit speziellen Kalibern, die seinerzeit vom Reichsluftfahrtministerium spezifiziert wurden. Da ist zunächst die Fliegeruhr aus dem sächsischen Glashütte: Lange & Söhne baute damals einen weithin geschätzten Zeitmesser mit dem Kaliber 48/1. Laco stellte eine Fliegeruhr mit dem Durowe-Kaliber D5 her, die Firma Stowa lieferte einen Zeitmesser mit dem Unitas-Kaliber 2812, Wempe brachte eine Fliegeruhr mit dem Thommen-Kaliber 31 auf den Markt, und in der IWC-Fliegeruhr tickte das Kaliber 52 mit Zentralsekunde.

Wie Lindberghs Idee zur Kultuhr wurde

Viele der großen Marken haben Fliegeruhren in ihren Kollektionen. Bis heute ist zum Beispiel der zum Swatch-Konzern gehörende Schweizer Hersteller Longines mit dem Namen des einstigen US-Postfliegers Charles A. Lindbergh verbunden, der am 21. Mai 1927 als Erster im Alleinflug den Atlantik überquerte. Vor seinem Flugabenteuer skizzierte er eine praktische Fliegeruhr mit Navigationshilfe und schickte seine Pläne an John P. V. Heinmüller, den damaligen Chef von Longines in den USA. Heinmüller war selbst passionierter Pilot und erkannte sehr schnell den Praxiswert einer solchen Uhr. Er leitete Lindberghs Skizzen an die Konstruktionsabteilung seines Unternehmens in der Schweiz weiter, wo die sogenannte Lindbergh-Stundenwinkeluhr zur Serienreife entwickelt wurde. Heute erzielen Lindbergh-Uhren auf Auktionen Höchstpreise. Die Stundenwinkeluhr mit dem Kaliber 18.69N aus dem Jahr 1937 zum Beispiel bringt es in gutem Erhaltungszustand heute auf einen Wert von 12.000 Euro. Die ebenfalls extrem seltene Lindbergh-Stundenwinkeluhr mit dem Kaliber 12L aus dem Jahr 1947 ist kaum unter 3.500 bis 4.000 Euro zu haben. Gut erhaltene Stundenwinkeluhren aus den 1940er-Jahren bekommt man teilweise aber schon für Preise ab 2.000 Euro. In solchen Fällen sollten renditeorientierte Uhrensammler nicht lange zögern, denn die Preise werden in den kommenden Jahren mit großer Wahrscheinlichkeit deutlich steigen.

Ebenfalls als »Investmentuhr« geschätzt wird die Navitimer von Breitling – für viele *die* Fliegeruhr schlechthin. Tatsächlich wird dieser Zeitmesser sehr häufig von Piloten getragen. Firmenchef Willy Breitling höchstselbst hatte den Auftrag zur Umsetzung einer sehr ambitionierten Idee gegeben: Er wollte ein »Armaturenbrett« für's Handgelenk, mit dem sich sämtliche Berechnungen durchführen ließen. Der Mathematiker Marcel Robert kam schließlich auf die Idee, einen kreisförmigen Rechenschieber zu entwerfen, der in eine Armbanduhr integriert werden sollte. Herausgekommen ist die Navitimer – und ihr Name war Programm. Er setzt sich zusammen aus den Begriffen »Navigation« und »Timer«.

Im Laufe der Zeit kam diese Fliegeruhr mit unterschiedlichen Werken auf den Markt. Die erste Generation der Navitimer mit dem Logo der Aircraft Owner and Pilots Association (AOPA) wurde nach Unternehmensangaben ab dem Jahr 1952 produziert. Im Inneren tickte das Venus-Kaliber 178 mit einem 12-Stunden-Zähler bei 6 Uhr. Die Drehlünette war mit einem Perlenrelief verziert, das später durch ein Rippendekor ersetzt werden sollte. Zwei Jahre danach lancierte Breitling die Navitimer mit einem Valjoux-72-Kaliber. Ab Ende der 1950er-Jahre wurde dann wieder das Venus-Kaliber 178 eingebaut. Später folgten die Kaliber Valjoux 7740 und Lemania 1872. Vorübergehend wurden sogar Quarzwerke in die Navitimer eingebaut. In der zeitgenössischen Navitimer World tickt das Breitling-Kaliber 24, das auf dem Valjoux-Kaliber 7754 basiert. Navitimer mit dem Venus-Kaliber 178 oder dem Valjoux-Kaliber 7740 aus den 1960er- beziehungsweise 1970er-Jahren erzielen heute Preise zwischen 2.000 und 2.500 Euro. Tickt das seltene Valjoux-Kaliber 72 im Inneren der Uhr, liegt der Wert deutlich höher. Nun soll die Navitimer mit eigenem Manufakturwerk auf den Markt kommen.

Kultstatus genießen auch die Fliegeruhren der Schaffhausener Manufaktur IWC. Bereits im Jahr 1935 baute das von dem Amerikaner Florentine Ariosto Jones gegründete Unternehmen eine erste Fliegeruhr mit Drehlünette. Im Jahr 1940 folgte die »Große Fliegeruhr«, deren 2002 lanciertes Nachfolgemodell heute zu den Flaggschiffen des Nobeluhrenherstellers zählt und sich durch eine hohe Werthaltigkeit auszeichnet. Richtig Geld verdienen können Sammler aber mit den erwähnten alten »Mark«-Modellen von IWC.

Kaum bekannt außerhalb von Sammlerkreisen sind schließlich die Fliegeruhren des Schweizer Herstellers Omega. Das Unternehmen stellte ab den 1930er-Jahren Fliegeruhren sowohl für die britische Royal Air Force als auch für die Deutsche Luftwaffe her. Für die sehr seltene Fliegeruhr mit Drehlünette und dem Kaliber 26.5 SOB aus dem Jahr 1935 muss man heute rund 8.000 Euro investieren.

Keine Frage, die gesuchten Fliegeruhren haben in den vergangenen Jahren schon kräftig abgehoben. Dennoch gehen Experten davon aus, dass die Luft noch nicht dünn ist. Abgesehen von vorübergehenden Turbulenzen, die bei keinem Investment ausgeschlossen werden können, sollte sich der Steigflug fortsetzen.

Investmentkompass

Welche Uhren kommen in Betracht?

Zeitgenössische Fliegeruhren bergen zumindest mittelfristig kaum Wertsteigerungspotenzial. Als Kapitalanlage geeignet sind daher vor allem Originale aus den 1930er- und 1940er-Jahren.

Welche Marken?

Unter den alten Klassikern sind insbesondere die Marken Lange & Söhne, Laco, Stowa, Wempe und IWC gefragt.

Gesuchte Stücke

Vor allem alte »Mark«-Modelle von IWC, Breitling Navitimer mit dem Valjoux-Kaliber 72, Original Laco-Fliegeruhren, Lange & Söhne mit dem Kaliber 48/1.

Potenzial

Die hohe Nachfrage hat die Preise in den vergangenen Jahren deutlich steigen lassen. Bei seltenen Modellen besteht allerdings weiterhin Wertsteigerungspotenzial, zumindest aber die Aussicht auf hohe Werthaltigkeit.

Gold – die Münzen- und Barren-Strategie

Gold allein macht nicht glücklich. Zu dieser Erkenntnis gelangte in der griechischen Mythologie der sagenhafte König Midas auf recht unangenehme Weise. Schon damals pflegten nämlich Dummheit und Gier eine enge Symbiose, jedenfalls erlag Midas der Illusion, man müsse nur einen weisen Mann gefangen nehmen und könne fortan von dessen Intelligenz profitieren und unendlich reich werden. Angeblich überlistete Midas den hochgebildeten Silenos, der sich als Lehrer des Weingottes Dionysos einen Namen gemacht hatte. Doch allein die Tatsache, dass der weise Silenos in seinem Kerker schmachtete, machte den König nicht intelligenter. Ganz im Gegenteil, er einigte sich mit Dionysos auf einen Deal, wie man es heute nennen würde: Der Gott des Weines und der Ekstase sollte dafür sorgen, dass alles, was Midas künftig anfasse, zu Gold werde. Dann sei Silenos ein freier Mann. Der listige Dionysos stimmte zu, und Midas glaubte wohl, das Geschäft seines Lebens gemacht zu haben. Aber wie das eben immer so ist mit den angeblichen »Geschäften des Lebens«: Sie entpuppen sich sehr schnell als gefährlicher Irrweg.

So auch im Fall des sagenhaften Midas. Tatsächlich verwandelte sich alles, was er berührte, sofort in pures Gold. Leider aber auch das Wasser, der Wein, das Brot und das Fleisch. So drohte der König schon nach ein paar Tagen zu verhungern und zu verdursten. Inständig bat er deshalb Dionysos, ihn von der goldenen Gabe wieder zu befreien. Der Weingott zeigte sich großzügig und empfahl dem gierigen Herrscher, im Fluss Paktolos zu baden, so könne er sich von dem vermeintlichen Segen, der tatsächlich jedoch ein Fluch war, wieder befreien. Midas folgte diesem Rat, hatte fortan zwar kein »goldenes Händchen« mehr, durfte aber noch ein paar Jahre leben.

Über Anekdoten und Mythen rund um das glänzende Edelmetall ließen sich mühelos ganze Bücher schreiben. Denn Gold faszinierte die Menschen schon vor Tausenden von Jahren. Seine charakteristische Farbe, die Seltenheit und die Schwere dieses Edelmetalls machten es höchst begehrenswert. Kein Wunder, dass Gold seit Jahrtausenden für rituelle Gegenstände und Schmuck sowie später auch in Form von Goldmünzen als Zahlungsmittel verwendet wurde. Und bis heute werden die weltweit besten Spitzensportler bei den Olympischen Spielen mit Goldmedaillen geehrt.

Für die meisten Anleger ist Gold die letzte Notreserve. Das ist sinnvoll, denn bekanntlich kann niemand dem Schicksal in die Karten schauen. Hohe Schadenersatzansprüche aufgrund einer kleinen Unachtsamkeit, ausbeuterische Ansprüche von Ex-Partnern, die Insolvenz eines Kleinunternehmers oder Freiberuflers – das alles kann in sehr kurzer Zeit die Existenz eines Menschen vernichten. Gut beraten, wer dann über eine goldene Reserve verfügt, von der niemand etwas ahnt.

Gold – rar und begehrt

In der gesamten Menschheitsgeschichte wurden Schätzungen zufolge rund 155.000 Tonnen Gold geschürft. Der weltweite Bestand entsprach Ende 2005 einem Würfel mit fast 20 Metern Kantenlänge oder fast 8.000 Kubikmeter reinem Gold. Der größte Anteil (circa 51 Prozent) wurde zu Schmuck verarbeitet, etwa 18 Prozent gehören Zentralbanken und anderen Währungs-Institutionen (sie werden wissen, warum) sowie privaten Investoren (16 Prozent). Der Rest wurde in Kunstgegenständen verarbeitet. Der industrielle Bedarf an Gold ist eher gering, lediglich in der Mikroelektronik werden kleinere Mengen benötigt. Überdies besteht Nachfrage in der Zahnmedizin (Goldfüllungen und -zähne). Die größten Goldvorkommen gibt es in Australien, Südafrika, Russland, Süd- und Nordamerika sowie Kanada.

Generell ist zur Goldgewinnung ein hoher technischer Aufwand erforderlich. Räumgeräte bauen das goldhaltige Gestein ab. Das Gold wird dann in großen Aufbereitungsanlagen in einem technisch-chemischen Verfahren gewonnen. Wirtschaftlich interessant ist ein Abbau sogar dann noch, wenn das Gestein einen Mindestgoldgehalt von sechs Gramm pro Tonne aufweist.

Gold ist mithin rar und nicht beliebig vermehrbar. Diese Eigenschaften machen es zu einem bewährten Schutz vor Inflation. Banknoten kann man unbegrenzt drucken. Goldbarren hingegen lassen sich nur gießen oder pressen, wenn der Rohstoff wirklich verfügbar ist.

Anleger investieren in erster Linie in Feingold – das heißt 999,9/1000 Gold oder 24 Karat. Bei der Schmuckherstellung kommen jedoch Legierungen zum Einsatz, das heißt, mehrere unterschiedliche Metalle werden miteinander verschmolzen, um zum einen die Härte des Edelmetalls zu erhöhen und zum anderen, um einen günstigeren Preis zu erzielen. Folgende Legierungen sind in Deutschland üblich:

- **24 Karat:** 99,9 Prozent Feingold, erhältlich in Barrenform und Münzen; für Schmuck aufgrund mangelnder Härte nicht geeignet.
- **18 Karat:** Legierung, die zu 75 Prozent aus Feingold besteht und für die Schmuck- und Uhrenherstellung eingesetzt wird.
- **14 Karat:** Legierung, die zu 58,5 Prozent aus Feingold besteht und ebenfalls häufig für Schmuck, seltener für Uhren verwendet wird.
- **9 Karat:** Legierung, die zu 37,5 Prozent aus Feingold besteht; dient fast ausschließlich der Schmuckherstellung.
- **8 Karat:** Legierung, die zu 33,3 Prozent aus Feingold besteht und für einfacheren Schmuck verwendet wird. In vielen Staaten darf eine solche Legierung nicht als »Gold« bezeichnet und gepunzt werden, da dort ein Mindestgehalt an Feingold von 37,5 Prozent (9 Karat) gefordert wird.

Außerdem werden Edelmetalle legiert, um eine bestimmte Farbe zu erhalten. Hierzu werden farbgebende Zusatzmetalle wie Kupfer, Silber, Palladium oder Zink zugegeben. Die gängigsten Farblegierungen sind:

- **Gelbgold:** Die bekannteste Variante des glänzenden Edelmetalls, die farblich dem Feingold (Barrengold) sehr nahekommt. Bei einer 18-Karat-Legierung wird häufig Feingold, Kupfer und Silber verwendet.
- **Rotgold:** Diese Legierung besteht aus Feingold und Kupfer. Rotgold erfreut sich insbesondere in Asien großer Beliebtheit.
- **Weißgold:** Diese farblose, überwiegend aus Feingold, Palladium und Nickel bestehende Legierung diente Anfang des vergangenen Jahrhunderts vorübergehend als Platinersatz für Schmuckstücke. In Frankreich heißt diese Legierung Graugold (»or gris«).

Goldbarren – Auf die richtige Mischung achten

Anleger können ihr Goldinvestment durchaus mit überschaubaren Summen starten. So sind bereits kleine Barren mit einem Gewicht von einem oder zwei Gramm erhältlich. Diese freilich eignen sich eher als kleine Geschenke denn als Kapitalanlage. Als Investor sollten Sie – neben Münzen – auf 50-, 100-, 250- und 500-Gramm-Barren setzen. Stehen größere Summen zur Investition bereit, können auch 1.000-Gramm-Barren in Betracht kommen. Grundsätzlich ist es empfehlenswert, das Goldinvestment zu stückeln, also statt einem 1.000-Gramm-Barren lieber zwei 250-Gramm-Barren, drei 100-Gramm-Barren und vier 50-Gramm-Barren zu erstehen. Der Grund liegt auf der Hand: Sollte man einmal Kapitalbedarf haben und sich von einem Teil seines Goldbestandes trennen wollen, kann man in etwa jene Menge Gold verkaufen, die man zur Deckung seiner Liquiditätslücke braucht.

Auf der anderen Seite sollte man bedenken, dass kleinere Barren in Relation zu 500- oder 1.000-Gramm-Barren etwas teurer sind. Wenn ein Anleger viele kleinere Barren kauft, zahlt er unter dem Strich etwas mehr als beim Erwerb eines großen Barrens.

Für alle, die absolut auf Nummer sicher gehen möchten, empfiehlt sich der Kauf von »Kinebarren«. Dabei handelt es sich um Barren mit Sicherheitsmerkmalen auf der Rückseite (Kinegramm). Kinebarren werden von dem Schweizer Unternehmen Argor Heraeus SA auf den Markt gebracht und zusammen mit einem Echtheitszertifikat eingeschweißt. Solche Barren sind vor allem als Geschenk sehr gut geeignet.

Gold ist Gold – und deshalb spielt das Aussehen eines Barrens natürlich keine Rolle (anders als bei Sammlermünzen, bei denen es auf den Erhaltungszustand ankommt). Trotzdem erfreuen sich gegossene Barren, die etwa »old-fashioned« anmuten, bei manchen Investoren und Sammlern besonderer Wertschätzung. Sie sind oft bereit, hierfür einen kleinen Aufpreis zu zahlen. Kleinere und mittelgroße Barren unter 250 Gramm werden in der Regel gestanzt. Doch keine Regel ohne Ausnahme, es gibt auch kleinere gegossene Barren, etwa quadratische 50-Gramm-Barren. Diese sind relativ selten.

In welche Goldmünzen investieren?

Wer an Goldmünzen denkt, dem kommt zunächst der Krügerrand in den Sinn. Das kann kaum überraschen, schließlich handelt es sich um die älteste Anlagemünze aus dem gelben Edelmetall. Doch das Angebot ist viel breiter: der kanadische Maple Leaf, die österreichische Philharmoniker-Münze, die australische Känguru-Münze (Nugget), der American Buffalo und American Eagle, nicht zu vergessen die Britannia-Goldmünze aus Großbritannien und der chinesische Panda.

Für welche Münze sollte sich der Anleger entscheiden?

Die gute Nachricht vorab: Alle genannten Münzen sind von der Mehrwertsteuer befreit. Es handelt sich um sogenannte Bullions oder Anlagemünzen. In steuerlicher Hinsicht ist es also egal, ob man Maple Leaf, Krügerrand oder eine australische Känguru-Münze kauft. Letztlich hängt die Entscheidung von den Wünschen und Vorlieben des Anlegers ab. Grundsätzlich lassen sich fünf Gruppen von Goldmünzen-Käufern unterscheiden, wobei die reinen Sammler in der nachfolgenden Betrachtung keine Rolle spielen, da für deren Kaufentscheidung wieder ganz andere Spielregeln gelten.

1. **Die Pragmatiker:** Sie kaufen nach der Devise »Gold ist Gold« und schauen nur auf den Preis. Tatsächlich gibt es unter den Anlagemünzen geringfügige Unterschiede. Philharmoniker und Maple Leaf sind oft ein paar Euro günstiger, bezogen jeweils auf eine Unze.
2. **Die Systematiker**: Manche Anleger sind auf Goldmünzen einer ganz bestimmten Provenienz fixiert; sei es aus persönlichen Vorlieben oder aus innerer Überzeugung. Als in Südafrika noch das Apartheid-Regime das Sagen hatte, weigerten sich viele Goldmünzen-Anleger aus gut nachvollziehbaren Gründen, Krügerrand zu erwerben. Diese Zeiten sind glücklicherweise vorbei. Andere Anleger bevorzugen Goldmünzen aus Europa, sprich: den Philharmoniker und die Britannia.
3. **Die Puristen:** Sie legen Wert auf den größtmöglichen Feinheitsgehalt und kaufen nur Münzen, die zu 999,9 Promille aus Gold bestehen, das entspricht 24 Karat (999,9 wird bisweilen auch als »Four nine fine« bezeichnet). Dieses Kriterium erfüllen neben dem Philharmoniker, die Maple-Leaf-Münze, das Känguru (Nugget) aus Australien, der American Buffalo und der chinesische Panda. Beim Krügerrand, der Britannia-Münze und beim American Eagle beträgt die Feinheit 916,66 Promille. Auf den Preis wirken sich diese marginalen Unterschiede indessen kaum aus. So sind der American Eagle und die Britannia sogar meist etwas teurer als die »Four nine fine«-Münze Philharmoniker.
4. **Die Ästheten:** Sie haben zum Beispiel Vorlieben für bestimmte Motive (etwa die unterschiedlichen Tier-Abbildungen beim chinesischen Panda oder bei den begehrten australischen Lunar-Münzen). Andere

kaufen nur Goldmünzen in der höchsten Prägequalität »Polierte Platte« (PP) und sind bereit, hierfür einen bisweilen beachtlichen Aufpreis zu zahlen.

5. **Die Anspruchsvollen:** Sie konzentrieren sich auf Bullions, die rar sind und – neben dem Goldpreis – einen Sammlerzuschlag versprechen. Dazu gehören zum Beispiel Krügerrand aus den Jahren 1967 bis 1969. Damals wurden jährlich nur 20.000 beziehungsweise 40.000 Stück geprägt (zum Vergleich: 1979 waren es fast fünf Millionen). Auch Philharmoniker-Münzen, deren numerischer Wert noch auf Schilling und nicht auf Euro lautet, erzielen einen Aufpreis. Gleiches gilt für seltene Lunar-Münzen, etwa mit den Motiven Schlange, Drache und Pferd.

INVESTMENTKOMPASS

Physisch investieren

Wer als Anleger auf ein diskretes Investment Wert legt, sollte ausschließlich auf Münzen und Barren setzen.

Auf die Stückelung achten

Für mittlere Investmentsummen sind ½- und 1-Unzen-Münzen sowie 50-, 100- und 250-Gramm-Barren geeignet. Gegossene Barren erzielen oft kleinere Liebhaberaufschläge beim Verkauf.

Wo kaufen?

Goldbarren und -münzen kann man natürlich bei der Hausbank kaufen. Diskreter sind anonyme Tafelgeschäfte bei seriösen Händlern. Bis zu einem Betrag von 14.999 Euro muss sich der Käufer nicht legitimieren und kann bar zahlen. Achtung: Im Zuge der immer lückenloseren staatlichen Überwachung der Bürger könnten Tafelgeschäfte schon bald verboten werden.

Perspektive

Physisches Gold ist nicht in erster Linie ein Spekulationsobjekt, sondern ein alternativer Wertspeicher. Im Gegensatz zum Papiergeld ist es inflationsgeschützt. Die verfügbare Goldmenge wächst nur sehr langsam durch die weitere Förderung im Bergbau (etwa 1,5 Prozent pro Jahr).

Jahrgangschampagner – die prickelnde Kapitalanlage

Mit Champagner stößt man gemeinhin auf ein freudiges Ereignis oder auf den Beginn eines neuen Jahres an. Wer in gesuchte Jahrgänge aus großen Häusern investiert, kann vielleicht in 10 oder 20 Jahren angesichts einer beachtlichen Dividende die Korken knallen lassen. Vorausgesetzt, er bleibt in seinen Erwartungen realistisch, denn überschäumende Gewinne, wie mit großen Bordeaux-Weinen, lassen sich mit Jahrgangschampagnern nicht erzielen.

Wird ein Champagner mit der Zusatzbezeichnung »Methusalem« verkauft, so lässt dies keine Rückschlüsse auf das Alter des Luxusgetränks zu, sondern auf die in der Flasche enthaltene Menge. Eine »Methusalem« fasst nicht weniger als sechs Liter. Das entspricht immerhin dem Inhalt von acht normalen Flaschen. Jene Bouteillen, die vor fast genau einem Jahr in einem Schiffswrack vor den finnischen Aland-Inseln entdeckt wurden, dürfen aber wohl auch hinsichtlich ihres Alters als Methusalem-Champagner bezeichnet werden. Über 200 Jahre lagerten sie auf dem Grund der Ostsee – und es hat ihnen nicht einmal geschadet. Denn in der Tiefe ist es kühl und dunkel; außerdem sind die Flaschen dem Druck des nur wenig salzhaltigen Wassers ausgesetzt. Ideale Lagerbedingungen.

Einige dieser liquiden Wrack-Funde kamen beim Auktionshaus Acker Merrall & Condit unter den Hammer. Ein Sammler aus Asien zahlte für eine rund 200 Jahre alte Flasche Veuve-Clicquot rund 30.000 Euro. Und da der Kunde gerade in Champagner-Laune war, habe er noch einmal 24.000 Euro für eine Flasche aus dem mittlerweile nicht mehr existierenden Champagner-Haus Juglar investiert, berichtet Samantha Compono, die Sprecherin des Auktionshauses. Der Preis für den zwei Jahrhunderte alten Veuve-Clicquot markiert einen neuen Rekord, denn bis dahin hatte der höchste Auktions-Erlös für eine Flasche Jahrgangschampagner bei 27.600 Euro gelegen (Dom Pérignon Rosé aus dem Jahr 1959)

Für Wein-Investoren sind gesuchte Jahrgangschampagner eine spekulative Depot-Beimischung, die im Vergleich mit risikobehafteten Wertpapieren zumindest einen Vorteil aufweist: Bleibt die Rendite aus, kann man den Champagner zumindest noch genießen.

Wer in den Nobel-Schaumwein aus der Region rund um Reims und Épernay investieren möchte, muss natürlich nicht unbedingt mit Preisen im Gegenwert eines Mittelklasse-Autos rechnen. Doch der Champagner aus dem Supermarkt sollte es ebenfalls nicht sein. Der eignet sich allenfalls für den Genuss, aber nicht für ein Investment. »Grundsätzlich sind nur bei den Top-Namen und ab einem gewissen Alter auf Dauer höhere Preise zu erzielen«, sagt Michael Unger vom Wein-Auktionshaus Koppe und Partner. Jahrgangschampagner aus kleineren Gütern ließen allenfalls marginale Wertsteigerungen erwarten.

Welche Häuser gehören zu den Blue Chips der Branche? Stefan Sedlmeyr vom Auktionshaus Munich Wine Company bei München empfiehlt unter anderem Spitzen-Champagner von Dom Pérignon und Krug (Oenothèque beziehungsweise Clos du Mesnil) sowie Louis Roederer Cristal. Manche Preissteigerung im Handel mache der Auktionsmarkt nicht mit, weiß Sedlmeyr und nennt als Beispiel Champagner von Bollinger. Für Spitzen-Erzeugnisse muss man heute allerdings schon mehrere Hundert Euro pro 0,75-Liter-Flasche investieren.

Um überhaupt eine Preissteigerung zu erzielen, sollte der Champagner lange lagerfähig sein. »Für einen deutlichen Wertzuwachs sind mindestens 25 Jahre Lagerzeit notwendig«, empfiehlt Sedlmeyr. Daran scheitern schon mehr als 90 Prozent aller handelsüblichen Luxus-Schaumweine. Allerdings gibt es erstaunliche Ausnahmen. »Manche Champagner können beinahe so alt werden wie hochwertige Weine«, schreibt der Weinexperte und Autor David Sokolin (*Investing in Liquid Assets*). Manche der besten Edelcuvées würden zu jung getrunken, weil sogar viele Weinkenner der Ansicht seien, Champagner könne grundsätzlich nicht sehr lange gelagert werden. Das heißt, viele Spitzencuvées erreichen erst gar nicht ein Alter, das sie unter Renditeaspekten interessant macht. Knappheit durch Konsum, könnte man diesen für Investoren positiven Effekt auf den Punkt bringen.

Die als Kapitalanlage infrage kommenden Jahrgangschampagner werden aus den besten Grundweinen eines hochwertigen Jahrgangs erzeugt (siehe Investmentkompass). Während die vorgeschriebene Mindestreifezeit von Champagnern ohne Jahrgang 15 Monate beträgt, muss ein Jahrgangschampagner mindestens drei Jahre, oft sogar erheblich länger auf Hefe liegen. Vielfach werden diese Raritäten per Hand verarbeitet – vom Traubenpflücken bis hin zum fertigen Produkt.

»In Skandinavien sind vor allem alte Jahrgangschampagner en vogue«, berichtet Auktionator Stefan Sedlmeyr. Auf dem chinesischen Markt spielten sie derzeit eine noch etwas untergeordnete Rolle. »Jahrgangschampagner sind als Anlageobjekt sicherlich preisstabil, allerdings ist Geduld gefragt. Schnelle Gewinne lassen sich damit nicht erzielen«, gibt Sedlmeyr zu bedenken. Über das Wertsteigerungspotenzial entscheidet zum einen das Prestige der Marke und zum anderen der Jahrgang. »Interessant sind sicherlich Top-Namen aus den 1960er- bis 1990er-Jahren. Diese Jahrgangschampagner erzielen durchaus sehr hohe Preise«, sagt Michael Unger. Die Zahl der relevanten Güter sei freilich klein.

»High-End-Champagner können über Jahrzehnte gelagert werden. Sie sind daher als Investment geeignet«, resümiert David Sokolin, fügt aber augenzwinkernd hinzu: »Man sollte darin jedoch immer auch ein Investment in das eigene Vergnügen sehen.«

INVESTMENTKOMPASS

Die stärksten Marken

Krug Clos du Mesnil, Dom Pérignon Oenothèque, Louis Roederer Cristal, Salon Vintage, Pol Roger Cuvée Sir Winston Churchill, Veuve Clicquot La Grande Dame, Bollinger R.D.

Die stärksten Jahrgänge

1971, 1975, 1976, 1982, 1985, 1986, 1988, 1989, 1990, 1995, 1996, 1999.

Ideale Lagerbedingungen

Champagner sollte bei einer möglichst konstanten Temperatur von etwa 10 Grad Celsius gelagert werden. Darüber hinaus sollte man die kostbaren Flaschen in einem dunklen Raum aufbewahren, am besten im Keller. Wie alle Schaumweine muss Champagner liegend gelagert werden, damit der Naturkorken nicht austrocknet. Eine Luftfeuchtigkeit von 70 Prozent erweist sich als ideal für den Korken.

Korkenzieher – antike Stücke mit Rendite-Dreh

Die Herren wussten offenkundig, auf welche Accessoires es in Weinbauregionen wirklich ankommt. Als der Bürgermeister der Stadt Bingen nach einer äußerst produktiven Gemeinderatssitzung Mitte des 18. Jahrhunderts seine Ratherren bat, die Ergebnisse schriftlich festzuhalten, musste die Runde verlegen passen. Keiner von ihnen führte einen Bleistift bei sich. Dann werde man eben auf die gerade besprochenen Projekte mit ein paar Gläsern Scharlachberger Wein anstoßen, versuchte der Bürgermeister die peinliche Situation zu retten – und trat geradewegs selbst ins Fettnäpfchen. Denn das Oberhaupt des für seinen Wein weithin bekannten Städtchens hatte keinen Korkenzieher zur Hand. Dieses Mal konnten ihm seine 21 Ratherren aber aus der Patsche helfen: Jeder von ihnen kramte einen Stopfenzieher aus der Tasche. Seither werden Korkenzieher in Rheinhessen und im benachbarten Rheingau »Binger Bleistifte« genannt.

Auch für den aus Wien stammenden Förster Josef Ressel war ein Stopfenzieher innovationsfördernder als ein Bleistift. Lange schon hatte der technisch überaus versierte Österreicher über einen effektiveren Schiffsantrieb nachgedacht. Dann, als er in fröhlicher Runde einige Flaschen Wein entkorkte, kam ihm die zündende Idee: Die Schiffsschraube müsste so funktionieren wie ein Korkenzieher – nach dem Prinzip der archimedischen Endlosschraube. Mit dieser Idee sicherte sich Josef Ressel einen festen Platz in der Reihe großer Erfinder.

Doch nicht nur auf diese Weise kann man mit Korkenziehern Geld verdienen. Manche sehen in seltenen Sammlerstücken eine lukrative Form der Kapitalanlage. Immerhin werden antike Korkenzieher sogar bei feinen Auktionshäusern wie Christie's gehandelt. In den vergangenen 20 Jahren hätten sich die Preise für gesuchte antike Korkenzieher teilweise verfünffacht, weiß der Wiener Antiquitäten-Experte Oliver Schützlhofer.

Der Wert dieser antiken Stücke bewegt sich denn auch schon lange nicht mehr auf Flohmarkt-Niveau. Vor einigen Jahren etwa wurde ein englischer Korkenzieher aus dem frühen 18. Jahrhundert für knapp 27.000 Euro versteigert. Ein vergoldeter Taschenkorkenzieher aus dem 18. Jahrhundert wechselte erst bei fast 6.600 Euro seinen Besitzer. Selbst wenn gewiefte Sammler sich auf Flohmärkten noch manches Schnäppchen sichern können, müssen für seltene antike Korkenzieher mittlerweile drei- oder gar vierstellige Summen investiert werden. Besonders interessant sind natürlich Stopfenzieher, die nur in geringer Auflage hergestellt wurden und vor 1938 entstanden sind. Hohe Qualität und eine ansprechende Optik erhöhen den Wert. Gefragt sind antike Korkenzieher aus Großbritannien, Frankreich und Italien, aber auch aus Deutschland. Vor allem die Region um das thüringische Städtchen Schmalkalden und Solingen gelten als interessante Provenienzen. Für viele Anleger, die in edle Weine investieren, stellen antike Korkenzieher eine attraktive »Beimischung« dar. Und wenn erst einmal die Wein-Investoren aus den asiatischen Boom-Nationen den besonderen Reiz dieser Sammlerstücke entdeckt haben, dürften die Preise weiter steigen.

Wer nun noch einsteigen will, hat die Qual der Wahl: Denn die Frage, wie ein Kenner formvollendet und mit möglichst wenig Kraftaufwand eine Weinflasche öffnet, beschäftigte zahlreiche Handwerker, Erfinder und Tüftler. »Seit über 350 Jahren werden Flaschen mit Korken verschlossen. Und genau seit dieser Zeit macht man sich Gedanken darüber, wie man sie elegant und zuverlässig wieder aus dem Flaschenhals herausbekommt«, sagt Bernhard Maurer vom Korkenzieher-Museum Kaiserstuhl. Seine Sammelleidenschaft begann, als er 1995 auf einem Flohmarkt am Genfer See die ersten Korkenzieher erstand.

Weltweit existieren Tausende von Korkenzieherpatenten – und entsprechend viele Korkenziehermodelle. Das erste Patent meldete der Engländer Samuel Henshall im Jahr 1795 an. Der Clou der Erfindung: Oberhalb der Schraube, die sich in den Korken bohrt und von Insidern »Krätzer« genannt wird, befand sich eine Scheibe. Sie stoppte die Einschraub-Bewegung und setzt den Korken in Drehung. Trotzdem war viel Kraftaufwand erforderlich, um den Korken aus dem Flaschenhals zu ziehen. Eine komfortablere Lösung erfand der Engländer Sir Edward Thomason, die er am 7. Mai 1802 zum Patent anmeldete. Sein Korkenzieher setzt die Drehbewegung des Einschraubens fort, allerdings über ein gegenläufiges Gewinde, das den Korken behutsam nach oben zieht.

Doch geniale Lösungen versprechen nicht immer Renditen. Gerade Korkenzieher, die sich im Alltag als nicht sonderlich praktisch erwiesen, wurden nur in geringen Stückzahlen hergestellt und sind heute entsprechend gesucht und teuer. Und gäbe es die »Binger Bleistifte« noch, die vom häufigen Gebrauch angeblich so blank waren wie neue Silbertaler, würden sie auf Auktionen wohl Höchstpreise erzielen.

INVESTMENTKOMPASS

Werttreiber

Wertentscheidende Kriterien sind bei antiken Korkenziehern das Material, ausgefallene Formen, eventuell gravierte Ornamente, die Provenienz und natürlich die Seltenheit.

Kunstobjekte

Immer wieder kreierten Künstler Korkenzieher-Skulpturen in geringer Auflage, zum Beispiel Isabel Klett, Otmar Alt und E. A. Langenberg.

Korkenzieher-Museen

Die gibt es in nahezu allen europäischen Ländern, die Weinbau betreiben. In Deutschland ist das Korkenzieher-Museum Kaiserstuhl in Vogtsburg-Burkheim (bei Breisach) zu empfehlen (geöffnet von April bis Dezember jeweils mittwochs bis sonntags zwischen 11 und 18 Uhr).

Weitere Informationen unter www.korkenzieherfreunde.de

Möbel – von antiken Stücken bis zu Designer-Modellen

Kaum ein Antiquitätenexperte hatte das gute Stück auf seiner Prioritätenliste. Das französische Kabinettschränkchen im japanischen Stil aus dem Jahr 1864 war mehr als zwei Meter hoch und schien nur ein Objekt für Liebhaber zu sein. Einer dieser Liebhaber war dann aber bereit, sage und schreibe 750.000 Euro für dieses Schränkchen zu zahlen, das damit im Jahr 2006 zum bis dahin teuersten jemals in Deutschland versteigerten Möbelstück avancierte. Fast schon ein »Schnäppchen« im Vergleich mit dem »Badminton Cabinet« aus feinem Ebenholz mit vergoldeter Bronze und filigranen Einlegearbeiten, das sich Fürst Hans Adam II. von Liechtenstein im Jahr 2004 gegönnt hatte. Er zahlte für diesen aus dem 18. Jahrhundert stammenden Barockschrank nicht weniger als 24,6 Millionen Euro. Das »Badminton Cabinet« war einst für einen englischen Herzog angefertigt worden.

Doch nicht nur mit antiken Möbelstücken erzielt man bisweilen beachtliche Wertsteigerungen. Hauptsache, es handelt sich um Originale aus der Entstehungszeit – also keine Nachahmungen. Der bekannte dänische Architekt und Designer Arne Jacobsen hinterließ der Nachwelt nicht nur Bauwerke wie die dänische Nationalbank in Kopenhagen, das Christianeum in Hamburg oder das Rathaus in Mainz, sondern auch begehrte Designer-Stücke. Dazu gehört der eiförmige Loungesessel Egg-Chair, den Jacobsen ursprünglich für das ebenfalls nach seinen Plänen gebaute Kopenhagener SAS-Hotel entwarf. Fünfzig Jahre nachdem Arne Jacobsen seine ersten Egg-Chairs vorgestellt hatte, brachte im Jahr 2008 der Hersteller Fritz Hansen ein Jubiläumsmodell des Klassikers auf den Markt. Es war auf 999 Stück limitiert. Wer einen solchen Egg-Chair sein Eigen nennen wollte, musste immerhin

9.000 Euro zahlen. Aber die Investition lohnte sich, denn schon zwei Jahre später boten Designliebhaber für diesen Jubiläumssessel bis zu 12.000 Euro. Eine (steuerfreie) Rendite von über 30 Prozent in nur zwei Jahren – fürwahr kein schlechtes Resultat.

Gut erhaltene und originale Designstücke gelten mittlerweile als wahre Kunstwerke – und sind nur gegen entsprechende Preise zu haben. Aber: Nur Originale sind wahre Werte und somit auch als Kapitalanlage geeignet. Zu diesen Designklassikern gehören unter anderem der Panton-Stuhl aus dem Jahr 1960, aber auch das bekannte USM-Regalsystem von Fritz Haller.

Doch zurück zu den antiken Möbelstücken. Beliebt sind vor allem Weichholzmöbel – von Barock bis Jugendstil. Unter Weichholz sind die Hölzer von Nadelbäumen zu verstehen, also zum Beispiel Eibe, Lärche, Kiefer, Fichte und Tanne. Die Hölzer von Laubbäumen, etwa Eiche-, Nuss- oder Kirschbaum, gelten hingegen als Harthölzer. In den vergangenen Jahrhunderten wurden die meisten Weichholzmöbel aus Fichte, Kiefer und Tanne hergestellt. Darunter Biedermeier-Schränke, Barock-Tische, Louis-Philippe-Kommoden und Jugendstil-Buffetschränke. Um die zeitliche Einordnung zu erleichtern, hier die wichtigsten Stil-Epochen im Überblick.

Die wichtigsten Stil-Epochen auf einen Blick

- Renaissance (1500–1600)
- Barock/Rokoko (1600–1770)
- Louis XIV. (1643–1715)
- Louis XV. (1723–1774)
- Chippendale (1750–1780)
- Klassizismus (1770–1810)
- Empire/Biedermeier (1800–1850)
- Louis Philippe (1830–1848)
- Historismus/Gründerzeit (1850–1890)
- Jugendstil (1890–1919)
- Art déco (1920–1949)

Grundsätzlich sind antike Weichholzmöbel nach wie vor gefragt, während gleichzeitig das Angebot an qualitativ hochwertigen und originalen Stücken tendenziell zurückgeht. Insofern darf man in den kommenden Jahren und Jahrzehnten getrost von steigenden Preisen ausgehen. Besonders gefragt sind Möbelstücke aus dem späten 19. Jahrhundert.

Das Angebot an Weichholzmöbeln unterliegt zudem den wechselnden Moden und dem Zeitgeist. Vielen potenziellen Käufern ist das antike Weichholz einfach zu dunkel. Manche Antiquitätenhändler tragen die ursprünglich braune bis dunkelbraune Oberflächenlasur durch Lauge ab und bieten helle Weichholzmöbel an. Das entspricht zwar eher dem Zeitgeist, lässt Kunsthistorikern aber gleichsam die Haare zu Berge stehen. Wer seine Wohnung mit abgelaugten Weichholzmöbeln einrichten möchte, kann dies natürlich tun – chacun à son goût. Wer allerdings auf eine Wertsteigerung spekuliert, sollte es bei der Originalfarbe belassen.

Über den Preis von Weichholzmöbeln entscheidet darüber hinaus die Frage, ob von einem Stück nur noch wenige vorhanden sind, oder ob es sich um Massenware handelt, von der Tausende von Stücken auf den Markt gekommen sind. Wertvolle Weichholzmöbel zeichnen sich darüber hinaus durch einen stilreinen Charakter und aufwendige Handarbeit aus. Ein solches Highlight war zum Beispiel das vom Wiener Auktionshaus Dorotheum versteigerte klassizistische Bauernbett aus Oberösterreich aus dem Jahr 1851. Es handelt sich um ein Weichholzgestell mit originaler blauer Grundbemalung und floralen Mustern.

Nach wie vor hoch im Kurs stehen ferner Möbelstücke aus der Epoche des Biedermeier, also jener Zeit zwischen dem Ende der napoleonischen Herrschaft 1815 und 1848. Sie zeichnen sich durch schlichte Eleganz aus. Verwendet wurden hierfür in erster Linie helle Holzarten wie Birke, Kirsche, Birne, Pappel und Nussbaum. Mitunter wurden die Möbelstücke im Biedermeier aber auch aus edlem Mahagoni gefertigt. Die Biedermeier-Zeit war geprägt durch eine Vorliebe fürs Private und die Flucht in die Idylle.

Der Salon, also das damalige Wohnzimmer, stellte den Mittelpunkt des bürgerlichen Lebens dar. Darin standen meist eine Sitzgruppe mit Sofa und Stühlen, aber auch Kommoden, Sekretäre und Nähtischchen. Beliebt waren ferner Sekretäre in allen denkbaren Varianten. Zu den bekanntesten Schöpfern von Biedermeier-Möbeln gehörte Michael Thonet (1796–1871), der in Boppard am Rhein mit der Fertigung von Möbel begann und später in Wien Weltruhm erlangte.

Beliebt sind vorrangig Stühle und Kommoden aus der Biedermeier-Zeit, die mit ihrer schlichten Eleganz bis heute gut in viele Wohnräume passen. Waren Biedermeier-Möbel in den 1960er- und 1970er-Jahren noch vergleichsweise preiswert, so wurden die Sammler und Liebhaber mittlerweile wählerischer. Sie suchten ausgefallene Einzelstücke von hoher Qualität, deren Preise naturgemäß deutlich anzogen. Ist das Möbel restaurierungsbedürftig, sinkt der Preis erheblich.

Wer auf eine Wertsteigerung spekuliert, sollte immer die Kriterien bedenken, die bei einem späteren Verkauf für den potenziellen Erwerber von Bedeutung sind. So muss das Möbel nicht nur gefallen, sondern auch von der Größe her in die heute üblichen Wohnräume passen. Grundsätzlich gilt: Je originaler der Erhaltungszustand, desto wertvoller das Möbelstück. Musste der Restaurator allzu sehr Hand anlegen, kann dies den Wert mindern. Vor dem Kauf empfiehlt es sich zu klären, ob Restaurierungsarbeiten notwendig sind und welche Kosten hierfür entstehen. Im Zweifelsfall sollte man das Honorar nicht scheuen und einen neutralen Sachverständigen um eine Expertise bitten. Ein solches Gutachten kann sich bei einem späteren Verkauf zudem als wertsteigernd erweisen.

Der Teufel steckt bekanntlich in den Details, und die erkennt meist nur der versierte Fachmann. Die Frage aber, ob es sich tatsächlich um antike Möbelstücke handelt oder nur um solche, die auf antik getrimmt wurden, kann der interessierte Laie meist selbst beantworten. Weist zum Beispiel das Möbelstück scharfe Kanten und Ecken auf, so deutet dies auf ein jüngeres Herstellungsdatum hin. Charakteristisch für antike Möbel sind nämlich Rücken und Kanten, die meist ungleichmäßig, weich und glatt sind. Glatte Sägeflächen lassen auf den Einsatz von Kreissägen schließen – und die gab es erst nach 1840. Die handgefertigten Schwalbenschwänze, also Zapfen, die der Zinkenverbindung dienen, sind unebener als die glatten, von Maschinen hergestellten Schwalbenschwänze. Sogar Holzwurmspuren sollten nicht unbedingt als verlässliche Indizien für das Alter des Möbels gewertet werden – denn auch diese werden mitunter nachträglich hineingebohrt.

INVESTMENTKOMPASS

Welche Möbelstücke kommen infrage?
Interessant sind neben den antiken Möbelstücken auch klassische Designermodelle, die zum Teil beachtliche Liebhaber-Preise erzielen können. Es muss sich aber um Originale aus der Entstehungszeit handeln.

Was ist unter antiken Möbeln zu verstehen?
Diese Möbelstücke sind mindestens 100 Jahre alt. Zu antikem Mobiliar gehören unter anderem Betten, Sitzmöbel, Lampen, Leuchten, Tische, Schreibmöbel, Sofas und Schränke. Eine stabile Nachfrage besteht nach Möbelstücken aus der Biedermeier-Zeit und nach Weichholzmöbeln.

Wo kaufen?
Im renommierten Fachhandel oder in Auktionshäusern mit fachmännischer Katalogbeschreibung.

Perspektiven
Originalstücke werden immer seltener, daher ist tendenziell mit steigenden Preisen zu rechnen. Allerdings können sich – wie generell auf dem Kunstmarkt – die Vorlieben der Käufer ändern. Insofern bleibt eine längerfristige Einschätzung der Preisentwicklung für bestimmte Stil-Epochen oder Möbelstücke schwierig.

Münzen – nicht immer eine runde Sache

Wenn es um's Bier ging, schien man im 17. Jahrhundert wenig von Trinkgeldern gehalten zu haben. Als nämlich damals im Herzogtum Braunschweig-Wolfenbüttel der Preis für das schäumende Gerstengebräu auf viereinhalb Pfennige angehoben wurde, obwohl es keine halben Pfennigstücke gab, rundeten die Zecher nicht etwa generös auf und gaben dem Wirt fünf Pfennige. Vielmehr wurden flugs »Biermünzen« geprägt. Ihr numerischer Wert: exakt 4,5 Pfennige. Was im Übrigen nicht nur von einem hohen Maß an Pragmatismus zeugt, sondern gleichermaßen von einem disziplinierten Umgang mit dem alkoholhaltigen Getränk. Denn hätten die durstigen Männer von dazumal gleich zwei Bierchen gezischt, wäre es kein Problem gewesen, die Rechnung in Höhe von 9 Pfennigen mit den vorhandenen Münzen zu begleichen. Erst nach dem dritten Bier wäre es wieder komplizierter geworden ...

Die »Biermünze« ist freilich nicht die einzige Kuriosität im Münzkabinett des Landesmuseums Hannover. Die königliche Münzsammlung, die früher einer deutschen Großbank gehörte und schließlich an das Land Niedersachsen verkauft wurde, erzählt so manche Skurrilitäten aus dem einstigen Reich der Welfen. Da wäre zum Beispiel der Propagandatrick von König Georg II. Nachdem britische und hannoversche Truppen in der Schlacht bei Dettingen die französische Armee besiegt hatten, ließ seine Majestät silberne Gedenkmedaillen prägen, auf denen er als furchtloser Anführer seiner Truppen dargestellt wurde. Tatsächlich aber war der König gleich zu Beginn der Schlacht vom Pferd gefallen. Bis Reiter und Tier wieder zusammengefunden hatten, waren die Kämpfe vorüber.

Schließlich lernen die Besucher des Münzkabinetts auch eine archaische Form der Inflation kennen: Weil im 19. Jahrhundert in Australien Münzen fehlten, ließ der Gouverneur aus 40.000 Geldstücken Scheiben ausstanzen und auf diese Weise die Zahl der Münzen verdoppeln. Heute gehört der gelöcherte »Holey Dollar« zu den absoluten Raritäten.

Bullion Coins oder Anlagemünzen?

Numismatiker lieben nicht zuletzt diese Anekdoten, doch die meisten von ihnen spekulieren natürlich auch auf eine Wertsteigerung ihrer Sammlung. Wir wollen uns in diesem Kapitel ganz auf die Sammlermünzen konzentrieren. Diese gilt es zunächst abzugrenzen gegenüber Anlagemünzen und Medaillen. Mit den Anlagemünzen, den so genannten Bullion Coins, beschäftigen wir uns in den Kapiteln über die Edelmetalle Gold, Silber, Platin und Palladium. Diese müssen unter anderem in ihren Herkunftsländern gesetzliche Zahlungsmittel sein oder zumindest gewesen sein. Klassische Anlagemünzen sind zum Beispiel der Wiener Philharmoniker, der kanadische Maple Leaf, der Krügerrand und der amerikanische Eagle. Goldene Anlagemünzen sind – wie an anderer Stelle schon erwähnt – von der Mehrwertsteuer befreit, für silberne Anlagemünzen gilt derzeit noch der ermäßigte Steuersatz von 7 Prozent.

Aber auch für bestimmte goldene Sammlermünzen muss der Käufer keine Mehrwertsteuer berappen, sofern folgende Voraussetzungen gegeben sind. Die Münze muss

- nach dem Jahr 1800 geprägt sein,
- einen Feingehalt von mindestens 900/1000 Gold aufweisen.
- im Herkunftsland gesetzliches Zahlungsmittel sein oder gewesen sein.
- Außerdem darf der übliche Verkaufspreis den Offenmarktwert des Goldgehaltes der Münze nicht um mehr als 80 Prozent übersteigen.

Trifft eines der genannten Kriterien nicht zu, ist der Erwerb mehrwertsteuerpflichtig. Sammler, die sich ein Objekt der Begierde für ihre Kollektion sichern möchten, werden sich von der Mehrwertsteuer vermutlich nicht abschrecken lassen. Renditeorientierte Anleger hingegen dürften in erster Linie steuerfreie Münzen erwerben. Allerdings repräsentieren Anlegermünzen immer nur ihren Materialwert. Steigt der Gold- oder Silberpreis, werden auch die Münzen wertvoller. Fällt er, hat der Anleger das Nachsehen. Nur in Ausnahmefällen zahlt der Markt einen Sammleraufschlag, so zum Beispiel für Krügerrandmünzen aus den Jahrgängen 1967 bis 1969, die vergleichsweise selten sind.

Doch nicht immer lassen sich Anlage- von Sammlermünzen klar trennen. Mitunter erweisen sich die Grenzen als fließend. Ein prominentes Beispiel hierfür ist das 100-Franken-Vreneli aus der Schweiz. Von dieser Goldmünze wurden im Jahr 1925 lediglich 5.000 Stück geprägt. Nur noch ein Teil davon dürfte heute im Umlauf sein, weshalb diese Münze als eine der seltensten und begehrtesten der Schweiz gilt. Vor wenigen Jahren musste man für das 100-Franken-Vreneli noch um 5.000 Euro zahlen, aktuell liegen die Preise für eine solche Münze in sehr gutem Erhaltungszustand zwischen 8.000 und 10.000 Euro. Wer rechtzeitig zugriff, darf sich heute über einen Gewinn von fast 80 Prozent freuen – und das zudem noch steuerfrei, da die Spekulationsfrist von einem Jahr in diesen Fällen abgelaufen ist.

Oft verwechselt werden darüber hinaus Münzen und Medaillen. Münzen besitzen immer einen Nennwert und tragen den Namen oder sonstige Symbole des ausgebenden Landes. Medaillen hingegen wird niemals ein Nennwert aufgeprägt. Im Grunde kann jeder ganz individuelle Medaillen herausgeben – Privatpersonen, Banken, Unternehmen, Verbände, ja sogar Karnevalsgesellschaften. Vorsicht: Medaillen werden häufig aggressiv beworben. Man spricht von limitierten Auflagen und suggeriert eine überdurchschnittliche Wertsteigerung. Manche Angebote sind zudem extrem überteuert. Auch im Münzhandel gibt es eben »schwarze Schafe«. Wer in Medaillen investiert, sollte von vornherein einkalkulieren, dass er beim späteren Verkauf nur den jeweiligen Ankaufswert des Metalls erhält. Mit Sammleraufschlägen darf man nur in Ausnahmefällen rechnen.

Zum kleinen Einmaleins des Münzensammelns gehört, sich nicht zu verzetteln, sondern sich schon von Beginn an auf ein bestimmtes, festumrissenes Sammelgebiet zu konzentrieren. Viele Sammler fokussieren sich auf Münzen aus bestimmten Ländern, was dann allerdings zusätzlich eine epochale Beschränkung erforderlich macht. Kaum ein Sammler kann zum Beispiel alle deutschen Münzen besitzen. Daher wird er sich zum Beispiel auf die Kaiserreichsmünzen von 1871 bis zum Ende der Kaiserzeit nach dem Ersten Weltkrieg beschränken. Oder aber er zieht die während der Weimarer Republik geprägten Münzen vor.

Sammler, die noch weiter in die europäische Geschichte zurückgehen wollen, setzen etwa auf die Gepräge der Neuzeit (ca. 1500 bis zur Französischen Revolution), auf Münzen aus dem Mittelalter oder gar auf byzantinische, römische oder griechische Prägungen. Für andere Sammler kommen nur Münzen aus bestimmten Materialien infrage, zum Beispiel ausschließlich Kupfer-, Silber- oder Goldmünzen. Tatsächlich gibt es sogar Münzen aus Porzellan. Beliebt ist ferner das gezielte Motivsammeln. Das heißt, der Sammler ersteht nur Münzen mit bestimmten Motiven, wie etwa Monarchen, Künstler, Sehenswürdigkeiten, Politiker oder Wappen. Andere wiederum kaufen in erster Linie Münzen in fremden oder außer Kraft gesetzten Währungen, wozu mittlerweile bekanntlich auch die D-Mark gehört.

Wichtig: der Erhaltungsgrad

Ob eine Münze am Ende wirklich den erhofften Gewinn einbringt, hängt nicht nur von ihrer Seltenheit und dem Stellenwert ab, die ihr die Sammler zubilligen, sondern zudem in besonderem Maße von ihrem Erhaltungsgrad. Dabei gelten folgende Einteilungen:

- **Polierte Platte (PP):** Der Begriff beschreibt ein bestimmtes Herstellungsverfahren von Münzen und steht gleichzeitig für den besten Erhaltungsgrad. PP-Münzen werden aus polierten Ronden (Münzrohlinge vor der Prägung) mit speziell polierten Stempeln mehrfach geprägt. Die Fläche erscheint reflektierend, die Erhebungen hingegen scheinen matt zu sein. PP-Münzen sind bei Sammlern sehr begehrt und erzielen meist deutliche Preisaufschläge. Die englische Bezeichnung für Polierte Platte lautet »Proof«.
- **Spiegelglanz:** Dabei handelt es sich ebenfalls um eine Sonderanfertigung, bei der jedoch nur die Stempel poliert werden.
- **Stempelglanz:** Die auf diese Weise geprägten Münzen werden einzeln aus der Maschine genommen und verpackt. Die Mitarbeiter tragen hierzu Handschuhe. Der Unterschied zur Polierten Platte besteht darin, dass die Ronden und Stempel nicht poliert sind. Eigentlich müsste jede Münze, bevor sie in Umlauf gelangt, unter »Stempelglanz« eingeordnet werden. Da aber beim Transport und bei der Verpackung Beschädigungen entstehen, werden diese Münzen üblicherweise als präge- oder bankfrisch bezeichnet.
- **Vorzüglich:** Solche Münzen waren nur kurz im Umlauf. Sie wurden bei der Prägung aus den Automaten geworfen, in Kisten gesammelt und in Säcken oder Beuteln an ihre Bestimmungsorte transportiert. Geringfügige Abnutzungsspuren und haarfeine Kratzer sind möglich, vor allem an den erhabenen Stellen des Münzreliefs. Andere Beschädigungen, wie etwa Einschläge und Randkerben, dürfen diese Münzen nicht aufweisen.
- **Sehr schön:** Münzen mit diesem Erhaltungsgrad waren für längere Zeit im Umlauf. Abnutzungserscheinungen dürfen sich nur an den höchsten Stellen des Münzbildes befinden. Alle übrigen Auffälligkeiten müssen extra benannt werden.
- **Schön:** Klingt noch gut, deutet aber auf erhebliche Abnutzungsspuren hin.
- **Sehr gut erhalten:** Deutlich abgewetzte Münzen, teilweise mit zusätzlichen Beschädigungen.

Der Erhaltungsgrad einer Münze muss naturgemäß immer im Zusammenhang mit dem jeweiligen Alter beurteilt werden. Eine relativ junge Münze, die es nur auf ein »sehr schön« oder gar nur »schön« bringt, sollten Sammler und Anleger meiden. Antike Münzen hingegen, die schon tausend Jahre und älter sein können, sind mit einem Erhaltungsgrad »schön« durchaus noch interessant.

INVESTMENTKOMPASS

Schwerpunkt setzen

Das Sammelgebiet sollte – je nach Neigung – rechtzeitig festgelegt werden. Wer Münzen ausschließlich unter Anlageaspekten ersteht, für den spielt es hingegen keine Rolle, ob er nun in Krügerrand oder Wiener Philharmoniker investiert – Gold ist Gold. Bei Sammlermünzen gelten aber ganz andere Gesetze. Jeder Sammler strebt nach Vollständigkeit seiner Sammlung. Gerade bei Münzen ist dieses Ziel jedoch nur schwer zu erreichen.

Qualität kaufen

Keine falschen Kompromisse. Schlecht erhaltene oder gar beschädigte Münzen bereiten weder Sammlern noch Kapitalanlegern Freude.

Preise vergleichen

Oft lohnt es sich, gezielte Preisrecherchen bei angesehenen Händlern anzustellen. »Schnäppchen« sind mitunter möglich.

Wo kaufen?

Kaufen Sie nur im Fachhandel und in renommierten Auktionshäusern. In Deutschland handelt mittlerweile auch www.proaurum.de mit Sammlermünzen. Zu den renommierten Auktionshäusern gehören unter anderem Künker (www.kuenker.de) in Osnabrück und Felzmann in Düsseldorf. Vorsicht vor Versandanbietern, die besonders aggressiv werben, meist sind deren Preise viel zu hoch. Händler, die dem Berufsverband des Deutschen Münzenfachhandels angehören, haben hingegen einen guten Ruf (www.muenzen-verband.de).

Musikinstrumente – Performance mit gutem Klang

So unmusikalisch kann kein Mensch sein, dass er nichts mit dem Namen Antonio Stradivari anfangen könnte. Der italienische Geigenbaumeister steht für historische Musikinstrumente, die auf Auktionen immer wieder Spitzenpreise erzielen. Im Oktober 2010 zum Beispiel wechselte eine Molitor-Stradivari aus dem 17. Jahrhundert für umgerechnet 2,6 Millionen Euro ihren Besitzer. Die Geige befand sich lange Zeit im Eigentum des Generals Gabriel Jean Joseph Molitor und trägt seither seinen Namen. Später soll kein Geringerer als Napoleon das Instrument besessen haben. Jeder Kunst-Investor weiß: Ein prominenter Vorbesitzer steigert den Wert des Objekts. Das gilt allemal auch für historische Musikinstrumente. Die vom Auktionshaus Tarisio versteigerte Molitor-Stradivari ist daher nur ein Beispiel für die enorme Wertsteigerung alter Musikinstrumente mit großen Namen.

Wer heute noch einen Flügel von Steinway aus den Jahren zwischen 1929 und 1958 sein Eigen nennt, dürfte bei einem Verkauf ebenfalls ein Vielfaches des seinerzeitigen Preises erzielen. Allerdings: Ob Stradivari oder Steinway – in beiden Fällen dauerte es sehr lange, bis eine nennenswerte Wertsteigerung zu verzeichnen war. Meist profitierten erst die Enkel oder Ur-Enkel von der melodiösen Rendite.

Wesentlich rasanter entwickeln sich die Preise für Vintage-Gitarren. »Mit einem geschickt ausgewählten Portfolio lassen sich nach meiner Einschätzung künftig jährliche Nettorenditen zwischen 8 und 10 Prozent erreichen«, sagt Johannes Döbertin, Mitinhaber und Geschäftsführer des Hamburger Musikhauses »No. 1 Guitar Center«. Doch nicht immer hängt der Himmel für Investoren voller Geigen. Vor einigen Jahren kam es auf dem Markt für Vintage-Gitarren aus den 1950er- und 1960er-Jahren zu einer regelrechten Blasenbildung. »Zwischen 2008 und 2010 setzte eine Konsolidierung ein, sodass sich die Wertentwicklung nun wieder auf einem gesunden Niveau eingependelt hat«, ist Johannes Döbertin überzeugt.

Für manche Vintage-Gitarren der Marken Fender, Gibson und Martin aus den genannten Jahrzehnten müssen sechsstellige Preise investiert werden. Schon vor sieben Jahren – also vor dem großen Hype – wurde eine Gibson-Gitarre, die einst Eric Clapton gehört hatte, für umgerechnet 596.000 Euro verkauft. Das Auktionshaus Christie's versteigerte im April 2009 eine Gibson Les Paul aus den 1960er-Jahren, die zu den besonders begehrten Blue Chips unter den Gitarren zählt, zu einem traumhaften Preis von 182.500 US-Dollar, das entspricht etwa 128.250 Euro. Eine furiose Rendite, wenn man bedenkt, dass diese Gitarre vor etwa 50 Jahren noch für 300 Dollar zu haben war.

Wolfgang Eistert, Experte für historische Musikinstrumente, zögert nicht, Vintage-Gitarren als Investition zu empfehlen. Er mahnt aber zu größter Vorsicht. »Der Markt wird überhäuft von verbastelten und nicht vollständig originalen Instrumenten«, sekundiert Johannes Döbertin. Daher sei es heute wichtiger denn je, dass die Gitarren auf Originalität geprüft und zertifiziert werden. Experten warnen deshalb davor, solche Instrumente über Internet-Plattformen ohne vorherige Prüfung zu erstehen. Der sichere Erwerb führt entweder über renommierte Auktionshäuser oder über entsprechend spezialisierte Fachgeschäfte.

Aber sogar Original-Gitarren aus den 1950er- und 1960er-Jahren versprechen nicht unbedingt traumhafte Renditen. Nach der Marktkonsolidierung ist vielmehr davon auszugehen, dass Liebhaber und Sammler ebenso wie Investoren noch selektiver kaufen als zuvor. Das heißt, die Wertentwicklung für Vintage-Gitarren dürfte in den nächsten Jahren stark differieren. Die besten Renditechancen bergen Instrumententypen, die von bekannten

Musikern gespielt wurden und Musikgeschichte geschrieben haben. »Diese Gitarren werden weiterhin im Fokus der Sammler stehen. Instrumente, die von den ›Guitar-Heros‹ selbst gespielt wurden, erzielen auf den großen Auktionen oft Preise in schwindelerregender Höhe«, sagt Experte Döbertin.

Allerdings ist der Einstieg in diese Investmentklasse nicht eben preiswert. Denn das größte Wertsteigerungspotenzial bergen gefragte Instrumente im hochpreisigen Segment. Mit Gitarren aus der Preisklasse unter 5000 Euro ließen sich in den vergangenen Jahren keine nennenswerten Gewinne erwirtschaften. Aber immerhin bieten Gitarren eine Art Ersatz-Rendite: »Vintage-Gitarren sind eines der wenigen Investments, die man während des Anlagezeitraums nutzen kann«, schwärmt Döbertin. Und man darf wohl hinzufügen: Es ist eines der wenigen Investments, die nicht nur vor, sondern auch nach dem Kauf gut klingen.

INVESTMENTKOMPASS

Die Benchmark

Die in den USA erscheinende Fachzeitschrift *Vintage Guitar magazine* gibt einmal pro Jahr einen offiziellen Preisführer heraus, der die Marktentwicklung recht gut widerspiegelt. Er beruht auf den Angaben der 25 führenden Vintage-Gitarren-Händler in den Vereinigten Staaten. Der *Official Vintage Guitar Magazine Price Guide* gilt als weithin anerkannte Orientierungshilfe für die Preisentwicklung für alle auf dem Markt befindlichen Vintage-Gitarren, Bässe und Amps (Verstärker).

Das Musterportfolio

Seit 1991 wird anhand eines Musterportfolios mit 42 Gitarrenmodellen der Firmen Gibson, Fender und Martin ein Preisindex veröffentlicht. Er stieg bis zum Jahr 2008 jährlich im Schnitt um 10 Prozent. Danach konsolidierte sich der Markt. Im vergangenen Jahr stabilisierten sich die Preise wieder.

Bezugsquelle

Der offizielle Preisführer kostet 29,95 Dollar (www.vintageguitar.com).

Nonvaleurs – Gewinnen mit historischen Wertpapieren

Der Name Johann Wolfgang von Goethe ist nicht nur auf Buchtiteln zu finden. Seine Unterschrift ziert sogar einen Kux-Schein des Ilmenauer Bergwerks. Ein Kux ähnelt einer Aktie und verbrieft einen Eigentumsanteil an einem Bergwerk. Mit seiner Originalsignatur auf diesem Dokument zedierte der deutsche Dichterfürst in seiner Eigenschaft als damaliges Mitglied der Bergwerkskommission. Kaum verwunderlich, dass dieser Kux-Schein zu den teuersten und begehrtesten historischen Wertpapieren zählt. Offiziell sind diese Papiere nichts mehr wert, ähnlich wie eine gestempelte Briefmarke. Deshalb werden alte Aktien und Anleihen üblicherweise als Nonvaleurs bezeichnet. Dieses französische Wort steht übersetzt denn auch für »ohne Wert«. Sammler hingegen sehen das ganz anders. Die Scripophilisten, wie die Liebhaber historischer Wertpapiere genannt werden (abgeleitet von dem Begriff Scripophilie, der für das Sammeln alter Aktien und Anleihen steht), geben mitunter ein Vermögen aus, um Papiere zu erwerben, die nicht zuletzt ein Stück Wirtschaftsgeschichte widerspiegeln.

Historische Aktien gibt es schon für ein paar Euro (die eignen sich dann allerdings eher zu Deko-Zwecken als zur Geldanlage), aber auch für fünfstellige Summen. Die *Wirtschaftswoche* hat im Jahr 2011 die Highlights der zurückliegenden Auktionen zusammengestellt. Spitzenreiter war – wer hätte das gedacht? – nicht etwa eine amerikanische Eisenbahner-Aktie, sondern ein Anteilsschein der Palmen-Garten-Gesellschaft zu Frankfurt am Main. Die Aktie des 1868 gegründeten Ziergartens hatte im Jahr 1903 einen Wert von knapp 430 Mark. Nun wechselte sie für 29.000 Euro ihren Besitzer. Auch eine Gründeraktie des Schifffahrtskanals – und damit des Vorläufers des heutigen Rhein-Main-Donau-Kanals – führte zu einem wahren Bieter-Gefecht. Der Hammer des Auktionators fiel erst bei 25.000 Euro. Die Musteraktie der Pleitebank Lehman Brothers, versehen mit der Nummer 1, die früher im Büro des CEO hing, war einem Sammler immerhin 24.000 Euro wert. Und die Gründeraktie der Bremer Dampfschifffahrtsgesellschaft von 1857 über 100 Thaler Gold brachte 16.000 Euro.

Scipophilisten schätzen zum einen Nonvaleurs mit Originalunterschriften bekannter Persönlichkeiten der Vergangenheit, wobei es sich keineswegs nur um Dichterfürsten und Wirtschaftskapitäne handeln muss. Die Aktie der Komischen Oper Wien zum Beispiel trägt die Unterschrift von Johann Strauß Sohn.

Oldie-Aktien mit prominenten Signaturen

Aber natürlich sind auch große Namen der Wirtschafts- und Finanzgeschichte gefragt. Oldie-Aktien, die Signaturen prominenter Zeitgenossen aufweisen, heißen im Fachjargon Autographen – und in dieser Gruppe findet man einige der teuersten Nonvaleurs der Welt. Manche Aktien tragen die Unterschriften von John D. Rockefeller, Charlie Chaplin und dem genialen Erfinder Thomas A. Edison. Da kann es nicht überraschen, dass vor einigen Jahren für die Gründeraktie der Standard Oil Company aus dem Jahr 1871 mit der Originalunterschrift von John D. Rockefeller rund 135.000 Euro gezahlt werden mussten.

Aber es geht durchaus auch eine Nummer kleiner: Die 1836er Gründeraktie des Ludwig-Main-Donau-Kanals – ein Unikat mit der Originalsignatur des Bankers Rothschild – weist laut Experten einen Wert von rund 50.000 Euro auf. Aus Sicht eines Normalverdieners sicher ebenfalls kein Einsteigerpreis, doch Sammler sehen dies naturgemäß anders: Solch hochkarätige historische Wertpapiere sind seltener als die »Blaue Mauritius«. Eine Wertsteigerung ist bei solchen Unikaten beinahe programmiert. Vorausgesetzt, der Sammler und Anleger achtet auf Qualität.

Einsteiger entscheiden sich meist für günstige Nonvaleurs. Der Hintergedanke: Was günstig ist, kann irgendwann mal teuer werden. Eine fatale Fehleinschätzung. Denn Nonvaleurs bis 50 Euro sind in ausreichenden Mengen – oft 100 oder mehr Stücke – vorhanden. Die meisten dieser vermeintlichen Schnäppchen eignen sich später nur noch zu Dekorationszwecken. Daher lautet der wichtigste Expertentipp für angehende Sammler: Nur in Papiere investieren, von denen maximal noch zehn Stücke vorhanden sind. Aber selbst dieses strenge Auswahlkriterium bewahrt den Nonvaleur-Investor nicht vor der Qual der Wahl. Allein unter den historischen Wertpapieren aus Deutschland gibt es derzeit rund 30.000 verschiedene Varianten. Bei jedem zweiten dieser Papiere sind Experten-Schätzungen zufolge weniger als zehn Exemplare vorhanden.

Mit dem richtigen Riecher und dem auch an der realen Börse notwendigen Glück ließen sich mit alten Anteilsscheinen in der Vergangenheit ordentliche Renditen erzielen. »Ich erinnere mich noch genau, wie ein erfahrener Sammler Mitte der 1990er-Jahre die beste Sammlung deutscher Brauerei-Wertpapiere kaufte. Im Jahr 2005 hat er sie dann über uns versteigern lassen und den Betrag in Euro herausbekommen, den er einst in D-Mark investiert hatte«, berichtet Jörg Benecke, Gründer und Chef der Aktiengesellschaft für Historische Wertpapiere in Wolfenbüttel. Knapp 100 Prozent Gewinn in zehn Jahren – das ist sicher keine schlechte Rendite.

Dass man mit historischen Wertpapieren Geld verdienen kann, muss der New Yorker Broker Roland Smythe schon früh geahnt haben. Immerhin notierte er bereits im Jahr 1929: »Die Leute werden Abertausende von alten Wertpapieren kaufen und hoffen, dass sie in ihren Händen zu Gold werden.« Es sollte noch viele Jahrzehnte dauern, bis sich die Prognose des Börsianers bestätigte: Erst 1975 gab es in Frankfurt die ersten Auktionen für Historische Wertpapiere.

Wer einen kleinen Teil seines Vermögens in Nonvaleurs investieren möchte, sollte sich nach ausführlicher Information für ein bestimmtes Sammelgebiet entscheiden. Dabei kann es sich zum Beispiel um Autographen – also um signierte Wertpapiere – oder um alte amerikanische Eisenbahntitel handeln, die als faszinierende Stahlstiche nicht nur die Freunde der Nonvaleurs begeistern. In den vergangenen Jahren stiegen auch Aktien aus China und Russland im Ansehen von Anlegern und Sammlern.

Nonvaleurs aus D-Mark-Zeiten sind begehrt

Besonders gefragt sind seit einiger Zeit überdies Aktien, deren Nennwert noch auf D-Mark lautet. »Viele Aktien aus alten D-Mark-Zeiten, wie etwa die Scheine von BASF, Schering oder Deutsche Bank, kennen die Sammler nicht zuletzt aus ihren Wertpapierdepots. Deshalb springt der Funke besonders leicht über«, erklärt Jörg Benecke die besondere Vorliebe für Wertpapiere aus vergangenen Währungszeiten.

Hohes Wertsteigerungspotenzial weisen nach Ansicht von Experten zudem Aktien und Anleihen aus dem 17. und 18. Jahrhundert auf. Verglichen mit ihrer historischen Bedeutung ist das Preisniveau für diese Papiere noch relativ günstig. Außerdem ist die Wahrscheinlichkeit sehr gering, dass weitere Stücke auf den Markt kommen. Sammler mit ausgeprägtem Kunstsinn hingegen entscheiden sich oft für den im wahrsten Sinne des Wortes »schönen Schein«. Viele der historischen Wertpapiere wurden von bekannten Künstlern gestaltet. So stammt zum Beispiel die Gründeraktie von Siemens & Halske von Ludwig Sütterlin. Und Alfons Mucha hinterließ den Freunden historischer Wertpapiere weithin geschätzte Jugendstil-Aktien.

Die Vergangenheit mag interessant sein, für den Investor indessen ist die Zukunft wichtiger. Experten wie Jörg Benecke sprechen von deutlichem Wertsteigerungspotenzial für Qualitätsware. Die Zahl der Sammler steige, darüber hinaus interessierten sich zunehmend Museen für dieses Thema. Vorreiter ist die Schweiz, wo es seit 2002 ein großes von Banken und Börse getragenes Wertpapiermuseum gibt.

Eines jedoch sollten Einsteiger bedenken: Der Markt für historische Wertpapiere wird stark von der Entwicklung an den realen Finanzmärkten beeinflusst. Historische Wertpapiere reagieren in der Regel mit einem Nachlauf von etwa sechs Monaten auf markante Trendwenden beim Dax. Anders ausgedrückt: Wer nach einem Crash die Lust auf Aktien verliert, interessiert sich auch nicht mehr für historische Stücke.

INVESTMENTKOMPASS

Auf Erhaltungszustand achten

Auch bei antiken Aktien und Anleihen entscheidet der Zustand der Papiere mit über deren Wert. Unterschieden werden folgende Qualitäten:

UNC = Uncirculated (einwandfrei und neuwertig)

EF = Extremely fine (minimale Gebrauchsspuren)

VF = Very fine (Knickfalten, kleinere Randeinrisse, eventuell kleinere Flecken)

F = Fine (starke Gebrauchsspuren, oft restaurierungsbedürftig).

Nur Qualität kaufen

Billige Nonvaleurs für ein paar Euro wirken zwar als Wandschmuck im Büro recht dekorativ, sind als Kapitalanlage aber gänzlich ungeeignet. Infrage kommen historische Wertpapiere, von denen nur noch wenige Exemplare (maximal zehn) vorhanden sind.

Wo kaufen?

Es gibt in Deutschland mehrere Händler und Auktionshäuser, die sich auf historische Wertpapiere spezialisiert haben: zum Beispiel HWPH Historisches Wertpapierhaus AG (www.hwph.de), Auktionshaus Tschöpe (www.tschoepe.de), Aktiengesellschaft für Historische Wertpapiere (www.hv-info.de) und der Onlinehändler Hahn (www.sammleraktien-online.de).

Oldtimer – Garage statt Depot

Wenn das keine röhrende Rendite ist: Wer Anfang der 1980er-Jahre gezielt in hochwertige Oldtimer investierte, darf sich heute die Hände reiben. Im Schnitt erzielte der Anleger nämlich eine Jahresrendite von 12,6 Prozent. Der US-Aktien-Leitindex Standard & Poor's 500 legte im selben Zeitraum pro Jahr nur um durchschnittlich 10,8 Prozent zu. Das lässt sich statistisch einigermaßen nachvollziehbar belegen, seit der Investmentbanker Dietrich Hatlapa einen Preisindex für Oldtimer entwickelt hat – den HAGI. Die Abkürzung steht für »Historic Automobile Group International«. Unter der Adresse www.historicautogroup.com kann sich jeder, der Interesse an historischen Fahrzeugen und deren Preisentwicklung hat, umfassend informieren. Um einen solchen Index berechnen zu können, mussten einige gefragte Automobile ausgewählt und in einem fiktiven Portfolio gewichtet werden. Dietrich Hatlapa setzt dabei unter anderem auf den Mercedes 300 SL Roadster, den Porsche Carrera GT und den Ferrari 250 GT SWB Coupé. Diese Oldies sind mit Anteilen von 8,78 sowie 7,32 und 6,44 Prozent im Index vertreten. Daneben entwickelte Dietrich Hatlapa, der früher bei renommierten, international agierenden Finanzdienstleistern wie Barings, ING und Macquari arbeitete, separate Indizes für die wichtigen Oldtimermarken Porsche und Ferrari.

Der Verband der Automobilindustrie (VDA) und Classic Data zogen derweil mit dem Deutschen Oldtimer Index (DOX) nach. Dieser Index weist seit 1999 einen durchschnittlichen jährlichen Wertzuwachs von 5,7 Prozent aus.

Ist es also tatsächlich interessanter, sich Oldtimer in die Garage als Aktien ins Depot zu holen? Einerseits spricht die langfristige Performance historischer

Fahrzeuge für ein solches Engagement, dennoch kommt es auch auf diesem Markt immer wieder mal zu Rückschlägen. Die Jahre von 1990 bis 1994 zum Beispiel bereiteten den Oldtimer-Fans keine ungetrübte Freude – zumindest, was die Renditen angeht. »Das war die Internetblase des Oldtimermarktes«, sagt Dietrich Hatlapa, verweist jedoch gleichzeitig darauf, dass seither die Preise wieder stetig anzogen. Doch längst nicht jeder Oldie beschert dem Verkäufer eine traumhafte Rendite. Im Spätsommer 2009 zum Beispiel bot das renommierte Auktionshaus Bonhams den legendären Auto Union Typ D sowie den Ferrari Daytona Spyder des Motorradstuntmans Evel Knievel an. Beide Fahrzeuge erfreuen sich in Kennerkreisen höchster Wertschätzung. Im Fall des Ferraris konnte der Verkäufer darüber hinaus auf einen prominenten Vorbesitzer verweisen. Auch dies wirkt sich in der Regel deutlich preissteigernd aus. Am Ende jedoch erreichte keines der beiden Fahrzeuge das Mindestgebot. Das zeigt, dass auch auf diesem Markt die Bäume nicht in den Himmel wachsen und kein Investor gegen Rückschläge gefeit ist.

Faszination der Mechanik

Vielleicht sollte man als vorsichtiger Zeitgenosse bei aller Begeisterung für chromblitzende Investments auf die Empfehlungen des österreichischen Oldtimer-Experten Rainer M. Bertl hören, der vor unrealistischen Erwartungen warnt: »Klassische Scheunenfunde – also historische Fahrzeuge unserer Großväter, die viele Jahre lang unbeachtet in irgendeiner Garage standen – gibt es kaum noch.« Wem es allein um eine überdurchschnittliche Performance gehe, sollte sich nach Ansicht Bertls gleich vom Oldtimermarkt verabschieden. »Finger weg von klassischen Automobilen als Kapitalanlage«, warnt der Experte, um gleich zwei Prämissen nachzuliefern, unter denen man vielleicht doch gute Chancen auf eine Rendite über dem Niveau des Kapitalmarktes haben könnte. »Entweder man investiert im hochpreisigen Segment und ersteht erlesene Fahrzeuge in gutem Erhaltungszustand – in diesem Fall sollte der Anleger mit einem Investment im hohen fünfstelligen Bereich rechnen. Oder aber, man bringt ausreichend Sachverstand und Zeit mit, um preisgünstigere Fahrzeuge selbst zu restaurieren. Dann bekommt der Anleger schon ab 10.000 Euro interessante und gesuchte Automobile.«

Unter diesen Voraussetzungen können Oldtimer eine durchaus lukrative Kapitalanlage sein, selbst wenn sich nur die wenigsten Eigentümer von ihren Lieblingen wieder trennen möchten. Auf Zinsen und Dividenden muss der Anleger zwar verzichten, allerdings stehen ohnehin die Freude an der Mechanik und der Besitzerstolz im Vordergrund.

Firmen, die sich auf wertvolle alte Autos spezialisiert haben, erhöhten ihre Umsätze in den vergangenen Jahren deutlich. Auch die Finanz- und Eurokrise in den Jahren 2008 bis 2012 änderte daran nicht allzu viel. Der Gesamtumsatz dieser Branche wird in Deutschland auf jährlich etwa sechs Milliarden Euro geschätzt. Annähernd 3.500 Unternehmen beschäftigen sich ausschließlich oder schwerpunktmäßig mit historischen Fahrzeugen. Sie bieten deutschlandweit immerhin über 25.000 Jobs. Keine Frage, das Geschäft mit Old- und Youngtimern mag zwar in einer Nische angesiedelt sein, hat aber durchaus volkswirtschaftliche Relevanz.

Der Wert mancher Klassiker auf vier Rädern steigt rasant, weil historische Fahrzeuge immer beliebter werden. Die Nachfrage ist höher als das Angebot. Gab es in Deutschland 2001 noch 64.485 Fahrzeuge und Anhänger, die älter als 30 Jahre waren, so dürften es heute fast 200.000 sein – nur die angemeldeten Fahrzeuge, wohlgemerkt.

Ein Stuttgarter Banker macht aus seiner Ansicht keinen Hehl: »Bei großen Vermögen wird breit gestreut – und da gehören auch Oldtimer dazu.« Ein Beispiel ist ein roter Mercedes-Benz 300 SL mit Flügeltüren aus den 50er-Jahren. Er wurde 2005 auf der Oldtimer-Messe »Retro Classics« für rund 250.000 Euro verkauft. Heute muss man dafür etwa das Doppelte zahlen. Für einen italienischen Gran Turismo mit handgefertigter Aluminiumkarosse oder für ein englisches Sportcoupé aus einer Kleinserie aus den 50er-Jahren darf es gern auch eine Million sein, wenn man sie überhaupt angeboten bekommt.

Mittlerweile haben auch die Automobilhersteller das Potenzial dieses Marktes erkannt. Unternehmen wie Mercedes und Audi gründeten eigene Traditionsabteilungen. Und das Mercedes-Benz-Museum in Stuttgart genießt fast schon Kultstatus. Dort kann man unter zahlreichen weiteren historischen Modellen zum Beispiel die Mercedes Benz-700-Pullman-Limousine aus dem Jahr 1935 bewundern, in dem sich der japanische Kaiser Hirohito einst chauffieren ließ. Oder aber einen Mercedes-Benz 500 SL aus dem Jahr 1988, der dem Schauspieler Hardy Krüger gehörte und wohl noch zu den Youngtimern gerechnet werden darf.

Doch natürlich geht es auch eine Nummer kleiner. Die »Oldtimerei« sei im Wesentlichen ein Hobby von Normalbürgern, weiß Mike Tetzlaff von der in Hamburg und Berlin ansässigen E. Thiesen KG, dem vermutlich ältesten Oldtimer-Händler seiner Art in Deutschland. Neun von zehn Oldtimer-Investoren seien Arbeitnehmer und keineswegs Millionäre. Je nach Erhaltungszustand, Jahrgang und Nachfrage schwanken die Preise beträchtlich. Im Jahr 2010 stand unter anderem Alfa Romeo im Fokus vieler Freunde historischer Fahrzeuge. Die seit 1987 zum italienischen Fiat-Konzern gehörende Marke feierte damals nämlich ihr 100-jähriges Jubiläum. An die stolze Historie dieses Herstellers erinnerte unter anderem *Classic*, das österreichische Magazin für Technikgeschichte, in einem umfassenden und interessanten Beitrag, der so manche Erkenntnis lieferte. Von eingeschworenen Alfa-Fans einmal abgesehen, wissen vermutlich nur die wenigsten, dass die ersten von diesem Unternehmen produzierten Fahrzeuge nicht »Alfa«, sondern »Darracq« hießen – benannt nach dem gebürtigen Franzosen Alexandre Darracq, der das Vorgänger-Unternehmen des späteren Alfa-Romeo-Konzerns einst in Neapel aus der Taufe hob.

Wer sich aus diesem Anlass im Jahr 2010 einen historischen Alfa gönnen wollte, hatte bei der E. Thiesen KG die Wahl zwischen einem seltenen Alfa Romeo 6C 2500 Super Sports 1948 zum Preis von 365.000 Euro und einem deutlich jüngeren Alfa Romeo Montreal aus dem Jahr 1974 für 27.500 Euro.

Rainer M. Bertl nennt weitere begehrte Old- und Youngtimer, die für deutlich geringere Preise zu haben sind. Er selbst gerät ins Schwärmen, wenn er über den Steyr-Puch 650 TR spricht. Der österreichische Hersteller wollte in den 1950er-Jahren das Geld für die Entwicklung einer eigenen Karosserie sparen und übernahm für den Kleinwagen Puch 500 die Rohkarosserie des Nuova 500 von Fiat. Ein paar Jahre später kam dieses Fahrzeug unter der Modellbezeichnung 650 T und 650 TR stärker motorisiert auf den Markt. Alle Motoren für diese Reihe stammten von Steyr-Puch. Diese italienisch-österreichische Automobil-Kooperation findet bis heute ihre Liebhaber. Auch die Limousine Fiat Topolino 500 C Cabrio aus den 1950er-Jahren erfreut sich hoher Wertschätzung. Diesen Oldie gibt es meist schon – je nach Erhaltungszustand und Dokumentation – für deutlich unter 10.000 Euro.

Bleiben wir noch einen Moment bei Oldtimern italienischer Provenienz. Ein bei Freunden klassischer Automobile weithin geschätztes Modell ist der Fiat Dino, der in den 1960er-Jahren entstand. Die Besonderheit: Das Fahrzeug wurde von einem Ferrari-Motor angetrieben. Ein Fiat mit Ferrari-Triebwerk – das hat etwas, nach wie vor. Solche Oldies werden überwiegend für Preise zwischen 15.000 und 25.000 Euro angeboten.

Zu den begehrtesten Oldtimern dürften die Daimler-Benz-Baureihen W114 und W115 zählen, die in Insiderkreisen nur als Mercedes/8 (»Strich-acht«) bezeichnet werden, was auf das Erscheinungsjahr 1968 Bezug nimmt. Diese Fahrzeuge wurden vor allem wegen ihrer nahezu unglaublichen Zuverlässigkeit geschätzt. Somit sind noch zahlreiche »Strich-acht-Mercedes« im Einsatz. Diese Fahrzeuge wurden im Sommer 2010 für Preise zwischen 10.000 und 15.000 Euro angeboten.

Deutlich mehr investieren muss man, wenn man sich für den Jaguar E-Type entscheidet. Dieses Sportwagen-Modell des englischen Herstellers wurde im März 1961 auf dem Genfer Auto-Salon vorgestellt. Der Sechszylinder-Reihenmotor brachte es schon damals auf 269 PS. Doch nicht nur diese Leistung elektrisierte die Fans. Vor allem das von Malcolm Sayer entwickelte Design gilt bis heute als atemberaubend. Gut erhaltene Fahrzeuge von diesem Typ wurden im Jahr 2010 im oberen fünfstelligen Bereich gehandelt. Wer sich einen günstigeren Oldie-Sportwagen anschaffen möchte, sollte sich vielleicht für einen Porsche 914 aus den Jahren 1974/75 entscheiden. Damals wurde dieses Modell als »Volks-Porsche« verspottet, weil es in einer Kooperation von VW und Porsche entstanden war. Heute ist dieser VW-Porsche ein begehrter Oldtimer, für den Sie etwa zwischen 13.000 und 16.000 Euro rechnen sollten.

Wobei man natürlich mit einiger Berechtigung die Frage stellen darf, ob es sich bei einem Fahrzeug aus den 1970er-Jahren wirklich um einen Oldtimer handelt. »Fahrzeuge, die älter als 30 Jahre sind, gelten inzwischen als Oldtimer«, erläutert Rainer M. Bertl, dessen skeptisches Mienenspiel aber erkennen lässt, dass er dieser Definition nicht ohne Weiteres zu folgen bereit ist. Immerhin würde dies bedeuten, dass ein Fahrzeug aus dem Baujahr 1980 schon in Kürze als Oldtimer bezeichnet werden dürfte. Youngtimer wären demzufolge Autos aus den 1990er-Jahren. »Ich würde nur Fahrzeuge, die bis Ende der 1960er-Jahre produziert wurden, als echte Oldtimer bezeichnen. Youngtimer sind für mich Autos aus den 1980er- und 1990er-Jahren, die heute ab etwa 10.000 Euro erhältlich sind«, sagt Bertl.

Informationen sammeln, Preise recherchieren

Ganz gleich, ob Oldtimer oder Youngtimer: Waren historische Fahrzeuge gestern noch ein Luxusspielzeug für mechanikverliebte Freaks, so interessieren sich heute vermehrt Anleger für die alten Autos. Ihnen ist egal, was unter der Motorhaube steckt, und sie wollen mit dem Fahrzeug nicht angeben. Sie interessieren sich einzig und allein für die Rendite. Dafür gibt es zahlreiche bemerkenswerte Beispiele. Schauen wir uns einen Mercedes 190 SL an. Er erzielte in den vergangenen Jahren jährlich einen durchschnittlichen Wertzuwachs von 5,9 Prozent. Vor Ausbruch der Finanzkrise legten gesuchte Oldtimer in extremen Fällen um bis zu 50 Prozent pro Jahr zu.

Dennoch warnen Experten davor, ohne Erfahrung und nur mit Blick auf möglichst hohe Renditen alte Autos zu kaufen. Der Markt sei sehr schwierig und ein wenig mit der Börse zu vergleichen, heißt es. Diejenigen, die sich am intensivsten damit beschäftigen und frühzeitig Trends erkennen, sind am erfolgreichsten.

Das mag in der Theorie einfach klingen, in der Praxis aber lässt sich diese Empfehlung schwer umsetzen. Wer sich für einen Oldtimer als Kapitalanlage entscheidet, sollte sich daher zunächst gründlich informieren. Fachbücher und Zeitschriften vermitteln erstes Basiswissen, seriöse Preisinformationen lassen sich im Internet abrufen (www.classic-data.de). Beinahe für alle begehrten Old- und Youngtimer-Marken gibt es inzwischen Internetforen, wo sich Einsteiger informieren und gegebenenfalls auch Fragen stellen können. Haben Sie sich für ein bestimmtes Modell entschieden, empfiehlt sich eine Preisrecherche im Internet. Schauen Sie durchaus auch bei ebay vorbei. Sie müssen dort ja nicht unbedingt kaufen, falls Ihnen dieser Weg zu unsicher erscheint, aber mitunter finden Sie auf diesen Seiten durchaus interessante Angebote.

Darüber hinaus sollte man vor dem Kauf auf jeden Fall einen unabhängigen Profi zurate ziehen, empfiehlt der Verband der Automobilindustrie. Nur erfahrene Experten könnten den technischen Zustand des Wagens überprüfen. Oldtimer-Liebhaber Bertl rät Einsteigern, Top-Fahrzeuge nur bei renommierten Händlern oder auf Auktionen zu erstehen. Neben dem österreichischen Dorotheum versteigern unter anderem die deutschen Auktionshäuser Lankes und Henry's sowie das Schweizer Unternehmen Oldtimer Galerie Toffen historische Fahrzeuge. Eine erste Adresse für besonders hochwertige historische Autos ist ferner die bereits erwähnte E. Thiesen KG. In den einschlägigen Fachmagazinen finden Sie zahlreiche private Angebote. In der Regel handelt es sich um Sammler, die sich von einem ihrer Schätze trennen möchten, um ein anderes Objekt ihrer Begierde zu erstehen.

Wichtig: Wer schlecht erhaltene Oldtimer kauft, zahlt zwar einen günstigeren Preis, doch die Folgekosten sind – zumal für Einsteiger – schwer kalkulierbar. Alte Fahrzeuge im Nachhinein restaurieren zu lassen oder gar trotz mangelnder Kenntnisse selbst Hand anzulegen, bringt nur in Ausnahmefällen den erhofften Gewinn. Im Gegensatz dazu kann sich der Käufer bei einem Fahrzeug edler Herkunft fast sicher sein, dass der Wert steigen wird. Besonders gefragt sind Oldtimer mit prominenten Vorbesitzern oder einer Karriere im Rennsport. Der eingangs erwähnte Banker Dietrich Hatlapa etwa fuhr im Herbst 2009 beim englischen Goodwool Revival mit seinem Porsche RS 60 Spyder vor. Dieses Modell war fast 40 Jahre zuvor in Le Mans zum Einsatz gekommen. Hinter dem Steuer hatte damals die Rennfahrer-Legende Carel Godin de Beaufort gesessen.

Ein heikler Punkt bleibt die Ersatzteilbeschaffung. Was tun, wenn bei einem Old- oder Youngtimer das eine oder andere Verschleißteil ausgetauscht werden muss? Auf die Hersteller darf man dann nur in Ausnahmefällen hoffen. »Bei Old- und Youngtimern aus deutscher und englischer Produktion stellt sich die Ersatzteilversorgung relativ gut dar«, weiß Experte Rainer M. Bertl. Freunde historischer Fahrzeuge aus Italien hingegen sollten über eine gute Spürnase verfügen, wenn sie sich Ersatzteile für den geliebten Oldie beschaffen wollen, denn die Italiener haben diesen Markt lange vernachlässigt. Vor allem bei Alfa-Modellen kann es mitunter Probleme geben. Bei Old- und Youngtimern aus französischer Produktion kommt es auf die Marke und das Modell an. »Besser als Italien, aber schlechter als Deutschland«, lautet das Urteil der Experten.

Schließlich sollte man bedenken, dass ein Investment in historische Fahrzeuge einerseits keine laufenden Erträge einbringt. Zugleich entstehen aber regelmäßige Kosten. Wichtig ist, dass der Oldtimer-Investor über eine vernünftige Garage verfügt. Bleibt es nicht bei einem Fahrzeug, entsteht also zusätzlicher Raumbedarf, dann können hierfür nicht unbeträchtliche Kosten anfallen. Gut dran ist also, wer selbst Eigentümer einer ausreichend geschützten Garage oder Scheune ist, sodass keine laufenden Mietkosten entstehen. Wichtig erscheint überdies eine kompetente Werkstatt, die das Fahrzeug regelmäßig pflegt und technisch in Schuss hält. Etwa alle zwei Jahren sollte der Oldie von einem kundigen Mechaniker gewartet werden. Allein auf die eigenen mechanischen Fähigkeiten sollte man nicht vertrauen. »Ich empfehle, dass sich eine gute Werkstatt in regelmäßigen Abständen um das Fahrzeug kümmert. Die hierfür entstehenden Kosten sind meist noch überschaubar. Es gibt teurere Hobbys«, sagt Rainer M. Bertl augenzwinkernd. Über die Club-Szene und ihre Foren im Internet erhalten Sie oft gute Tipps, wo sich die nächstgelegene Werkstatt befindet, der Sie Ihren Oldie guten Gewissens anvertrauen können.

Derart fachmännisch gepflegt, stehen die Chancen recht gut, das historische Fahrzeug in ein paar Jahren mit Gewinn verkaufen zu können. Denn fast alle Experten gehen von weiter steigenden Preisen aus. Allerdings entwickeln die Liebhaber historischer Fahrzeuge im Laufe der Zeit eine so tiefe Zuneigung zu ihren Oldies, dass sie sich nicht von ihnen trennen mögen. Das hält aber immerhin das Angebot knapp und sorgt letztlich für stabile, mittel- bis längerfristig sogar steigende Preise.

Investmentkompass

Wie investieren?

»Schnäppchen« gibt es auf dem Oldtimer-Markt kaum noch. Der Investor sollte entweder im hochpreisigen Segment einsteigen oder aber über ausreichenden Sachverstand und Zeit verfügen, um preisgünstigere Fahrzeuge selbst zu restaurieren. Auf jeden Fall sollte die Ersatzteilversorgung sichergestellt sein. Nicht vergessen werden dürfen die laufenden Kosten für Reparaturen und Wartung sowie die Unterbringung der Oldies.

Perspektiven

Die Nachfrage nach hochwertigen Fahrzeugen ist groß, das Angebot überschaubar. Mittel- bis langfristig ist daher von steigenden Preisen auszugehen. Die durchschnittliche Performance ausgewählter historischer Fahrzeuge liegt seit 1999 jährlich bei 5,7 Prozent. Besonders begehrte Marken wie Porsche und Ferrari legten noch deutlicher zu.

Know-how sichern

Wer in Oldtimer investieren möchte, sollte sich zunächst umfassend informieren. Vor der Kaufentscheidung ist es ratsam, einen Sachverständigen hinzuzuziehen, um später keine bösen Überraschungen zu erleben. Nützliche Preisinformationen gibt es im Internet unter www.classic-data.de.

Palladium – das unbekannte Edelmetall

Ende des Jahres 2009 war die Überraschung perfekt: Nicht die Aktien, nicht das Gold, nicht das Rohöl – nein, das wenig bekannte Edelmetall Palladium war der Top-Performer der zurückliegenden zwölf Monate. Mit diesem Rohstoff hatten die Anleger mitten in der Finanz- und Wirtschaftskrise am meisten Geld verdient. Und in der Tat konnte sich die Wertentwicklung in diesem Jahr sehen lassen: Anfang 2009 hatte der Preis für eine Unze noch bei etwa 190 US-Dollar gelegen. Ein Jahr später musste man dafür über 460 Dollar zahlen.

Ausgerechnet Palladium, mag sich da mancher gedacht haben, der sich noch an die Preiskapriolen dieses Metalls in den Jahren zuvor erinnern konnte. Immerhin gab es Zeiten, da musste man schon 1.000 Dollar für eine Unze Palladium berappen. Angesichts dieses rasanten Preisanstiegs setzte die Automobilindustrie, die zu den stärksten Nachfragern für Palladium zählt, wieder auf Platin zur Produktion von Katalysatoren. Ergebnis: Der Preis für Palladium stürzte bis auf 150 Dollar pro Unze. Als dann Platin ins Visier der Spekulanten rückte, stieg dessen Preis vorübergehend auf 2.250 Dollar, um im Jahr 2008 auf rund 800 Dollar zu fallen. Damals ging die Automobilindustrie den umgekehrten Weg: Sie substituierte Platin durch Palladium.

Als im Frühsommer 2010 der Goldpreis neue Höchststände erreichte, ging es mit Palladium deutlich abwärts. Innerhalb von weniger als vier Wochen sank der Preis pro Unze dieses Metalls um rund 30 Prozent. Die Sorgen um ein verlangsamtes Wirtschaftswachstum in China hatten den Palladium-Preis auf Talfahrt geschickt.

Im Sommer des Jahres 2012 stieg der Preis hingegen wieder kräftig und kletterte in kurzer Zeit auf 684 US-Dollar pro Feinunze. Trotz dieser bemerkenswerten Performance ist Palladium jedoch noch weit von seinem seinerzeitigen Allzeithoch entfernt.

Trotz oder gerade wegen dieser hohen Volatilität wollen wir uns mit diesem Edelmetall etwas genauer beschäftigen. Das im Jahr 1803 von William Hyde Wollaston entdeckte und nach dem Asteroiden Pallas entdeckte Element gehört zu Nickelgruppe. Obwohl es – wie erwähnt – häufig als Alternative zu Platin eingesetzt wird, ist es doch erheblich reaktiver als dieses Edelmetall. Tatsächlich ähnelt Palladium sogar eher Silber. Die Jahresförderung von Palladium macht etwa 10 Prozent der Goldförderung und circa ein Hundertstel der Silberförderung aus. Hauptförderländer sind Russland, Südafrika und Nordamerika.

Ähnlich wie Silber und Platin wird Palladium allgemein als Industrie-Metall angesehen – und seine hohe Konjunkturanfälligkeit unterstreicht diesen Charakter. Wenig bekannt ist, dass dieses Edelmetall auch bei der Schmuckherstellung Verwendung findet – wenngleich eher »versteckt«. Denn wer Weißgold kauft, investiert indirekt in Palladium. Ohne Zugabe dieses Edelmetalls würde nämlich das Gold nicht seine typische gelbe Farbe verlieren. Schmuck aus reinem Palladium ist insbesondere im ostasiatischen Raum gefragt. Vereinzelt findet Palladium sogar für die Herstellung von Uhrengehäusen Verwendung. Die Schweizer Manufaktur H. Moser etwa bringt mit der Mayu eine Armbanduhr aus Palladium auf den Markt. Industriell wird Palladium unter anderem bei der Herstellung von medizinischen Geräten, Feinstfolien, Kontaktwerkstoffen für Relais und in der Nanotechnologie eingesetzt. Zu dem vielbeachteten Kursanstieg in den vergangenen Monaten trug darüber hinaus die Nachfrage durch die neu aufgelegten Exchange Traded Funds (ETFs) auf Palladiumbasis bei. Solche ETFs gibt es natürlich auch für andere Edelmetalle.

Palladiummünzen im Überblick

Investoren, die auf das künftige Potenzial von Palladium setzen und auf den physischen Besitz von Edelmetall Wert legen, haben wie bei Gold, Silber und Platin die Wahl zwischen Münzen und Barren. Palladiummünzen gibt es etwa aus Russland (ältere Exemplare haben noch »UdSSR« eingeprägt) und aus Kanada (Maple Leaf). Beachten sollte der Anleger aber in jedem Fall, dass es sich bei Palladium um einen recht engen Markt handelt. Das heißt, schon geringe Volumina können den Preis massiv nach oben ziehen oder abstürzen lassen.

Doch schauen wir uns das Angebot an Palladiummünzen etwas genauer an. Die australische Prägeanstalt The Perth Mint widmet ihre Palladiummünzen dem Großen Emu, also einem Tier aus der Ordnung der flugunfähigen Laufvögel. Sie ähneln den afrikanischen Straußen, sind mit diesen jedoch nicht verwandt. Da Emus beinahe überall in Australien vorkommen und fast schon ebenso symbolhaft für den fünften Kontinent stehen wie Kängurus, kann es nicht überraschen, dass diese Vögel die Palladiummünzen schmücken und ihr auch den Namen geben: Der »Australische Emu« dürfte eine der bekanntesten Münzen aus diesem Metall sein. Der numerische Wert der Münze mit einem Gewicht von einer Unze beträgt 40 Australische Dollar. Zumindest ebenso bekannt ist der kanadische Maple Leaf in Palladium. Diese Münze wird von der Royal Canadian Mint hergestellt und hat einen numerischen Wert von 50 Kanadischen Dollar. Auch die Cook Islands bieten Palladiummünzen mit einem Gewicht von einer Unze und einem numerischen Wert von 50 Cook-Islands-Dollar an. Hergestellt werden diese Münzen bei Heimerle + Meule im Nordschwarzwald.

Bei Münzhändlern und im Internet sind ferner häufig noch Palladiummünzen aus der früheren Sowjetunion zu finden. Relativ bekannt ist zum Beispiel die »Ballerina-Münze«, auf der eine Balletttänzerin abgebildet ist. Die Palladiummünzen »Standbild Vladimirs« (1988), »Iwan III« (1989) und »Peter der Große« (1990) sind besonders gesucht und bringen – neben dem reinen Materialwert – oft noch einen Sammleraufschlag. Alle Palladiummünzen aus der einstigen Sowjetunion weisen einen numerischen Wert von 25 Rubel auf. Bei Sammlern begehrt ist schließlich der chinesische Palladium-Panda.

Der Nachteil eines Investments in Palladiummünzen oder -barren: Der Anleger muss, wie bei Platin, den vollen Mehrwertsteuersatz von 19 Prozent in Deutschland, 20 Prozent in Österreich und 8 Prozent in der Schweiz zahlen. Allerdings kann man diese Steuern sparen, indem man die Barren oder Münzen in einem Schweizer Zollfreilager verwahren lässt, wofür dann allerdings wiederum Gebühren anfallen (nähere Informationen zu diesem Thema im Kapitel »Platin«).

INVESTMENTKOMPASS

Wie investieren?

Zur Auswahl stehen Barren und Münzen in unterschiedlicher Stückelung. Die gängigsten Barren weisen Gewichte zwischen zehn und 1000 Gramm auf. Palladiummünzen sind relativ schwer zu bekommen. Die meisten wurden zwischen Ende der 1980er- und Mitte der 1990er-Jahre geprägt. Als die Palladiumpreise einige Jahre später explodierten, wurden viele Münzen eingeschmolzen. Sammler interessieren sich vor allem für Münzen aus der ehemaligen Sowjetunion.

Wo kaufen?

Bei Banken und seriösen Edelmetallhändlern. Wer in der Schweiz kauft, spart Mehrwertsteuer, darf die Münzen oder Barren allerdings nicht nach Deutschland einführen, ansonsten muss die deutsche Mehrwertsteuer nachentrichtet werden.

Perspektiven

Im Gegensatz zu Gold ist Palladium kein Krisenmetall. Im Gegenteil, der Preis dieses Edelmetalls steigt insbesondere dann, wenn die (Auto-)Konjunktur auf vollen Touren läuft. Als kleine Beimischung in ein Edelmetall-Portfolio erscheint Palladium sinnvoll. Mit Blick auf eventuelle Sammleraufschläge sollte man in erster Linie Münzen erwerben.

Perlen – Preziosen aus den Ozeanen

Wer »Perlen im Depot« hat, meint üblicherweise Wertpapiere mit einer besonders glänzenden Performance. Liebhaber (und vor allem Liebhaberinnen) der echten Preziosen aus den Ozeanen dürften beim Kauf eines kostbaren Perlencolliers nicht vorrangig an so profane Dinge wie Renditen denken.

Das macht Sinn, denn mit Investments in Schmuck lässt sich nur selten Geld verdienen, dafür sind die Spannen auf den einzelnen Handelsebenen zu hoch, außerdem ist bei kostbarem Schmuck viel kreative Kopf- und Handarbeit im Spiel, die der Käufer honorieren muss. Aber während sich manche vermeintliche »Aktien-Perle« spätestens beim nächsten Crash als Looser erweisen kann, der dem Investor im schlimmsten Fall einen Totalverlust beschert, bleiben kostbare Perlen von hoher Qualität immer wertvoll und weltweit gefragt. Die Beliebtheit dieser »Tränen der Götter«, wie Perlen von Zeitgenossen mit Hang zur Poesie bisweilen genannt werden, ist in den vergangenen Jahren sogar weiter gestiegen. Die Maxime »Zurück zur Natur« machte Perlen für Schmuckdesigner noch interessanter.

Und Produkte der Natur sind Perlen allemal, auch wenn im Fall der Zuchtperlen der Mensch ein klein wenig nachhilft. Perlen entstehen, weil sich eine Auster gegen einen in sie eingedrungenen Fremdkörper wehrt, ihn mit Perlmuttschichten überzieht und auf diese Weise neutralisiert. Solche reinen Naturperlen sind sehr selten und entsprechend teuer. So kam man schon im frühen 20. Jahrhundert auf die Idee, einen Kern – den sogenannten Nukleus – von Menschenhand in eine Auster zu implantieren. Und zwar genau dort, wo die Muschel Perlmutt produzieren kann, mit dem sie den Eindringling umgibt. Auf diese Weise entstehen die heute üblichen Zuchtperlen, die teilweise schon ähnliche Preise erreichen wie hochwertige Edelsteine.

Wer nicht nur in Schönheit, sondern in Werthaltigkeit investieren möchte, sollte sich für weiße und goldene Südseeperlen oder aber für dunkle Tahiti-Perlen entscheiden, die erheblich seltener sind als Süßwasserperlen. »Beim Implantieren der Kerne in die besonders großen Südseeaustern besteht eine Chance von circa 50 Prozent, dass eine Perle entsteht. Dabei erreichen nur zwischen einem und 5 Prozent die höchste Qualitätsstufe AAA«, meint der Perlenexperte Raik Werner. Der Diplom-Ingenieur und Unternehmer nennt die Voraussetzungen für das »Triple A«: »Die Perle muss perfekt rund sein, eine nahezu makellose Oberfläche aufweisen und mit einem ausgezeichneten Glanz überzeugen. Wenn nur eines dieser Merkmale fehlt, kann der Preis um bis zu 80 Prozent fallen« (siehe Investmentkompass). Besondere Bedeutung kommt dem Lüster der Perle zu. Die Auster bilde mehrere Schichten aus Perlmuttsekret, die halb lichtdurchlässig seien, erklärt der Globetrotter und erfahrene Edelstein- und Schmuckexperte Johannes O. Vranek. »Der Lüster ist nicht der Glanz, sondern das geheimnisvolle Leuchten der Perle. In dieser Lichtspiegelung findet man alle pastellfarbigen Töne eines Regenbogens, wenn man eine hochwertige Perle bewusst ansieht.« Dieser faszinierende Effekt lässt sich sogar noch steigern, indem die Perlen getragen werden. »Durch die Körpertemperatur, welche die Perle annimmt, und durch die Feuchtigkeit der Haut entfaltet sich der Lüster besser«, berichtet Jörg Gellner, Chef der gleichnamigen Perlenmanufaktur im baden-württembergischen Wiernsheim.

Natürlich entscheidet die Größe der Perle über ihren Preis, doch gilt die Devise: Qualität geht immer vor Größe. Raik Werner empfiehlt unter Anlageaspekten vor allem Südseeperlen mit einem Mindestdurchmesser von 13 Millimetern. Deutlich kleiner sind in der Regel die Akoya-Zuchtperlen, die meist in Größen zwischen sechs bis acht Millimetern für Perlenketten verwendet werden. Wichtig: Japanische Perlen sind erheblich wertvoller als chinesische.

Die dunklen Südseeperlen (Tahiti-Perlen) stehen – ähnlich wie die weißen und goldenen Varianten – hoch im Kurs. Sie bilden sich in den schwarzlippigen Austern (Pinctada Margaritafera), überwiegend in den Perlenfarmen in Französisch-Polynesien. Ganz in der Nähe befindet sich das Mururoa-Atoll, das zwischen 1966 und 1996 als französisches Atombomben-Testgebiet fragwürdige Bekanntheit erlangte. Heute kommen aus dem benachbarten Tahiti einige der kostbarsten Südseeperlen. Sie werden als »Schwarze Perlen« bezeichnet, obwohl sie ganz unterschiedliche dunkle Farbnuancen aufweisen können. Wirklich schwarze Perlen von hoher Qualität sind selten und entsprechend teuer. Katharina die Große nannte ein Collier aus 30 schwarzen Perlen ihr Eigen, auch die österreichische Krone aus dem 18. Jahrhundert war mit Tahiti-Perlen besetzt.

Für die größten Perlen müssen heute Millionen gezahlt werden. So bringt es die »La Regente« auf ein Gewicht von 337 Grains (1 Grain = 50 Milligramm). Der Verkehrswert dieser Superperle liegt Schätzungen zufolge bei 2,1 Millionen Euro. So viel müssen Perlen-Liebhaber(innen) natürlich nicht ausgeben. »Aber ein Collier mit Südseeperlen von sehr guter Qualität gibt es nicht für 1.000 oder 2.000 Euro«, sagt Raik Werner. »Die meisten hochwertigen Perlen-Colliers aus weißen oder goldenen Südseeperlen kosten zwischen 4.000 und 100.000 Euro – aber nach oben gibt es keine Grenzen.«

Richtig reich mit Perlen wurde übrigens kein Sammler, sondern ein Perlenfarmer. Mithilfe seiner Preziosen schaffte Robert Wan auf Tahiti den beachtlichen Karrieresprung vom Erdnussknacker zum Multimillionär, den sie heute ehrfürchtig den »König der Südsee« nennen.

INVESTMENTKOMPASS

Perlen-Rating

Die Werthaltigkeit beziehungsweise die Aussicht auf Wertsteigerung hängt entscheidend von der Qualitätseinstufung ab. Dabei gelten die folgenden Kriterien:

- AAA
  Höchste Qualität, nahezu fehlerlos, perfekt rund, die Oberfläche hat einen glanzvollen Lüster. Mindestens 98 Prozent der Oberfläche sind frei von Wachstumsmerkmalen.
- AA+
  Zweithöchste Qualität. Kriterien identisch mit AAA, jedoch müssen nur mindestens 90 Prozent der Oberfläche frei von Wachstumsmerkmalen sein.
- AA
  Perle hat einen glanzvollen Lüster und mindestens 85 Prozent der Oberfläche sind frei von Wachstumsmerkmalen, fast rund.
- A
  Perlen mit weniger glanzvollem Lüster und/oder mehr als 25 Prozent der Oberfläche weisen Wachstumsmerkmale auf, unrund.

Platin – Edelmetall mit Understatement-Effekt

Die Wertentwicklung des Goldes stellte das Platin in den letzten Jahren öfter in den Schatten. Verkehrte Welt: Gold war in der Vergangenheit eigentlich immer deutlich teurer als Platin, das als wertvollstes Edelmetall gilt. Doch obwohl Platin für edelste Schmuckkreationen und die teuersten Uhren verwendet wird, ist es dennoch in erster Linie ein Industrie-Edelmetall. Ihm kommen seine extrem korrosionsbeständigen Eigenschaften mit einem sehr hohen Siedepunkt zugute. Sieht man von der Schmuck- und Uhrenbranche einmal ab, wird Platin vor allem für die Herstellung von Fahrzeugkatalysatoren, Laborgeräten, Zahnimplantaten und Kontaktwerkstoffen verwendet. Daher reagiert es auf Konjunkturschwankungen ebenso heftig wie Silber und Palladium.

Trotzdem: Platin steht für die Königsklasse unter den als Kapitalanlage geeigneten Edelmetallen. Das aber war nicht immer so. Im 17. Jahrhundert galt Platin den Goldsuchern in den spanischen Kolonien als unreifes Edelmetall, das man wieder in die Flüsse zurückwarf. Andere hatten den Wert und die Vorteile von Platin schon wesentlich früher entdeckt. Es handelt sich – wie gesagt – um ein korrosionsbeständiges und relativ leicht schmiedbares Schwermetall, das nicht anläuft und sich daher bestens zur Herstellung von edlem Schmuck eignet. Offenkundig wurde Platin schon um 3000 v. Chr. im Alten Ägypten in kleinen Mengen zur Schmuckherstellung verwendet. Jedenfalls entdeckte der britische Forscher Sir William Matthew Flinders Petrie (1853–1942) entsprechende Schmuckstücke.

Bis heute gelten Platinschmuck, aber zum Beispiel auch Uhren aus Platin, als besonders wertvoll. Unabhängig davon, wie sich der Preis für dieses Edelmetall entwickelt, sind Preziosen aus Platin immer teurer als Goldschmuck oder goldene Uhren. Dabei strahlt Platinschmuck ein gewisses Understatement aus, was von vielen Freunden und Freundinnen dieses Schwermetalls geschätzt wird. Es fällt nicht so sehr auf wie Gelb- oder gar Rotgold, ist aber deutlich teurer. Die Trägerin von Platinschmuck oder der Träger einer Platinuhr weiß jedoch sehr genau, welche Schätze er oder sie besitzt. »Zu wissen, es ist Platin«, lautete einmal ein bekannter Werbeslogan für dieses Edelmetall. Im Klartext: Der Connaisseur genießt die Dezenz von Platin, die andere Zeitgenossen zumindest auf den ersten Blick in Unkenntnis lässt, ob es sich nun um Stahl, Silber, Weißgold oder Platin handelt.

Nicht nur in der Schmuck- und Uhrenindustrie gilt Platin als sehr kostbares Material, was sich natürlich nicht zuletzt in den Preisen niederschlägt. Es gehört zu den seltensten und am schwersten zu fördernden Edelmetallen. Um eine Unze Platin zu erhalten, müssen nicht weniger als zehn Tonnen Erz gebrochen werden. Industriell spielt Platin vor allem in der Autoindustrie sowie bei der Krebsforschung eine wichtige Rolle. Aber auch für die Herstellung von Fahrzeugkatalysatoren, Laborgeräten, Zahnimplantaten und Kontaktwerkstoffen braucht man Platin. Nicht zuletzt werden die Turbinenleitschaufeln in Flugzeugtriebwerken mit Platin beschichtet.

Es ist also von einer stabilen Nachfrage nach Platin auszugehen. Aufgrund seiner besonderen Eigenschaften ist dieses Schwermetall in vielen Bereichen (Ausnahme: Katalysatorenherstellung) nicht substituierbar. Dennoch ist der Preis für dieses Edelmetall stark schwankungsanfällig. Zwischen Anfang 2009 und Januar 2010 stieg der Preis pro Unze Platin von 919 auf über 1.600 Dollar. Auf den ersten Blick eine überzeugende Performance. Doch sollte nicht verschwiegen werden, dass der Preis Mitte 2008 schon einmal um 2.200 Dollar geschwankt hatte, bevor er deutlich abstürzte. Auch in den 1990er-Jahren schien Platin aus Anlegersicht ein großer Langweiler zu sein. Damals verharrte der Unzen-Preis für dieses sehr harte Edelmetall konstant unter 500 Dollar. Im Jahr 2012 – auf dem Höhepunkt der Euro-Krise – überzeugte Platin vor allem im Herbst mit einer glänzenden Performance, doch blieb der Preis trotzdem deutlich unter seinem Allzeithoch.

Platinbarren und -münzen im Überblick

Platinmünzen und -barren sind teuer. Dennoch werden gerade Münzen von Anlegern und Sammlern gleichermaßen geschätzt – und das im Übrigen schon seit dem 19. Jahrhundert. Jedenfalls wurden in Russland zwischen 1828 und 1846 die ersten Geldmünzen aus Platin geprägt. Der sogenannte »Platinrubel« bestand aus etwa 10,3 Gramm Platin im Wert von drei Rubeln. Später kamen Münzen mit dem doppelten und vierfachen Wert und den entsprechenden Platingewichten hinzu.

Aufgrund des hohen Preises dieses Edelmetalls kann man – wie bei Gold – Platinmünzen von sehr geringem Gewicht erstehen, die dann eben nur ein paar Hundert Euro kosten. Die breiteste Palette an unterschiedlichen Größen bieten die Australier mit ihren »Koala«-Platinmünzen. Diese sind bereits ab 1/20-Unze erhältlich, das entspricht etwa 1,55 Gramm. Die zweitkleinste Münze weist ein Gewicht von 1/10-Unze auf, also rund 3,1 Gramm. Es folgen 1/4-Unze, 1/2-Unze, eine Unze, zwei Unzen bis hin zur 1-Kilogramm-»Koala«-Münze, für die der Anleger dann allerdings schon einen Betrag im mittleren fünfstelligen Bereich investieren muss.

Bereits ab einer 1/10-Unze gibt es die Maple-Leaf-Platinmünze aus Kanada. Die Stückelung reicht bis zur 1-Unze-Münze. In verschiedenen Größen erhältlich ist auch die »Noble«-Münze von der Insel Man mit dem charakteristischen Wikingerschiff. Als relativ selten gilt der chinesische »Platin-Panda«. Er wurde im Jahr 1982 von der Staatsbank der Volksrepublik erstmals herausgegeben. Ebenso wie der Gold-Panda zeigt der Platin-Panda auf der einen Seite einen Tempel und auf der anderen Seite ein jährlich wechselndes Motiv mit einem chinesischen Panda. Vom »American Eagle« sind ebenfalls Platin-Versionen erhältlich. Ob man nun in Münzen oder Barren investiert, bleibt der persönlichen Vorliebe überlassen. In beiden Fällen muss man den in Deutschland geltenden Mehrwertsteuersatz von 19 Prozent zahlen. In Österreich werden 20 Prozent, in der Schweiz nur 8 Prozent fällig.

Der Haken dabei: Als steuerehrlicher Bürger muss man seine Barren oder Münzen dann in einem Schweizer Schließfach deponieren. Falls die Schätze legal nach Deutschland eingeführt werden, muss die deutsche Umsatzsteuer nachentrichtet werden.

Inzwischen bieten aber viele größere Edelmetallhändler eine Alternative an: Sie ermöglichen es ihren Kunden, Platin, Palladium und Silber mehrwertsteuerfrei in der Schweiz zu kaufen und ganz legal in einem Schweizer Zollfreilager aufbewahren zu lassen. Der Eigentümer ist dann allerdings nicht im physischen Besitz seiner Edelmetalle, denn die lagern ja in der Schweiz. Außerdem fallen zusätzliche Kosten an.

Bleibt am Ende die Frage, ob Platin wirklich als Alternative zum Gold taugt. Wie erwähnt, waren die Preise in den vergangenen Jahren von einer hohen Volatilität geprägt. Droht eine globale Rezession, dürften die Preise weiter kräftig sinken. Dann freilich kann sich der Kauf von einigen Barren oder Münzen erst recht lohnen, denn längerfristig ist angesichts der industriellen Nachfrage wieder mit anziehenden Preisen zu rechnen. Bekanntlich ist jede Rezession irgendwann zu Ende und mündet in einen neuen Aufschwung. Platin eignet sich für den Privatanleger als Beimischung, als echte Alternative zum Gold sollte es indessen nicht angesehen werden.

INVESTMENTKOMPASS

Wie investieren?

Wer den physischen Besitz von Platin vorzieht, kann sich für Barren oder Münzen entscheiden. Für den Privatanleger sind Barren in der Stückelung von 10 Gramm bis 1.000 Gramm erhältlich. Aus Sammlersicht sind hingegen eher Platinmünzen interessant. Nachteil: Beim Kauf sind in Deutschland 19 Prozent Mehrwertsteuer fällig, in Österreich 20 Prozent und in der Schweiz 8 Prozent.

Wo kaufen?

Barren und Münzen aus Platin sind in der Regel überall dort erhältlich, wo es auch Gold und Silber gibt, also bei Banken sowie seriösen Edelmetallhändlern.

Perspektiven

Der Platinpreis hat nach Ansicht von Analysten noch Potenzial, wenngleich unter deutlichen Schwankungen. Da rund 38 Prozent des geförderten Platins für Abgaskatalysatoren benötigt werden, ist der Preis in starkem Maße von der Entwicklung der Automobilindustrie abhängig.

Auf der anderen Seite haben kaufkraftstarke Chinesen offenbar ihr Interesse an Platinschmuck und -uhren entdeckt. Dieser steigenden Nachfrage steht ein unsicheres Angebot gegenüber. Experten bezweifeln etwa, dass Südafrika als weltweit größter Platinhersteller sein aktuelles Produktionsniveau halten kann. Die zunehmenden Streiks in den Minen sorgten schon in jüngster Vergangenheit für Preissprünge.

Portweine – Performance nur mit viel Geduld

Es ist vielleicht nicht das charmanteste Statement aus dem umfangreichen Zitatenschatz großer Ökonomen, aber es lässt zumindest ein gesundes Maß an Pragmatismus erkennen: »Langfristig sind wir alle tot«, schrieb der Wirtschaftswissenschaftler John Maynard Keynes einst seinen stets auf lange Sicht planenden Zeitgenossen ins Stammbuch. Tatsächlich braucht, wer in Sachwerte ohne laufende Rendite investiert, in der Regel einen langen Atem, bevor er sich über Wertzuwächse freuen kann. Trotzdem sollte dem Anleger ausreichend Zeit bleiben, um die Früchte seines Investments standesgemäß zu genießen.

Bei Jahrgangsportweinen (Vintage Ports) kann das mitunter schwierig werden. Denn die Spezialität aus Europas Südwesten wird erst nach mehreren Jahrzehnten Lagerzeit interessant – für Anleger ebenso wie für Weinfreunde. »Erst bei älteren Jahrgängen kommt der richtige Trinkspaß durch die enorme Komplexität und Reife dieser Weine voll zum Tragen«, meint Michael Unger, Gesellschafter des Weinauktionshauses Koppe und Partner sowie – gemeinsam mit Bruder Wulf – Chef eines Weinhandels im bayerischen Frasdorf. Wertsteigerungen sind daher nur bei wirklich alten Vintage Ports aus großen Jahrgängen zu erwarten (siehe Investmentkompass). »Grundsätzlich entwickeln sich die Preise für Portweine extrem träge«, sagt Michael Unger. Es handele sich um einen klaren Käufermarkt, was nichts anderes bedeutet, als dass die Preise günstig und die Angebote groß sind. Wer eine Analogie zur Börse sucht, wird sie schnell finden: Wenn Bordeaux-Weine die Standardwerte sind, dann gleichen Vintage Ports eher preisgünstigen Nebenwerten mit spekulativem Potenzial.

Dass man mit gesuchten Bordeaux-Weinen und großen Burgunder-Jahrgängen Geld verdienen kann, hat sich sogar bei weniger vinophil ausgerichteten Anlegern herumgesprochen. Aber die Weine aus den traditionsreichen Port-Betrieben, von denen die meisten in den verwinkelten Gassen von Vila Nova de Gaia unweit der portugiesischen Stadt Porto zu finden sind – gelten eher als »Kaminfeuer-Drink« und nicht unbedingt als Investment. Das jedoch sei eine typisch zentraleuropäische Sichtweise, stellt Stefan Sedlmeyr vom Auktionshaus Munich Wine Company fest. »Vintage Ports spielen in unserem Auktionsgeschäft zwar keine große Rolle. In Großbritannien sieht das aber schon wieder anders aus.« Dort richteten Sotheby's und Christie's hin und wieder spezielle Port-Auktionen aus – vor allem im Herbst und Winter.

Sogar im Londoner Liv-ex 500, dem im Vergleich mit dem Liv-ex 100 marktbreiteren Preisindex für Top-Weine, sind Vintage Ports gelistet, wenngleich die Gewichtung mit 0,8 Prozent sehr gering ausfällt. Berücksichtigt werden Ports aus den Spitzenhäusern Taylor und Fonseca.

Die zahlreichen Fachbegriffe, die auf den Flaschen-Etiketten zu finden sind, verwirren den Einsteiger in die Welt des Ports zunächst: Ruby, Tawny, Colheita oder das ein wenig kryptisch anmutende Kürzel L.B.V. Der junge Ruby-Port ist ein preiswertes Produkt und für den baldigen Konsum bestimmt. Tawnys lagern länger und werden nach ein paar Jahren in kleinere Fässer umgefüllt. Durch den Kontakt mit der Luft oxidieren sie mehr und altern schneller. Daher rührt ihre im Vergleich mit den Rubys hellere Farbe. Bei einem Colheita handelt es sich um einen Portwein, der aus verschiedenen Trauben eines Jahrgangs besteht. Er wird nach mindestens sieben Jahren Lagerung im Fass in Flaschen abgefüllt. Auf dem Etikett eines Colheitas ist daher immer das Erntejahr vermerkt. Die Abkürzung L.B.V. steht für Late Bottled Vintage Port. Er darf nur aus Trauben eines Jahrgangs hergestellt werden und lagert zwischen vier und sechs Jahre im Fass, bevor er in Flaschen abgefüllt wird.

Auch ein Vintage Port beginnt zunächst als Ruby. Deuten Tests aber darauf hin, dass es sich um einen wirklich großen Jahrgang handelt, wird der Wein auf Flaschen gezogen. Denn diese Spitzen-Ports weisen gegenüber den preiswerteren Weinen einen wichtigen Unterschied auf: Sie reifen in Flaschen und nicht in Fässern oder Tanks. Mindestens zehn Jahre sollten Vintage Ports lagern. Die kostbaren Jahrgangsportweine sind freilich wesentlich älter. Manche »überleben« sogar ihre stolzen Besitzer. »Vintage Port entwickelt sich sehr langsam. Es macht also Sinn, ältere Jahrgänge vorzuziehen. Die findet man am Markt relativ gut«, sagt Michael Unger. Er empfiehlt keine jüngeren Vintage Ports als aus dem Jahr 1977.

Portwein-Experte Axel Probst von »World of Port« teilt diese Meinung. Unter Investment-Aspekten seien Vintage Ports ab den 1970er-Jahren und älter interessant. Wer nicht nur Geld, sondern auch noch viel Zeit investieren möchte, kann sich aber durchaus für einen jüngeren Vintage Port entscheiden. Der Jahrgang 2000 zum Beispiel gilt in Kennerkreisen ebenfalls als exzellent. Manche Vintage Ports jedoch sind 100 Jahre und älter. Dass sie so lange gelagert werden können, hängt mit der typischen Produktionsmethode zusammen. Der junge Portwein wird durch den Zusatz von Branntwein »aufgespritet«, was die Umwandlung von Zucker in Alkohol stoppt. Während der anschließenden Fasslagerung sollen sich Wein und Branntwein »versöhnen«, also eine harmonische Einheit bilden. Ports weisen dadurch einen hohen Alkoholgehalt auf, was sie lange lagerfähig macht.

Verglichen mit Bordeaux-Weinen sind selbst alte Vintage Ports aus großen Jahrgängen derzeit noch günstig zu haben. »Die Preise für Top-Portweine bewegen sich fast alle im dreistelligen Bereich. Vierstellige Preise pro Flasche sind sehr selten«, sagt Axel Probst. Ein Port aus den 1970er-Jahren und aus gutem Hause sei zu Preisen zwischen 100 und 130 Euro zu haben. Für einen Vintage Port von Taylor aus dem Jahr 1963 sollte man schon knapp 400 Euro rechnen, ein Graham Vintage Port aus dem Jahr 1955 dürfte über 600 Euro kosten.

Zumindest ebenso wichtig wie günstige Einstiegspreise erscheint das Wertsteigerungspotenzial. Und in dieser Hinsicht gehen die Meinungen der Experten auseinander. »Prognosen für zukünftige Preisentwicklungen zu geben, wäre Kaffeesatzleserei. Nur wenn wirklich potente Märkte wie Asien und Nordamerika eine Trendwende einleiten, würde dies zu einem signifikanten Anspringen des Portwein-Marktes führen«, sagt Michael Unger. »Auf Sicht« sehe er aber leider keine Veränderung. Axel Probst gibt sich da etwas optimistischer. Er glaubt, dass der stark ausgeprägte Luxus-Trend in den asiatischen Staaten früher oder später alte Vintage Ports erfassen werde. Und wenn nicht, bleibt immer noch die emotionale Rendite des Genusses eines alten Ports. Ob mit oder ohne Kaminfeuer.

Investmentkompass

Erste Adressen

»Alte Vintage Ports aus Top-Häusern kaufen – dann kann praktisch nichts schiefgehen«, empfiehlt Weinexperte Michael Unger. Zu den ersten Adressen zählt er zum Beispiel Taylor, Croft, Warre, Fonseca, Dow, Quinta do Noval, Graham und Niepoort.

Große Jahrgänge

Interessant erscheinen mir 1985 und der wenig beachtete Jahrgang 1980. Spitzenjahre für Vintage Ports sind ferner unter anderem 1977, 1970, 1966, 1955, 1945 und 1935.

Infos von der Quelle

Portwein-Institut (Instituto do Vinho do Porto), www.ivdp.pt

Porzellan – wirklich das »weisse Gold«?

Jede Krise kennt auch ihre Gewinner. Auf dem Höhepunkt der Euro-Turbulenzen, als allenthalben über eine mögliche Währungsreform diskutiert wurde und sogar eine in Finanzkreisen sehr angesehene Zeitung der Deutschen Bundesbank augenzwinkernd empfahl, schon mal neue D-Mark-Scheine drucken zu lassen, als Sparer und Anleger keiner Empfehlung ihrer Banker mehr so recht glauben wollten – in dieser dramatischen Situation also wurde andernorts richtig Geld verdient. Die Porzellanmanufaktur Meissen verzeichnete zu ihrem 300-jährigen Jubiläum beträchtliche Umsatzsprünge. Allein in den ersten fünf Monaten des Jahres 2010 lag das Plus bei rund 30 Prozent. Und gefragt war alles, was rar und teuer ist. Die Kaminuhr »Chronos 300«, die in einer Limitierungshöhe von zehn Stück vorgestellt worden war, begeisterte Porzellanliebhaber und Anleger trotz ihres stolzen Preises von 100.000 Euro gleichermaßen. Innerhalb kürzester Zeit war diese edle Uhr ausverkauft. Für das letzte noch verfügbare Exemplar zahlte ein Käufer bereits 130.000 Euro. Es bedarf nicht allzu viel Fantasie, um sich auszumalen, was heute für eine solche Kaminuhr gezahlt würde. Renditen zwischen 30 und 100 Prozent in wenigen Monaten erscheinen durchaus realistisch.

Traumhafte Renditen mit »weißem Gold«? Laurenz Lenffer, Inhaber des gleichnamigen Hamburger Porzellanhauses, empfiehlt eine differenzierte Betrachtungsweise: Zunächst sei Porzellan als Tischkultur ein Lifestyleprodukt. Manufakturgeschirre, die handwerklich einzigartig seien und deren Herstellungstechnik nur noch von wenigen Personen beherrscht werde, eigneten sich aber sehr wohl als alternative Form der Kapitalanlage. Ursula Rohringer, Porzellan- und Glasexpertin des Wiener Auktionshauses Dorotheum, nennt die Voraussetzungen, unter denen das »weiße Gold« als

Geldanlage infrage kommt: »Das Porzellan muss sich durch Authentizität auszeichnen. Das heißt, erst später bemalte oder gar gefälschte Objekte eignen sich natürlich nicht. Außerdem muss das Porzellan von hoher Qualität und in einem 1a-Zustand sein«. Vor allem aber: Der Investor sollte sich selbst gut auskennen. Einfach Aktien zu verkaufen und die Erträge in Porzellan umzuschichten, ohne über das nötige Hintergrundwissen zu verfügen, wäre äußerst riskant. »Zunächst erscheint es wichtig, dass sich der Anleger selbst für Porzellan wirklich interessiert und bereit ist, sein Wissen zu erweitern«, rät denn auch Ursula Rohringer.

Sind alle diese Voraussetzungen erfüllt, stehen die Aussichten auf gute Renditen nicht schlecht. Vor allem limitierte Stücke aus der Manufaktur Meissen haben gute Chancen, mittel- bis längerfristig im Wert deutlich zuzulegen. »Bei Meissner Porzellan sind Wertsteigerungen von bis zum 20-Fachen des Ursprungspreises fast normal«, stellt der österreichische Sammler und Porzellanexperte Otto Schober fest. Und eine im Oktober 2008 veröffentlichte Studie aus *ChefInfo-Finanzen-Spezial* belegt: Das begehrte Porzellan mit den gekreuzten Schwertern als weltbekanntes Logo verzeichnete in der Vergangenheit eine durchschnittliche Wertsteigerung von über 13 Prozent pro Jahr. Damit stellt es sogar die beliebten Sachwerte Gold und Immobilien in den Schatten.

Auktionsrekorde bei Christie's

Beachtliche Preise wurden auch auf der Porzellanauktion »Weißes Gold« von Christie's im Frühjahr 2010 erreicht – also zu Beginn der Euro-Krise. Vor allem Porzellan aus den Manufakturen Meissen und Sèvres war gefragt und erzielte höchste Ergebnisse. Eine blauweiße Chinoiserie-Balustervase mit Augustus-Rex-Marke etwa wechselte für umgerechnet über 145.000 Euro ihren Besitzer. Eine Teekanne aus Böttger-Steinzeug war von den Christie's-Experten ursprünglich auf maximal 7.200 Euro taxiert worden. Tatsächlich fiel der Hammer des Auktionators erst bei fast 71.000 Euro.

Und eine lapislazuliblaue Urnenvase aus Sèvres-Porzellan, die 1991 noch 122.000 US-Dollar gekostet hatte, wurde nun für umgerechnet 290.000 Euro versteigert.

Als kostbare Sammelobjekte sind prunkvolle Service, filigrane Figuren und feine Gefäße aus den international anerkannten Manufakturen begehrter als Antiquitäten und Briefmarken. Und nach Lage der Dinge ist wohl nicht davon auszugehen, dass die Nachfrage nach dem »weißen Gold« irgendwann abflauen könnte. Im Gegenteil, vor allem aus dem ostasiatischen Raum und aus Russland ist eine seit Jahren zunehmende und von der Wirtschaftskrise kaum nennenswert beeinträchtigte Nachfrage festzustellen.

Die Reichen, Schönen und Mächtigen hat edles Porzellan schon immer fasziniert. Unter dem Protektorat des sächsischen Kurfürsten und Königs zu Polen August des Starken wurde die heutige Manufaktur Meissen 1710 auf der Albrechtsburg in Meißen bei Dresden gegründet. Friedrich der Große wiederum war so stolz auf seine Königliche Porzellan-Manufaktur (KPM), dass er ihr 1763 ein Markenzeichen besonderer Art verlieh: Seither schmückt das königsblaue Zepter das kostbare Porzellan aus Berlin. Die Manufaktur Fürstenberg wurde 1747 im Auftrag von Herzog Carl I. von Braunschweig gegründet. Elf Jahre später ließ der für seine Prunksucht bekannte Herzog Carl Eugen von Württemberg per Dekret die »Herzoglich-ächte Porcelaine-Fabrique« in Ludwigsburg bei Stuttgart aus der Taufe heben.

Keine Frage, das »weiße Gold« hatte es den Herrschenden angetan. Obwohl die Grundstoffe eher profan anmuten. Im Wesentlichen besteht Porzellan aus drei Bestandteilen: Kaolin, Feldspat und Quarz. Wie man aus diesen Ingredienzien allerdings weißes Porzellan herstellen konnte, war in Europa lange Zeit unbekannt. So blieb den Kaiser- und Fürstenhäusern nichts weiter übrig, als ihr Tafelgeschirr für viel Geld im fernen China oder Japan zu ordern. Immer wieder versuchten ernstzunehmende Alchimisten und auch manche unseriösen Gaukler, das Geheimnis der Porzellanherstellung zu lüften und fortan das begehrte »weiße Gold« in Europa herzustellen. Doch alle Versuche scheiterten. Erst dem jungen Apotheker Johann Friedrich Böttger sollte der Durchbruch gelingen. Kurioserweise war dieser Erfolg eigentlich einem Zufall geschuldet. Mehr noch: Dieser Zufall rettete Böttger vermutlich sogar das Leben. Der Überlieferung zufolge hatte er nämlich seinen Mund sehr voll genommen und August dem Starken erzählt, er könne aus unedlen Materialien pures Gold herstellen. Das ließ den Kurfürsten von Sachsen und späteren König von Polen aufhorchen. Der für seine höfische Prachtentfaltung berühmt-berüchtigte absolutistische Herrscher mit seiner ausgeprägten Sammelleidenschaft gab Johann Friedrich Böttger den Auftrag, Gold herzustellen. Sollte ihm das nicht gelingen, drohte ihm August der Starke mit dem Galgen. Natürlich schaffte es der Apotheker nicht, unedle Stoffe in Gold zu verwandeln. Dafür kam er hinter das Geheimnis der Porzellanherstellung. August der Starke war begeistert, als ihm Böttger im Jahr 1708 das erste in Sachsen hergestellte Porzellan überreichte. Zwei Jahre später wurde die Vorgängerin der heutigen Porzellanmanufaktur Meissen gegründet. Das zur Herstellung des »weißen Goldes« benötigte Kaolin wird bis heute in einem kleinen Bergwerk in Seilitz unweit der Stadt Meißen abgebaut.

Das Know-how zur Herstellung von edlem Porzellan war bares Geld wert, weshalb man es wie ein Geheimnis hütete. Nur wenige Experten beherrschten diese Kunst. Man nannte sie Arkanisten – und sie fristeten ein wenig erstrebenswertes Dasein. Damit sie ihr kostbares Geheimnis nicht ausplauderten, wurden sie fast wie Gefangene behandelt. Einem jedoch gelang die Flucht aus Meißen: Der Arkanist Samuel Stöltzel setzte sich nach Wien ab. Im Gepäck hatte er die geheimnisvollen Rezepturen zur Herstellung des »weißen Goldes«. Mitten in der österreichischen Hauptstadt gründete er eine Porzellanmanufaktur, die alsbald zum Hoflieferanten der Habsburger avancierte.

In Meißen war man entsetzt über diesen »Verrat« und fürchtete, schon bald könnte in großem Umfang minderwertiges und billiges Porzellan auf den Markt kommen. Um die Authentizität des Meißner Porzellans sicherzustellen, führte man im Jahr 1722 ein Sicherheitsmerkmal ein: In die Unterseite der Produkte wurden zwei gekreuzte Schwerter eingebrannt und mithilfe einer blauen Unterglasurfarbe fälschungssicher gemacht. Das Logo nahm Bezug auf das Monogramm des Kurfürsten. Heute ist dieses Markenzeichen weltweit bekannt und steht für Produkte aus der Manufaktur Meissen.

Investmentkompass

Provenienz

Nur Porzellan, das von den ersten Adressen unter den Manufakturen stammt, eignet sich als Kapitalanlage. Und daran mangelte es in Deutschland und den Nachbarstaaten noch nie. Hier die renommiertesten Manufakturen:

- Manufaktur Meissen
- Manufaktur Nymphenburg
- Manufaktur Ludwigsburg
- Manufaktur Fürstenberg
- Königliche Porzellan-Manufaktur (KPM)
- Höchster Porzellan-Manufaktur
- Porzellanmanufaktur Herend
- Manufacture royale de porcelaine de Sèveres

Erhaltungszustand

Um gute Preise zu erzielen, muss das Porzellan von hoher Qualität und in einem 1a-Zustand sein. Unter Investment-Aspekten erscheint in erster Linie Porzellan der Manufaktur Meissen empfehlenswert.

Rum – das Gold aus der Karibik

Während Connaisseurs und Investoren in der Vergangenheit fasziniert die Preissteigerungen bei Whiskys, Cognacs und Bordeaux-Weinen verfolgten, holte eine andere Spirituose mächtig auf, die für viele kaum mehr ist als »Omas Backzutat«. Tatsächlich kann man mit Premium-Rum Geld verdienen. So war es denn für Insider keine Überraschung, als vor wenigen Jahren eine Flasche Rum aus dem Jahr 1940 plötzlich für sage und schreibe 40.000 Euro gehandelt wurde. Der Rum stammte aus dem renommierten Haus Wray and Nephew auf Jamaica. Der Jahrgang 1940 sagt nur aus, dass der Rum zu dieser Zeit auf Flasche gezogen wurde. Der älteste Rum, der für diesen Verschnitt gewählt wurde, war damals 25 Jahre alt und stammt somit aus dem Jahr 1915.

Eine Flasche Rum zum Preis eines Autos der gehobenen Mittelklasse mag die große Ausnahme sein, doch hat nicht zuletzt die steigende Nachfrage aus Russland, China und Indien dafür gesorgt, dass Edel-Rum in den vergangenen Jahren beträchtlich teurer wurde. Bei gefragten Jahrgängen konnten die Preissteigerungen schon mal 300 bis 500 Prozent ausmachen.

»In Deutschland ist die Zahl jener Kenner, die Rum pur genießen, vergleichsweise gering, wenngleich auch steigend«, erklärt Jürgen Dietrich, der als Rum-Experte seine Passion zum Beruf machte und mit seiner Frau Petra ein Rum-Handelshaus in Köln betreibt. Mittlerweile zählt alter Rum aus der Karibik nicht nur zur Spitzenliga der Spirituosen, sein hoher Prestigewert macht ihn darüber hinaus zu einer im wahrsten Sinne »liquiden« Form der Kapitalanlage – und somit zu einer interessanten Alternative zu Whisky, auf den wir in einem eigenen Kapitel ebenfalls ausführlich eingehen.

Rum für mehr als 1.000 Euro pro Flasche

Der Rum »La Mauny 1979« kostet heute ungefähr fünf Mal so viel wie vor zehn Jahren, weiß Jürgen Dietrich. Der »Trois Rivières 1953« habe im selben Zeitraum um fast das Sechsfache zugelegt. Wer sich diesen Rum aus dem französischen Überseedépartement Martinique gönnen möchte, muss schon deutlich mehr als 1.000 Euro investieren.

Die Preissprünge sind letztlich die logische Konsequenz aus einer steigenden Nachfrage und einem sinkenden Angebot an gesuchten Jahrgängen. Vor allem Kenner oder auf Prestige bedachte Aufsteiger in den Schwellenländern setzten auf hochwertigen Rum. »Die Finanzkrise war in dieser Branche kaum zu spüren«, freut sich Jürgen Dietrich. Gleichzeitig sinkt das Angebot, denn die begehrten Jahrgänge sind irgendwann einmal ausgetrunken oder fest in der Hand von Sammlern. Dass edle Rums mit langer Lagerzeit generell etwas teurer sind, ist ihrer Herkunft geschuldet. In der Karibik, wo der qualitativ beste Rum gebrannt wird, sind die Durchschnittstemperaturen eben deutlich höher als etwa in Schottland. Und so verdunstet während der Lagerzeit Rum schneller als Whisky. Der »Anteil der Engel«, wie dieser natürliche Schwund ein wenig poetisch bezeichnet wird, kann jährlich durchaus 10 Prozent betragen. Diese Menge muss nachgefüllt werden, was sich im Preis bemerkbar macht.

Wer nicht nur seine Hausbar mit ein paar renommierten Rum-Sorten schmücken, sondern auch hochprozentig investieren möchte, sollte sich vor allem auf ältere Jahrgänge aus Martinique und Guadeloupe konzentrieren. In den französischen Départements in Übersee wird Rum aus frischem Zuckerrohrsaft hergestellt. Das ist eher die Ausnahme, denn üblicherweise erfolgt die Destillation aus einer sirupähnlichen Melasse.

Bei Kennern sehr gefragt ist ferner der sehr feine und weiche Alfred Lamb's Special Reserve 1949 aus Jamaica und natürlich der fast schon legendäre kubanische Havana Club Máximo. Für eine Flasche dieser Rum-Raritäten sollte man allerdings mit Preisen im unteren vierstelligen Bereich rechnen.

Dabei musste man in den vergangenen Jahren nicht einmal in teuren Jahrgangsrum investieren, um eine ansehnliche Rendite einzustreichen. Mitunter reichte es aus, eine Flasche für umgerechnet 20 Euro zu erstehen. So etwa im Fall des Bacardi Facundo – ein ordentlicher Rum, ohne Frage, aber sicher noch kein karibisches Highlight. Seit 1999 wird dieser Rum allerdings nicht mehr hergestellt. Unversehens stieg er zur Rarität auf und wird heute in Internet-Auktionshäusern für das Vier- bis Fünffache seines damaligen Preises gehandelt. Der Name Facundo erinnert übrigens an den Gründer der Destillerie Bacardi.

Rum-Raritäten mit Wertsteigerungspotenzial

Man bezeichnet Rum auch als »flüssiges Gold aus der Karibik«. Doch welche Rum-Raritäten werden dieser Bezeichnung wirklich gerecht? Anders gefragt: Welche Rums sind investmenttauglich? Wer auf eine mittelfristige Wertsteigerung spekuliert, sollte sich für ältere Jahrgänge entscheiden – ab 1980 oder älter. Ausgezeichnete Rums im Alter von 25 Jahren bekommt man in der Regel noch für unter 100 Euro pro Flasche. Dann bestehen gute Chancen, in etwa 10 bis 15 Jahren diese Bouteillen mit Gewinn verkaufen zu können. Anleger, die jedoch auf absolute Topwerte setzen möchten, müssen mit einer deutlich höheren Investition rechnen. Die alten Rums aus guten Brennereien kosten schon mal um 1.000 Euro und mehr.

Die Haltedauer stellt kein Problem dar. Wie alle Spirituosen mit hohem Alkoholgehalt kann man Rum ohne Qualitätseinbuße sogar über Jahrzehnte hinweg lagern. Er eignet sich deshalb – ebenso wie Whisky, Cognac oder Portwein – als Spekulationsobjekt. Rum stellt dabei keine großen Anforderungen, immerhin lagert er in der Karibik in der Regel in Hallen mit Temperaturen zwischen 30 und 40 Grad Celsius. Trotzdem sollte man Rums immer dunkel und kühl aufbewahren. In Nachbarschaft mit Weinen fühlt sich der Zuckerrohrschnaps am wohlsten. Anders als Wein sollte Rum aber grundsätzlich stehend gelagert werden.

Rum oder Rhum? Der kleine, aber feine Unterschied

Ohne Zuckerrohr, kein Rum. Das wissen selbst jene Zeitgenossen, die sich allenfalls peripher mit dieser Spirituose beschäftigen. Die meisten Rums werden aus der sirupähnlichen Melasse destilliert. Doch keine Regel ohne Ausnahme. Auf den französischen Antillen brennen die Destillateure den sogenannten Rhum agricole – und der unterscheidet sich nicht nur durch das so fremde »h« im Wort Rhum. Vielmehr wird diese Spirituose aus frischem Zuckerrohrsaft hergestellt. Auch andere Destillerien außerhalb der französischen Antillen bedienen sich dieses Verfahrens, so zum Beispiel auf Guatemala.

Investmentkompass

Welche Rums eignen sich zur Geldanlage?

Infrage kommen vor allem folgende Spitzenprodukte:

- Jahrgangsrum Clément Très Vieux Millésime 1952
- Alfred Lamb's Special Reserve 1949
- Havana Club Maximo
- Appleton 250th Anniversary
- Brugal Unico (Rumlikör)

Begehrte Provenienzen

In erster Linie die franzöischen Überseedépartements Guadeloupe und Martinique. Außerdem die Dominikanische Republik, Barbados, Jamaica, Kuba, Puerto Rico, Saint Lucia und Trinidad.

Alter der Investment-Rums

Interessant sind Jahrgänge ab 1980 und älter.

Perspektive

Edel-Rums sind im Kommen, mittlerweile sogar im deutschsprachigen Raum. Die hohe Nachfrage aus China, Russland und Indien dürfte die Preise weiter steigen lassen, zumal von den Top-Produkten nicht mehr allzu viele Flaschen erhältlich sind.

Schmuck – Nur Edles und Seltenes zählt

Wer in Schmuck investiert, muss mit Überraschungen leben. Manchmal mit höchst angenehmen, bisweilen aber auch mit enttäuschenden. Ende des Jahres 2009 – also mitten in der Finanzkrise – wechselte ein Rubin-Collier der schottischen Herzogin von Roxburgh für fast vier Millionen Euro den Besitzer. Für diese Preziose aus der Belle Epoque wurde somit das Fünffache des Schätzpreises gezahlt. Ein Jahr später versteigerte das Auktionshaus Sotheby's in London ein Armband von Cartier, das mit Onyx und Diamanten einen Panther darstellte. Es gehörte einst der Herzogin von Windsor. Der geschätzte Marktwert lag zwischen 1 und 1,5 Millionen Pfund, also 1,27 bis 1,9 Millionen Euro. Doch der Zuschlag erfolgte erst bei spektakulären 4.521.250 Pfund (circa 5,76 Millionen Euro).

Aber es gibt auch andere Beispiele – deprimierende aus Sicht der Verkäufer. Große Hoffnungen machte sich zum Beispiel eine Sammlerin, als sie sich vor einiger Zeit von einem jener Diamantsterne trennen wollte, die einst die österreichische Sissi im Haar trug. Bei einer so prominenten Vorbesitzerin, so das Kalkül der Verkäuferin, müsste doch ein höchst attraktiver Preis zu erzielen sein. Doch Sissis Sternchen sollte sich als Ladenhüter erweisen. Niemand gab ein Gebot ab. Ähnliche Erfahrungen machte ein Mann aus dem Rheinland, der einen kostbaren Smaragdring seiner verstorbenen Mutter zu Geld machen wollte. Selbstbewusst suchte er ein renommiertes Auktionshaus auf und legte der dortigen Schmuckexpertin das gute Stück samt einem Gutachten von einem Goldschmied vor, der den Wert des Rings auf 10.000 Euro geschätzt hatte. Doch dann erfuhr er, dass der Ring lediglich zwischen 3.500 und 6.000 Euro wert war. Aber selbst zu diesem Preis wollte ihn in der Auktion niemand kaufen. Erst im

Nachverkauf meldete sich ein Interessent und legte 3.300 Euro auf den Tisch.

Diese Fälle zeigen exemplarisch, wie unberechenbar ein Schmuck-Investment ist. In edlem Schmuck steckt viel Handarbeit, die natürlich bezahlt werden muss. Gute Wiederverkaufspreise lassen sich daher nur erzielen, wenn man auf einen Liebhaber trifft, der Gefallen an dem Schmuckstück findet und von der Qualität der Edelsteine ebenso überzeugt ist wie von der Arbeit des Goldschmieds oder Schmuck-Designers. Ob sich das Geschmeide und der edle Ring letztlich als werthaltig erweisen oder im Idealfall sogar an Wert gewinnen, hängt somit nicht zuletzt von modischen Zyklen ab. In den 1970er- und 1980er-Jahren lag zum Beispiel Schmuck aus dem Jugendstil stark im Trend. In den 1990er-Jahren wurde Biedermeier bevorzugt, aktuell stehen Art déco und Belle Époque hoch im Kurs. Was in zehn oder 20 Jahren en vogue sein wird, können selbst erfahrene Schmuckexperten nicht voraussehen. Wüssten es die Juweliere, würden sie die jeweiligen Schmuckstücke sofort für sich behalten, sagt der Sachverständige Heinrich Butschal augenzwinkernd. Wer also Schmuck in erster Linie unter dem Aspekt der Kapitalanlage kauft, handelt sehr spekulativ – ähnlich wie ein Kunst-Investor, der ebenfalls nicht wissen kann, welcher junge Künstler von heute in ein paar Jahren gefragt sein wird.

Barren oder Geschmeide?

Schmuck soll getragen werden und die Besitzerin oder den Besitzer erfreuen. Denn: Schmuck soll schmücken – und manchen Zeitgenossen dient er vielleicht auch ein wenig zum Protzen. Um aber später einen guten Verkaufspreis zu erzielen, darf man den Schmuck eigentlich gar nicht tragen. Ähnliches gilt übrigens für Uhren. Denn spätestens unter der Super-Lupe von Schmuckexperten werden die wertmindernden Spuren des häufigen Tragens offenbar. Die Diamant-Baguettes des Rings mögen hinsichtlich ihrer Farbe und Reinheit von noch so hoher Qualität sein, weisen die Edelsteine aber leichte Absplitterungen auf, wirkt sich dies preismindernd aus.

Wer somit vorrangig an Wertsteigerung oder Werthaltigkeit denkt, für den erscheint es allemal sinnvoller, Gold- oder Platinbarren beziehungsweise lose Diamanten und Farbedelsteine mit entsprechenden Zertifikaten zu erstehen und diese in den Safe zu legen.

Ist also von einem Schmuck-Investment grundsätzlich abzuraten? Handelt es sich bei den Hinweisen auf die hohe Werthaltigkeit von Preziosen lediglich um eine Marketingstrategie von Händlern, Juwelieren und Auktionshäusern? Sicher nicht in allen Fällen, denn tatsächlich erzielen besonders seltene, hervorragend erhaltene Schmuckstücke von weithin geschätzten Juwelieren mitunter gute Wiederverkaufspreise. Doch dies ist leider nicht die Regel, sondern die Ausnahme. Immerhin bleibt ein schwacher Trost: Im Gegensatz etwa zu einer Aktie oder einer Anleihe kann der Wert eines edlen Schmuckstücks niemals auf null sinken. Es bleibt der »innere Wert«, also zum Beispiel der Wert des Goldes und der verarbeiteten Edelsteine. Wer dennoch sein Geld in Schmuck anlegen möchte, sollte die folgenden goldenen Tipps beachten:

- Schmuck ist ein Investment für Liebhaber. Nur wenn das gute Stück wirklich gefällt und es getragen werden soll, kommt ein Kauf in Betracht. Der Aspekt der Geldanlage darf immer nur eine Nebenrolle spielen. Denn wie gesagt: Wer nur auf Werterhalt und -steigerung setzt, fährt besser, gleich Edelmetallbarren oder -münzen zu erstehen.
- Auf die Qualität des Edelmetalls und der Steine achten. Reines Gold (24 Karat) lässt sich in der Regel nicht zu Preziosen verarbeiten. Mithin wird Schmuck aus Goldlegierungen gefertigt. Schmuck aus 14- oder gar nur aus 8-karätigem Gold eignet sich nicht als Kapitalanlage. Der Investor sollte 18-karätiges Gold vorziehen. Für die verarbeiteten Diamanten oder Farbedelsteine gelten die in den entsprechenden Kapiteln des vorliegenden Buches genannten Qualitätskriterien. Und natürlich sollten für diese Steine entsprechende Expertisen vorliegen.
- Für historischen Schmuck gilt: Große Namen wirken sich potenziell wertsteigernd aus. Dazu gehören der Email-Künstler René Lalique

aus dem Jugendstil sowie Juweliere des Art déco wie etwa Mauboussin, Boucheron, Van Cleef & Arpels und Cartier.

- Gefragt sind in erster Linie Colliers, Armbänder und Ringe, Broschen stehen derzeit nicht sonderlich hoch im Kurs.
- Man sollte das Schmuckstück im wahrsten Sinne des Wortes unter die Lupe nehmen – am besten bei zehnfacher Vergrößerung. Nicht vergessen: Auch die Rückseite anschauen, denn dort sind Schlampereien bei der Verarbeitung am schnellsten auszumachen. Ein wertvolles Schmuckstück sollte selbst an jenen Stellen hervorragend verarbeitet sein, die man beim Tragen nicht sieht.
- Grundsätzlich nur bei renommierten Juwelieren oder in anerkannten Auktionshäusern kaufen (siehe Tipps im Investmentkompass am Ende dieses Kapitels). Bei hochkarätigem Schmuck sollten Expertisen und Wertgutachten anerkannter Experten beigefügt sein.
- Werthaltig sind Hochwertiges und Seltenes, also Schmuck, der nicht beliebig vermehrbar ist.

Schnäppchen im Auktionshaus

Nicht zuletzt entscheidet naturgemäß der Einstandspreis über das Wertsteigerungspotenzial. Wie gesagt, ist der Kauf bei einem seriösen Juwelier zu empfehlen, um auf keine Fälschungen hereinzufallen. Doch Wertsteigerungen sind in diesem Fall eher schwierig, denn als Kunde muss man die Händlermarge plus Mehrwertsteuer zahlen. Eine Alternative stellt der Kauf in einem Auktionshaus dar. Vor allem im Nachverkauf, wenn keine Gebote mehr möglich sind, ergeben sich hin und wieder fast schon Schnäppchen, wie im Fall des eingangs erwähnten Smaragdrings. Allerdings bedarf es eines hohen Maßes an Know-how, um die Spreu vom Weizen zu trennen.

Ansonsten aber gilt: Wer Schmuck verstärkt unter dem Aspekt der Geldanlage kaufen möchte, muss schon etwas tiefer in die Tasche greifen. Schmuckstücke mit Wertsteigerungspotenzial haben meist vier- oder gar fünfstellige Preise.

INVESTMENTKOMPASS

In was investieren?

Als Kapitalanlage besonders geeignet sind natürlich Schmuckstücke international renommierter Juweliere wie Cartier, Van Cleef & Arpels oder Bulgari. Allerdings ist hier der Einstiegspreis entsprechend hoch und es kann sehr lange dauern, bis eine Wertsteigerung eintritt. Die Schmuckstücke sollten von zeitlosem Design sein.

Wertermittlung

Bei Schmuck gibt es keine objektive Bewertbarkeit. Somit entscheiden die subjektiv empfundene Schönheit und der individuelle Wert über den Preis. Das macht ein Schmuckinvestment schwer berechenbar.

Wie viel investieren?

Experten vertreten die Meinung, erst ab einem Schmuckstück mit einem Marktwert von über 7.000 Euro könne man von einer Geldanlage sprechen. Der Schmuckanteil im Vermögens-Portfolio sollte etwa fünf bis maximal 10 Prozent nicht übersteigen.

Auktionshäuser

Neben den internationalen Adressen Christie's und Sotheby's sind im Bereich Schmuck unter anderem Bonhams, Van Ham, Koller, Henry's und Eppli sowie in Österreich das Dorotheum zu empfehlen.

Schreibgeräte – Spekulieren mit Edelfedern

Stefan Schnirch aus der Nähe von Pforzheim ist weder Edelmetallhändler noch Spekulant. Und trotzdem hat er den Silberpreis genau im Visier. Er ist Chef der Waldmann KG, eines traditionsreichen mittelständischen Herstellers von hochwertigen Schreibgeräten, der ausschließlich Sterling-Silber verarbeitet. »Trotz der für dieses Edelmetall typischen hohen Volatilität ging es mit dem Silberpreis in den vergangenen Jahren stetig nach oben«, stellt der Unternehmer fest. Das ist einerseits gut für seine früheren Kunden, denn wer sich vor einigen Jahren ein Schreibgerät aus Sterling-Silber gönnte (oder besser noch: es sich schenken ließ), darf sich heute über einen Wertzuwachs freuen. Andererseits bedeuten steigende Silberkurse aber auch höhere Herstellungskosten. Immerhin verarbeitet Waldmann Jahr für Jahr etwa eine Tonne Silber.

Stefan Schnirch setzt auf die Faszination dieses Edelmetalls in seiner verarbeiteten Form: »Silbermünzen mögen ihren Reiz haben, aber ein Schreibgerät aus Sterling-Silber ist doch das Schönste, was einem aus diesem Edelmetall buchstäblich zwischen die Finger kommen kann.«

Das dürften die Sammler edler Schreibgeräte ähnlich sehen, selbst wenn für manchen nicht unbedingt das verwendete Material im Vordergrund steht. Viele der weltweit aktiven Schreibgeräte-Aficionados lieben besonders alte und streng limitierte Füllfederhalter der Marken Montblanc und Pelikan. Besonders begehrt sind dabei Vintage-Modelle aus der ersten Hälfte des vergangenen Jahrhunderts. Für ein gut erhaltenes Montblanc-Meisterstück aus 14-karätigem Gold, hergestellt Ende der 1940er-Jahre, muss man heute immerhin einen mittleren vierstelligen Preis akzeptieren. Und das Berliner Sammler-Fachgeschäft Linckersdorff bot vor einiger Zeit auf ebay eine Sammlung mit über 500 zum Teil sehr seltenen Füllfederhaltern für eine halbe Million Euro an.

Auch bei den zeitgenössischen Modellen sind streng limitierte Auflagen begehrt. Einige Unternehmen fertigen zudem hochwertige Schreibgeräte, die unter den Markennamen anderer Luxusgüterhersteller auf den Markt kommen. Die italienische Manufaktur Omas, die inzwischen zum Edelkonzern Louis Vuitton Moët Hennessy (LVMH) gehört, stellte vor einigen Jahren einen auf 500 Stück limitierten Füllfederhalter für Zino Davidoff her. Cuervo y Sobrinos, eine Luxusmarke mit kubanischen Wurzeln, buhlt mit ihren limitierten Schreibgeräten »Mille Miglia« um die Gunst von Sammlern und Oldtimer-Freunden. »Die Schreibgeräte werden exklusiv bei Montegrappa in Handarbeit hergestellt«, sagt Egbert Klapper, Geschäftsführer von Cuervo y Sobrinos Deutschland.

Schreibgeräte aus massivem Edelmetall sind infolge der stark gestiegenen Gold- und Silberpreise mittlerweile zwar sehr teuer, bieten jedoch Aussicht auf Werthaltigkeit und vielleicht sogar Wertzuwachs. Vorausgesetzt freilich, die Edelmetallpreise steigen weiter deutlich an, was viele hoffen und manche fürchten.

Wer sich einen neuen Füllfederhalter einer bekannten Marke aus 18-karätigem Gold kaufen möchte, sollte aktuell mit einem fünfstelligen Betrag rechnen. Das Montblanc Meisterstück Solitaire Roségold Barley mit Feinkorn-Guilloche-Muster kostet laut Liste 10.500 Euro. Dafür funkelt ein kleiner Diamant auf dem Clip. Für einen Louis Cartier Füllfederhalter in Weißgold mit üppigem Diamantenbesatz muss man derweil deutlich über 30.000 Euro rechnen. Der angeblich teuerste Füller der Welt – der »La Modernista Diamants« von Caran d'Ache mit 5072 Top-Wesselton-Diamanten – wird zu einem Preis von rund 330.000 Euro angeboten.

Wenn es nicht unbedingt massives Gold sein muss, geht es auch eine Nummer kleiner. Das Meisterstück Solitaire Ceramics Black Prisma aus Messing kostet 1.040 Euro. Massiv goldene Kugelschreiber bekommt man noch deutlich unter 10.000 Euro, so etwa einen Waterman »Exception«.

Erheblich günstiger sind da Schreibgeräte aus Sterling-Silber, wie sie zum Beispiel von Parker und Waldmann zu haben sind. »Unsere Modelle kosten zwischen 60 und knapp 500 Euro, allerdings haben wir auch limitierte Stücke, die preislich im vierstelligen Bereich angesiedelt sind«, sagt Stefan Schnirch von der Firma Waldmann. Zu den Raritäten gehört etwa ein mit Diamanten besetzter Silber-Füllhalter, der anlässlich des 150-jährigen Jubiläums des Segelwettbewerbs »American's Cup« vor rund zehn Jahren gefertigt wurde. Überhaupt scheinen die Silber-Schreiber aus dem Nordschwarzwald im Ausland besonders gefragt zu sein – bis hinauf in höchste Regierungsstellen. Stefan Schnirch präsentiert stolz eine Box mit markantem Schriftzug: Es ist die Unterschrift des früheren britischen Premiers Tony Blair. Der einstige Hausherr in Downing Street 10 verschenkte diesen sehr individuellen Füllfederhalter an gute Freunde und Gäste.

Investmentkompass

Material

Füllfederhalter aus massivem Gold sind zwar aufgrund des gestiegenen Preises für das gelbe Edelmetall äußerst wertvoll, allerdings kaum noch zu bezahlen. Eine 18-karätige Goldfeder indessen sollte es schon sein.

Seltenheit

Limitierte Auflagen und Vintage-Schreibgeräte großer Marken (also Modelle, die 500 Jahre oder älter sind) erzielen bei Liebhabern in der Regel gute Preise.

Führende Marken

An erster Stelle steht nach wie vor Montblanc. Weitere Top-Marken sind Montegrappa, Omas, Caran d'Ache, aber auch Pelikan – vor allem, wenn es um Vintage-Schreibgeräte geht. Unter den zeitgenössischen Federhaltern hat der »Pen of the year« von Faber Castell viele Freunde. Dieses Highlight wird aus jährlich wechselnden Edelmaterialien hergestellt. Wer ihn haben will, muss einen vierstelligen Preis akzeptieren.

Schreibmaschinen – Oldie-Tipper mit Potenzial

Behutsam nimmt Arnold Betzwieser den schlanken stählernen Führungsstift zwischen Daumen und Zeigefinger, hebt ihn an und platziert die Spitze des Stifts auf dem Zeichenfeld direkt auf dem Buchstaben »M«. Dann betätigt er die schwarze Schreibtaste – und schon erscheint der Buchstabe auf dem eingespannten Blatt Papier.

»So hat man früher geschrieben«, erzählt der Steuerberater und passionierte Schreibmaschinensammler aus dem unterfränkischen Miltenberg amüsiert. Die Maschine mit dem Führungsstift ist eine Mignon 2 aus dem Jahr 1904, hergestellt vom späteren Elektrokonzern AEG. Es handelt sich um eine rote Mignon, darauf legt Betzwieser besonderen Wert, denn diese Maschinen sind seltener als die Varianten in Schwarz. Den Wert schätzt der Experte und Autor Leonhard Dingwerth auf 1.000 bis 2.000 Euro.

Betzwieser blickt in seine Bücherregale mit der umfangreichen steuerrechtlichen Fachliteratur und scherzt: »Wenn alle Gesetzestexte heute noch mühsam auf Einzeigermaschinen wie der Mignon 2 getippt werden müssten, wäre der bürokratische Output vielleicht geringer.«

Auch für die Stuttgarter Journalistin Andrea Zimmermann geht von historischen Schreibmaschinen eine besondere Faszination aus. Gemeinsam mit ihrem Mann kaufte sie in den 1970er-Jahren auf dem Karlsruher Flohmarkt spontan das Modell »Ideal« von Seidel und Naumann (Dresden) aus dem Jahr 1920 für 10 D-Mark. Der Oldie war so gut in Schuss, dass ihr Mann seine gesamte Diplomarbeit darauf tippen konnte. »Kürzlich hat uns jemand

100 Euro dafür geboten, aber wir wollen sie nicht verkaufen. Für uns sind alte Schreibmaschinen Zeitzeugen. Und für mich als Journalistin gehören sie auch irgendwie zur Geschichte meines Berufsstands«, sagt Andrea Zimmermann.

Immerhin zeigt dieses Beispiel, dass gesuchte historische Schreibmaschinen durchaus als Wertanlage taugen, wenngleich die Preise in jüngster Vergangenheit unter Druck gerieten. Grund: Viele prominente Sammler sind gestorben, und die Erben verscherbeln die guten Stücke sehr günstig im Internet.

Die wirklich gesuchten Oldie-Tipper freilich erzielen noch immer Top-Preise. Was die »Blaue Mauritius« für Briefmarkensammler, ist die »Malling Hansen« aus Dänemark für den Liebhaber historischer Schreibmaschinen. Eigentlich ist die »Malling Hansen« eine Schreibkugel, in die Typenstäbe eingeführt wurden. Am oberen Ende der Stäbe befinden sich die Tastenknöpfe, am unteren die Typen. Auf Tastendruck wird der betreffende Buchstabe auf die Papierseite gedruckt. Die im Jahr 1867 auf den Markt gekommenen dänischen Schreibköpfe tragen den Namen von Pastor Malling Hansen, seinerzeit Direktor einer Taubstummenanstalt in Kopenhagen. Mit seinen Schreibköpfen wollte er den Taubstummen helfen, schriftlich ebenso schnell kommunizieren zu können wie mit der Zeichensprache.

Von den Hunderten von Schreibkugeln sind nach Ansicht von Arnold Betzwieser nur noch ein paar übrig geblieben. Und die erzielen heute Preise von 50.000 Euro und mehr. Noch begehrter und wertvoller sind die hölzernen Schreibmaschinen des österreichischen Tischlers Peter Mitterhofer. Der Preis hierfür dürfte ebenfalls im hohen fünfstelligen Bereich angesiedelt sein – allerdings eher theoretisch, denn: »Die wenigen noch vorhandenen Exemplare sind in festen Händen«, so Arnold Betzwieser.

Zu den besonderen Schätzen gehören ferner die amerikanische Sholes & Glidden-Typenhebelmaschine aus dem Jahr 1874, die später unter dem Namen »Remington No. 1« verkauft wurde und heute einen Sammlerwert von bis zu 10.000 Euro erreicht. Arnold Betzwieser ist derweil noch auf der Suche nach einem ganz besonderen Modell: der im Jahr 1882 von der Hamburger Nähmaschinenfabrik Guhl & Harbeck hergestellten »Hammonia«. Dies war immerhin die erste deutsche Schreibmaschine. Für sie muss man heute ebenfalls mit einem fünfstelligen Preis rechnen.

Als Wertanlage geeignet sind vor allem die seltenen Stücke: »Das obere Preissegment bis 20.000 Euro ist immer noch stabil. Gesucht werden dabei vor allem Prototypen und Einzelstücke«, sagt Stefan Beck. Im mittleren Preissegment bis 2.000 Euro seien die Preise aber um bis zu 30 Prozent gesunken. Das mag vielleicht eine günstige Einstiegsmöglichkeiten für angehende Sammler sein. Historische Schreibmaschinen bis 150 Euro hingegen eignen sich eher als Dekorationsstücke.

»Als Wertanlage kommen vor allem Schreibmaschinen aus dem 19. Jahrhundert in Frage. Aus dem 20. Jahrhundert können Einzelstücke bis in die 1920er-Jahre interessant sein«, stellt Arnold Betzwieser fest. Die jüngeren Modelle seien im Internet schon für ein paar Euro zu haben.

Neben der Seltenheit und dem Erhaltungszustand der Maschinen wirkt sich natürlich auch die Provenienz wertsteigernd aus. Ein prominenter Vorbesitzer, der mit der betreffenden Schreibmaschine gearbeitet hat, macht das Sammlerstück besonders interessant. Friedrich Nietzsche zum Beispiel tippte auf einer »Malling Hansen«.

Investmentkompass

Welche Modelle?

Als Kapitalanlage geeignet sind nur Modelle aus dem 19. Jahrhundert bis in die 20er-Jahre des 20. Jahrhunderts. Die Schreibmaschinen sollten voll funktionsfähig und gut erhalten sein, um einen angemessenen Preis zu erzielen. Bei Maschinen mit Gummitypen – vor allem bei Eintaster-Modellen – sind die Typengummis allerdings in der Regel nicht mehr vorhanden.

Wo gibt es Informationen?

Empfehlenswert ist das Buch *Historische Schreibmaschinen* von Leonhard Dingwerth (Regenstauf 2008).

Zeitschriften und andere Publikationen zum Thema sind beim Internationalen Forum Historische Bürowelt (www.ifhb.de) zu beziehen.

Empfehlenswerte Websites

www.curta.ch (Beck's Schreib- und Büromaschinenmuseum, Pfäffikon, Schweiz)
www.breker.com (Auktionshaus in Köln)
www.stb-betzwieser.de/aktuelles/ausstellung/index.html (Sammlung von Arnold Betzwieser)

Schuhe – Historische Stücke erzielen Top-Preise

Als die spätere Schweizer Bundespräsidentin Doris Leuthard noch Wirtschaftsministerin der Eidgenossen war, sprach sie in den Medien ganz offen über ihre Schwäche: Frau Ministerin hat einen Schuhtick. In einem Beitrag in der *Schweizer Illustrierten* präsentierte die Politikerin 25 Paar Schuhe und bekannte, sie wisse eigentlich selbst nicht so genau, wie viele Pumps, Mokassins und Stiefel sie sich in den vergangenen Jahren gegönnt habe. Doch darf man wohl davon ausgehen, dass es weit mehr waren als die in der Presse vorgestellten. Verglichen mit anderen Sammlerinnen extravaganter Schuhe dürfte die Kollektion der Schweizer Spitzenpolitikerin aber noch überschaubar sein. Daphne Guinness zum Beispiel, die Erbin des irischen Brauerei-Imperiums, ließ im Jahr 2008 eben mal 300 Paar Edel-Treter versteigern – einfach, weil sie »Stauraum« für neue Modelle brauchte. Kerry Taylor, Chefin des gleichnamigen Auktionshauses in London, kennt diese Kundin gut und ist überzeugt: »Sie hat mindestens noch einmal so viele im Schrank stehen.« Von Mariah Carey wird kolportiert, der Popstar besitze mehr als 10.000 Paar Schuhe. Sogar die Psychologie befasste sich schon mit dem Schuhtick der Frauen: »Die Grenzen zwischen purer Schuhlust und einer psychologisch auffälligen Sucht sind nicht immer klar festgelegt«, stellt Diplom-Psychologin Lisa Fischbach fest.

Ganz gleich, ob nun Lust oder Sucht, es beruhigt allemal das bei vielen Sammlern latent vorhandene schlechte Gewissen, wenn man jeden Neuerwerb rational begründen kann. Männer mit ihrer zum Teil sehr ausgeprägten Affinität zu Uhren können darauf verweisen, dass hochwertige Zeitmesser immer auch einen gewissen Wert repräsentieren. Gesuchte Markenuhren aus der Schweiz und Glashütte erweisen sich – wie wir an anderer Stelle bereits ausgeführt haben – mitunter sogar als gute Form der Kapitalanlage. Kaum verwunderlich also, dass manche Frauen schon mal die Frage stellen, ob sich ihr Schuhtick irgendwie ökonomisch rechtfertigen lasse. Immerhin bekennt sich sogar Christine Novacovic (besser bekannt unter ihrem früheren Namen Licci) zu ihrer Leidenschaft für Schuhe. Sie sollte es eigentlich wissen, schließlich war sie früher eine der einflussreichsten Bankerinnen in Deutschland, dirigierte die Citibank und gehörte später dem Vorstand der HypoVereinsbank an.

Getragene Schuhe meist ungeeignet

Eignen sich also ausgefallene Schuhe als exotische Form der Geldanlage? Die Antwort enthält eine gute und eine schlechte Nachricht. Die gute: Ja, Luxus-Treter von Edel-Designern oder auch in limitierter Auflage hergestellte Sneaker können durchaus signifikant im Wert steigen. Die schlechte Botschaft: Man (oder besser: frau) darf sie in diesem Fall nicht tragen, sondern sollte sie am besten gleich in die Vitrine stellen. Denn einmal mit Füßen getreten, verliert sogar das edelste Schuhwerk deutlich an Wert.

Längerfristig könnten zum einen natürlich die Preise für ausgefallene Modelle der Top-Schuh-Designer zulegen: Jimmy Choo, Christian Louboutin, Azzedine Alaia, René Caovilla und Manolo Blahnik sowie Stiefel von Alexander McQueen. Nicht zu vergessen die Edel-Treter der Nobelmarken Chanel, Prada und Dior. Der Wert dieser Kultobjekte steigt in der Regel dann, wenn sich die Museen dafür interessieren. Aus Anleger(innen)sicht richtig Freude machen aber historische Schuhe. Dabei gilt grundsätzlich: je älter, desto teurer. Das Londoner Auktionshaus Taylor versteigerte vor einigen Jahren zum Beispiel italienische Damenschuhe mit loser Sohle aus dem 17. Jahrhundert. Erst bei 28.000 Pfund, das entspricht etwa 36.000 Euro, fiel der Hammer des Auktionators.

Tatsächlich sind die Preise für historische Schuhe vor allem seit der Jahrtausendwende um mehr als 50 Prozent gestiegen. Grund hierfür sind nach Einschätzung des Auktionshauses Christie's die zahlreichen weltweit gegründeten Modemuseen. Klarer Fall, wer historische Kleider präsentiert, braucht auch die dazu passenden Schuhe. Stark gefragt sind Modelle aus dem 17. und 18. Jahrhundert, gute Preise erzielt ferner ausgefallenes Schuhwerk aus dem 19. Jahrhundert. Gewisse modische Verrücktheiten können sich übrigens als wertsteigernd erweisen. Dazu zählen zum Beispiel Schuhe von Vivienne Westwood mit extremen Plateausohlen, die in den 1980er-Jahren für Aufsehen sorgten. In wenigen Jahren mehr als vervierfacht hat sich ferner der Preis für Stiefel aus der russischen Kollektion von Yves Saint Laurent aus der Wintersaison 1976/77. Sie kosten mittlerweile fast 1.000 Euro – vorausgesetzt freilich, sie sind ungetragen.

Für Freaks: Turnschuh-Investment

Andere Investoren konzentrieren sich auf eine noch exotischere Nische. Limitierte Turnschuhe von bekannten Designern überzeugten in den vergangenen Jahren sogar kurzfristig mit einer sensationellen Performance. Der Solebox Pup von Reebok etwa vervielfachte seinen Preis innerhalb weniger Tage, weil die starke Nachfrage engagierter Sneaker-Sammler auf ein beschränktes Angebot traf. Als die Turnschuhe des amerikanischen DJs Adam Michael Goldstein (DJ AM) nach dessen Tod versteigert wurden, boten seine Fans vierstellige Preise pro Paar. Fast 2.000 Euro für Turnschuhe, die einmal höchstens 200 Euro gekostet haben – gewiss keine Performance zum Davonlaufen.

Die interessantesten Investment-Treter schuf aber vor einigen Jahren der Edel-Designer René Caovilla. Er schmückte ein paar zierliche Sandalen mit Rubinen, Saphiren und Diamanten und nannte einen sensationellen Preis von rund 90.000 Euro. Um es vor kleptomanen Anwandlungen schuhverrückter Kundinnen zu schützen, präsentierte das Londoner Kaufhaus

Harrods das grazile Kunstwerk aus Riemchen, hohen Absätzen und Edelsteinen in einer Glasvitrine – bewacht von einer hochaggressiven Kobra namens Cedric.

Investmentkompass

In welche Modelle investieren?

Vor allem in historische Schuhe. Dafür müssen aber mittlerweile schon Preise im vierstelligen, teilweise sogar fünfstelligen Bereich gezahlt werden. Auch modische Extravaganzen aus den 1970er- und 1980er-Jahren sind begehrt. Wer auf zeitgenössische Modelle der großen Designer setzt, darf allenfalls langfristig auf einen Wertzuwachs hoffen. Die Einstiegspreise sind aktuell sehr hoch. Als Nischen-Investment kommen limitierte Sneaker in Betracht.

Worauf sollte man achten?

Getragene Schuhe taugen nicht als Anlageobjekte. Bei historischen Schuhen entscheidet naturgemäß der Erhaltungszustand über den Preis, wichtig sind außerdem die verwendeten Materialien und der Aufwand der Verarbeitung. Die Achillesferse von Schuhen ist die Sohle. Edel-Treter sollten daher kühl und dunkel aufbewahrt werden und niemals Sohle an Sohle lagern.

Wo kaufen?

Historische Schuhe sind in der Regel nur über entsprechende Auktionshäuser zu beziehen. Zu den ersten Adressen gehört das Textilien-Auktionshaus Kerry Taylor (www.kerrytaylorauctions.com). Wer sich für Turnschuhe interessiert, sollte die Turnschuhbörse Solemart in Paris oder Berlin besuchen.

Silber – mehr als nur des Goldes kleiner Bruder

Mitunter heißt es, Silber sei das »Gold des kleinen Mannes«. Tatsächlich steht dieses Edelmetall bis heute auch in den Medien im Schatten des »großen Bruders« Gold. Wenn schon Edelmetalle, dann muss es Gold sein, immerhin geht von ihm etwas Mystisches aus. Und wer etwas auf sich hält, trägt natürlich Goldschmuck. Er ist wegen seines beträchtlich höheren Preises sicher imageträchtiger als Silberschmuck. Dafür ist Silber in der Industrie umso begehrter, ja in weiten Teilen sogar unverzichtbar. Ein wichtiger Unterschied zwischen Gold und Silber lässt sich plakativ auf den Punkt bringen: Gold wird gehortet (zum Beispiel im Tresor oder in der Schmuckschatulle), Silber hingegen wird verbraucht. Dies führt in letzter Konsequenz dazu, dass Silber seltener ist als Gold.

Warum spielt Silber als Industriemetall eine so bedeutende Rolle? Dies hängt zusammen mit seinen ganz besonderen Eigenschaften. Es handelt sich um ein weiches, gut verformbares (duktiles, wie es im Fachjargon heißt) Schwermetall, das sich durch eine hohe elektrische und thermische Leitfähigkeit auszeichnet. Silber hat darüber hinaus eine keimtötende Wirkung und wird deshalb unter anderem in der Lebensmittelhygiene und Medizin genutzt. Im Alltag begegnet uns Silber gleichsam auf Schritt und Tritt. Für ein durchschnittliches Auto wird etwa eine Unze Silber verbraucht – vor allem für silberbeschichtete Schalterelemente. Sogar der in Deutschland beschlossene Ausstieg aus der Atomenergie wird den Silberverbrauch weiter erhöhen, schließlich braucht man das Edelmetall zur Herstellung von Solar-Paneelen und zur Wasseraufbereitung. Welche Nachfrage allein von dieser Branche ausgehen kann, zeigt eine im Februar 2011 veröffentlichte Studie des Finanzdienstleisters Barclay Capital: Lag der Silberverbrauch für die Herstellung von Solar-Paneelen im Jahr 2009 noch bei weltweit rund 800 Tonnen, so werden 2012 rund 2.200 Tonnen erforderlich sein, um der steigenden Nachfrage gerecht zu werden.

Die größten Silber-Nachfrager

Sektor	Jährlicher Bedarf in Mio. Unzen	Jährlicher Bedarf in Prozent
Elektronik/Batterien	342,40	40
Schmuck/Silberwaren	259,20	30
Fotografie	205,30	24
Anlage-Münzen	31,30	4
Pharmaindustrie und Sonstige	24,80	2

Quelle: Taurus-Edelmetall-Gruppe

Im Mai 2009 erschien eine umfangreiche Studie, die vom renommierten Fraunhofer-Institut sowie vom Institut für Zukunftsstudien und Technologiebewertung im Auftrag des Bundeswirtschaftsministeriums erstellt wurde. Demnach kommen viele Zukunftstechnologien nicht ohne Silber aus. Eine hohe Nachfrage nach Silber besteht ferner bei der Produktion von Silber-Zink-Akkumulatoren (Batterien in mobilen Informations- und Kommunikationstechnologien) und Silber-Katalysatoren in Brennstoffzellen. Schließlich dürfte die Bedeutung von Nano-Silber bei antibakteriellen Anwendungen zunehmen. Auch für Displays, Farbstoffzellen und solartechnische Kraftwerke braucht man signifikante Mengen an Silber. Seitens dieser Zukunftstechnologien wurden im Jahr 2006 über 5.300 Tonnen Silber nachgefragt. Das entspricht etwa 26 Prozent der Jahresproduktion. Aktuellen Schätzungen zufolge wird der Bedarf im Jahr 2030 schon bei knapp 16.000 Tonnen liegen, was etwa 78 Prozent der Jahresproduktion entspricht. Das heißt im Klartext: Allein die Hersteller von Spitzentechnologien dürften 2030 fast vier Fünftel der jährlichen Silberproduktion nachfragen. Wenn das keine goldenen Aussichten sind ... Schon heute macht die industrielle Nachfrage nach Silber rund 50 Prozent der Gesamtnachfrage aus. Bei Gold liegt die entsprechende Quote bei 9 Prozent. Zugleich ist die Ressourcenreichweite des Silbers ausgesprochen überschaubar. Gelingt es, die vorhandenen Ressourcen voll auszuschöpfen, also die verborgenen Silberschätze zu heben, dann werden wir maximal noch 30 Jahre Silber fördern, Gold mehr als 37 Jahre, Nickel rund 100 Jahre und Zink sogar über 200 Jahre. Geologische Gutachten warnen bereits heute vor einer Erschöpfung der Silbervorräte in der sogenannten »dünnen Erdkruste« in den Jahren 2025 bis 2035. Nur in diesem Bereich kommt Silber vor.

Wichtige Faktoren, die den Silberpreis beeinflussen

- Entwicklung des Dollar-Kurses (Silber wird in US-Dollar gehandelt)
- Preisentwicklung und Förderquoten der Metalle, bei denen Silber als Nebenprodukt gefördert wird
- Konjunkturentwicklung
- Politische Krisen, Schuldenkrisen, Währungsturbulenzen
- Weltweite Lagerbestände

Physisch investieren – da weiß man, was man hat

Silber oder Gold physisch zu besitzen, ist für viele Anleger sehr beruhigend. Und dafür gibt es gute Gründe: Es kann keinem Börsen- oder Währungscrash und auch keinem Staatsbankrott zum Opfer fallen, sondern stellt einen Wert an sich dar. Außerdem empfiehlt es sich sowieso, einen physischen Grundstock an Silber zu haben. Eine Faustregel besagt, dass man eine

Unze Silber pro Tag braucht, um zu überleben. Allerdings machen die Urheber dieser Empfehlung keine Angabe dazu, was Überleben in diesem Fall bedeutet. Außerdem: Viele Silbermünzen weisen ausnehmend schöne Motive auf, sodass auch das Anschauen zum Vergnügen wird. Und wer könnte sich nicht für den Besitz schöner Dinge begeistern?

Das tun mit Sicherheit diejenigen, die Silbermünzen nicht um der Geldanlage, sondern um des Sammelns willen kaufen. Seltene Sammlermünzen erzielen mitunter hohe bis höchste Preise. Allerdings will der Sammler seine Schätze in der Regel behalten. Das bedeutet, er wird sie nur in höchster Not verkaufen. Außerdem ist für die Wertermittlung bei Sammlermünzen eine hohe Expertise nötig, denn oft werden sie über private Sammler veräußert. Händler verlangen je nach Seltenheitswert hohe Aufschläge. Der Wert von Sammlermünzen bestimmt sich nach anderen Kriterien als der von Anlegermünzen. Abgesehen von sehr seltenen und begehrten Exemplaren, eignen sich die meisten Sammlermünzen nicht dafür, von steigenden Silberpreisen zu profitieren. Deshalb wollen wir uns an dieser Stelle auf die reinen Anlagemünzen, die sogenannten Bullions, konzentrieren.

Doch zunächst ein paar Anmerkungen zu den Kuriositäten des deutschen Steuerrechts. Auf Silberbarren wird in Deutschland ein Mehrwertsteuersatz von 19 Prozent erhoben, auf Münzen und Münzbarren jedoch nur der reduzierte Mehrwertsteuersatz von 7 Prozent. Die Begründung: Silber sei im Gegensatz zu Gold nicht nur Edelmetall, sondern auch Industriemetall. Das ist ungefähr so verrückt wie die Tatsache, dass auf Trüffel die siebenprozentige Mehrwertsteuer erhoben wird, auf Mineralwasser aber 19 Prozent. Beides sind Lebensmittel und darüber hinaus ist die Trüffel nicht einmal lebensnotwendig.

Wer auch immer sich ausgedacht hat, dass Silberbarren und -münzen unterschiedlich besteuert werden und egal, ob es sinnvoll ist oder nicht: Die höhere Mehrwertsteuer auf Silberbarren macht diese für den Anleger ziemlich uninteressant. Warum 19 Prozent berappen, wenn es auch sieben tun?

Doch der Mensch ist erfinderisch und deshalb hat die unterschiedliche Besteuerung zu einer weiteren Kuriosität geführt: Münzbarren werden ebenfalls nur mit 7 Prozent Mehrwertsteuer belegt. Dabei handelt es sich um einen Silberbarren, der als offizielles Zahlungsmittel in dem emittierenden Land ausgewiesen sein muss. Erfinder des Münzbarrens ist – wie könnte es anders sein? – ein Deutscher, der Münzhändler Jürgen Göbel aus Kaiserslautern. Seine Absicht war es, Silberbarren für Anleger wieder interessanter zu machen. In der Perth Mint in Australien fand er einen Partner, der den Münzbarren prägte und auch den Kontakt zu den Cook Islands herstellte, wo der Münzbarren seit 2007 als offizielles Zahlungsmittel gilt. Für die Nutzung seiner Hoheitsrechte erhält der pazifische Inselstaat eine Gebühr für jeden Barren.

Die Feinheit dieser Münzbarren beträgt – wie bei normalen Silberbarren – 999/1000. Die Aufschrift »one kilo coin« zeigt dem Anleger (und dem Fiskus), dass es sich um ein offizielles Zahlungsmittel handelt. Der Nennwert liegt bei 30 Dollar. Münzbarren müssen einen Nennwert haben, damit sie vor dem deutschen Fiskus als Zahlungsmittel gelten. Natürlich bezahlen die etwa 19.000 Einwohner der Inselgruppe nicht im Supermarkt um die Ecke mit dem Barren. Schon deshalb nicht, weil der Metallwert den Nennwert wie bei allen Münzen bei Weitem übersteigt. Das spielt aber für den deutschen Fiskus keine Rolle. Zahlungsmittel ist Zahlungsmittel und deshalb gilt der Cook-Islands-Münzbarren als Münze und darauf werden nur 7 Prozent Mehrwertsteuer fällig. Der Münzbarren erwies sich bei den Anlegern als Renner. Schon im ersten Jahr, 2007, wurden einige Tonnen davon verkauft. Mittlerweile gibt es ihn auch als 100 Unzen- und fünf Kilo-Barren. Seit 2008 wird der Münzbarren übrigens nicht mehr von der Perth Mint hergestellt, sondern in der Schmuck- und Goldstadt Pforzheim von der traditionsreichen Gold- und Silberscheideanstalt Heimerle + Meule GmbH.

Mittlerweile gibt es ernst zu nehmende Konkurrenz für den Cook-Islands-Münzbarren. Der Edelmetallhersteller Umicore und der Edelmetallhändler Castell Mint brachten im September 2011 gemeinsam einen neuen Münzbarren auf den Markt. Er ist offizielles Zahlungsmittel des Fürstentums Andorra. Das Besondere an dem neuen Produkt: Umicore ist als einziger Hersteller von Münzbarren in der »Good Delivery List« für Silber der London Bullion Market Association (LBMA) aufgeführt. Das bedeutet für die Anleger mehr Sicherheit. Die Münzbarren sind mit dem Umicore-Logo und der Prägung des Fürstentums Andorra, einem Adler, versehen. Angeboten werden die Münzbarren in Gewichtseinheiten von 250 und 500 Gramm sowie in einem, fünf und 15 Kilogramm. Der Vertrieb erfolgt über Banken, ausgewählte Handelspartner und Castell Mint.

Die bekanntesten und begehrtesten Silbermünzen

Die meisten der gängigen Silbermünzen wiegen eine Unze, also 31,1035 Gramm. Aufgrund der beschriebenen Mehrwertsteuer-Problematik kommen jedoch auch Kilo-Münzen auf den Markt – eine echte Alternative zu den gerade beschriebenen Münzbarren. Der Anleger hat die Qual der Wahl. Er kann unter folgenden Silbermünzen wählen:

- American Silver Eagle, das ist der Klassiker unter den Silbermünzen.
- Britannia, die als erste europäische Anlagemünze der »Moderne« gilt.
- Canada Wildlife, die seit 2011 mit Tiermotiven geprägt wird.
- Känguruh, die Silbermünze aus Australien.
- Kiwi, diese neuseeländische Anlagemünze wurde nach seinem Motiv, dem Kiwi, benannt. Diese Münze ist bei Sammlern sehr begehrt und erzielt daher zum Teil deutliche Aufschläge auf den reinen Silberpreis.
- Koala, die Silbermünze mit dem putzig wirkenden Koalabären.
- Kookaburra, gilt als eine der umsatzstärksten silbernen Anlagemünzen.
- Libertat, die Anlagemünze wird seit 1982 ununterbrochen aus reinem Silber geprägt.
- Australischer Silber-Lunar Serie 2, die seit Ende 2007 angeboten wird.
- Chinesischer Silber-Lunar und Farb-Lunar, diese Münzen zeigen chinesische Tierkreiszeichen.

- Maple Leaf, klassische Anlagemünze aus Kanada; benannt nach dem Ahornblatt (Maple Leaf).
- Panda, Silbermünze aus China, die 1983 erstmals geprägt wurde.
- Wiener Philharmoniker, diese erste Silbermünze mit einem Nennwert in Euro wird von der Münze Österreich seit 2008 geprägt.

INVESTMENTKOMPASS

Wie investieren?

Silberbarren sind wegen der höheren Mehrwertsteuer (19 Prozent) nicht zu empfehlen. Für Münzen und Münzbarren zahlt der Anleger in Deutschland nur 7 Prozent Mehrwertsteuer. Da es Kilo-Münzen und Münz-Barren gibt, lassen sich auch etwas höhere Summen unter Vermeidung von reinen Silberbarren anlegen.

Wie viel investieren?

Als Industrie-Edelmetall ist der Silberpreis in starkem Maße abhängig von der Konjunkturentwicklung. Daraus resultiert eine höhere Preis-Volatilität (Schwankungsintensität) als zum Beispiel beim Gold. Der Schwerpunkt des Edelmetall-Investments sollte daher auf Gold liegen, nicht zuletzt schon aus logistischen Gründen. Denn wer 50.000 Euro in Silbermünzen anlegen möchte, braucht einen großen Tresor.

Perspektiven

Silber wird verbraucht, Gold wird gehortet. Das heißt, die Silberreserven dürften deutlich früher zur Neige gehen als das Gold, zumal der industrielle Bedarf an Silber groß ist. Eine Faustformel besagt: In jedem Auto steckt eine Unze Silber. Mittel- bis langfristig ist daher von steigenden Silberpreisen auszugehen, wenngleich unter deutlichen Schwankungen. Silber ist deshalb nicht unbedingt ein Investment für Anleger mit schwachen Nerven.

Spielzeug – Blue Chips aus teurem Blech

Für rund 28.600 US-Dollar hatte der kauzige amerikanische Verleger Malcolm Forbes in den 1980er-Jahren ein Modell des Ozeanschiffes »Lusitania« erstanden. Zweifellos, schon damals ein stolzer Preis für ein Spielzeug. Vor gut zwei Jahren kam das Sammlerstück in New York unter den Hammer. Es wurde für 194.500 US-Dollar zugeschlagen. Forbes konnte sich über diese ansehnliche Rendite allerdings nicht mehr freuen, er war schon einige Jahre zuvor gestorben. Doch bis heute fällt sein Name oft, wenn Sammler über historische Schiffsmodelle fachsimpeln. Und Auktionserlöse in der genannten Größenordnung sind offenkundig keine Seltenheit. Gesuchte Schiffsmodelle in sehr gutem Erhaltungszustand könnten mitunter Preise von 200.000 Euro und mehr erreichen, weiß Christian Selzer, auf historisches Spielzeug spezialisierter Auktionator im Rheingau-Städtchen Rüdesheim.

Wenn aus Kinderträumen von einst Sammlerträume von heute werden, sind ansehnliche Preissprünge nahezu programmiert. Besonders gefragt: altes technisches Spielzeug wie etwa Eisenbahnen, Blechautos, Dampfmaschinen und Metallbaukästen. Die Preise für gesuchtes Spielzeug in neuwertiger Qualität und möglichst in der Originalverpackung hätten sich seit den 1990er-Jahren etwa verdoppelt, mitunter sogar verdreifacht, berichtet der passionierte Sammler Kurt Moritz aus dem österreichischen Vorarlberg. Gesucht sei alte Mechanik, im Idealfall aus der deutschen Kaiserzeit. Damals wurden die Modelleisenbahnen noch von Uhrwerken angetrieben.

In den Jahren 2000 bis 2007 sind die Preise für Blechspielzeug teilweise explodiert, bevor sie im Zeichen der Finanzkrise leicht zurückgingen und sich seither seitwärts entwickeln. »Das gilt aber nicht für absolute Superqualitäten. Dafür werden nach wie vor Wahnsinnspreise gezahlt«, sagt Christian Selzer.

Bei der Preisentwicklung spielt neben der Qualität vor allem die Magie der Marke eine entscheidende Rolle. Ob Eisenbahnen, Dampfmaschinen, Schiffe oder Metallbaukästen – immer wieder fällt der Name Märklin. »Was für einen Uhrensammler eine Patek Philippe, ist für einen Sammler von antikem technischen Spielzeug ohne Frage Märklin«, erklärt der Auktionator aus Rüdesheim.

Wer an diese Marke denkt, dem kommen natürlich zunächst einmal Modelleisenbahnen in den Sinn. Für den Preis von besonders gut erhaltenen und gesuchten Exemplaren könnte man sich schon einen neuen Mittelklassewagen gönnen. Die Märklin Gotthardlok etwa wurde vor einiger Zeit für 23.500 Euro versteigert. Sehr hohe Preise erzielen Lokomotiven aus der Zeit vor 1914. »Der Markt für diese Uralt-Modelle ist faktisch leergefegt«, sagt Selzer.

Sammler, die in den 1970er-Jahren eine alte Märklin »Krokodil«-Lokomotive kauften, mussten damals ungefähr 3.000 D-Mark investieren. Heute ist das gute Stück – wenn überhaupt – nicht mehr unter 25.000 Euro zu bekommen. Ein seltener Postwagen von Märklin (Spur 1) wiederum wechselte auf einer Auktion erst bei 5.600 Euro den Besitzer.

Aber auch für andere Produkte aus dem 1859 von Theodor Friedrich Wilhelm Märklin in Göppingen gegründeten Traditionsunternehmen zahlen Sammler fünfstellige Preise. Gern berichtet Christian Selzer zum Beispiel von dem Minikarussell »Aeropal« von Märklin aus dem Jahr 1905. Das antike Stück aus Blech, von Hand gefertigt und farbig lackiert, wurde für 65.000 Euro verkauft.

Neben Märklin steht bei Sammlern Blechspielzeug der ehemaligen Nürnberger Manufaktur Gebr. Bing hoch im Kurs. Der »Zarenzug« von Bing, bestehend aus einer Lok und zwei Wagen, war einem Liebhaber schon vor knapp elf Jahren rund 100.000 D-Mark wert. Handlackierte Blechautos aus den 1920er- und 1930er-Jahren erfreuen sich ebenfalls großer Beliebtheit. Gefragt sind in erster Linie Spielzeug-Automobile der Hersteller Georges Carette, Bing, Karl Bub und Distler. Ab Mitte der 1930er-Jahre sorgte der Nürnberger Hersteller Schuco (Kurzform für den Unternehmensnamen »Schreyer & Co.«) mit seinen technisch anspruchsvollen Blechspielzeugautos für Aufsehen. Auch diese Marke gehört heute für Sammler von Blechspielzeug unbestritten zu den Blue Chips. »Bei Blechautos handelt es sich um ein sehr großes Sammelgebiet. Die Preisentwicklung ist erfahrungsgemäß volatiler als etwa bei Eisenbahnen«, berichtet Christian Selzer.

Um Geld zu verdienen, muss man übrigens nicht einmal stolzer Besitzer von gesuchtem und gut erhaltenem Blechspielzeug sein. Sogar mit original Märklin-Verpackungen in neuwertigem Zustand lassen sich heute vierstellige Preise erzielen.

Investmentkompass

Qualität zählt

Die Sammlerstücke sollten möglichst neuwertig sein, zumindest keine erheblichen Gebrauchsspuren aufweisen. Ist die Originalverpackung noch vorhanden, wirkt sich dies in der Regel preissteigernd aus. Besonders gefragt ist Blechspielzeug der Marken Märklin, Bing, Carette, Bub, Distler und Karl Arnold (Modelleisenbahnen der Spurweite N).

Vorsicht bei Repliken und Fälschungen

Für den Sammler sind Repliken, also die originalgetreue Nachauflage alter Spielzeugmodelle, kaum interessant. Es sei denn, es handelt sich um streng limitierte Editionen. Vorsicht Fälscher: Nur bei renommierten Anbietern und in spezialisierten Auktionshäusern kaufen.

Erst informieren, dann investieren

Für Einsteiger ist es empfehlenswert, zunächst den Markt zu verfolgen (Auktionsergebnisse vergleichen, mit erfahrenen Sammlern sprechen). Interessante Museen: Historisches Spielzeugmuseum im pfälzischen Freinsheim, Selzer-Toy-Museum in Rüdesheim/Rhein. Lesestoff: Sammlermagazin »Alters Spielzeug«, Bücher: *Kolls Kompakt Katalog* (Märklin Liebhaberpreise), *Wertanlage Märklin*.

Tabakdosen – Dosen als Preziosen

Ein Empfang in distinguierter Gesellschaft. Hochkarätige Gäste mit Geld und Einfluss sind zusammengekommen, pflegen die Kunst des Smalltalks. Einer der Gentlemen zückt eine edle Schnupftabakdose, platziert eine Portion des aromatischen Stoffs auf dem Handrücken und zieht die Prise in die Nase. Heute vermutlich ein Stilbruch, vor einem halben Jahrhundert aber eine von der Gesellschaft durchaus goutierte Form des Tabakkonsums. Trotzdem, dem Herrn im edlen Zwirn bekommt die Prise nicht. Eben noch putzmunter, bricht er plötzlich zusammen. Jede Hilfe kommt zu spät, der Gentleman erliegt einem Herzversagen. Eine ältere, ziemlich schrullige Dame, die zufällig unter den Gästen weilt, mag an einen natürlichen Tod nicht glauben. Ihr Verdacht erhärtet sich, als die Schnupftabakdose des Toten gefunden wird. Sie enthält keinen Krümel Tabak mehr. Die kostbare Dose hingegen hat ein Unbekannter achtlos weggeworfen. Ihm ist es anscheinend nur darum gegangen, den vergifteten Tabak zu entsorgen. Ein Dieb hätte niemals diese Tabakdose zurückgelassen – dessen ist sich die alte Dame gewiss.

Diese Szene stammt aus dem 1964 gedrehten Krimi »Schiff Ahoi«, und die argwöhnische Lady war die Hobby-Detektivin Miss Marple, die damit immerhin bewies, dass sie nicht nur über einen geschärften Blick für die Mitglieder der Unterwelt verfügte, sondern auch etwas von edlen Preziosen verstand.

Einfacher Tabak in aufwendigen Behältnissen aus Goldemail, die in feinsten Manufakturen entstanden und kleinen Kunstwerken gleichkamen – das mag heute dem einen bestenfalls als Snobismus, dem anderen als Geschmacksverirrung erscheinen. Im 18. und 19. Jahrhundert jedoch war die Schnupftabakdose ein angemessenes Accessoire für den Mann (und mitunter sogar für die Dame) von Welt. »Schnupfen galt damals als Ritual der Elite«, heißt es bei den Experten von M.S. Rau Antiques in New Orleans. Solventen Sammlern und Anlegern bietet das amerikanische Antiquitätenfachgeschäft aktuell eine französische Schnupftabakdose aus Gold und Email an. Die von Hand bemalte Kostbarkeit aus dem Jahr 1790 kostet 28.500 US-Dollar, umgerechnet knapp 20.000 Euro.

Edle Dosen aus Gold und Email waren schon immer mehr als nur Behältnisse für Tabak. Sie zeugten vielmehr von der gesellschaftlichen Stellung und der finanziellen Potenz ihrer stolzen Eigentümer. Kein Wunder also, dass Kaiser Wilhelm II. bei seiner Abdankung einige besonders wertvolle Tabakdosen mit ins niederländische Exil nahm. Heute gelten die international gesuchten Stücke als höchst interessante Form der Kapitalanlage. Vorausgesetzt, ein Investor hat überhaupt die Möglichkeit, eine solche Tabakdose aus dem 18. oder 19. Jahrhundert zu erstehen. »Noch vor zwanzig Jahren waren solche Dosen fester Bestandteil vieler Uhrenauktionen, da sie in ihrer herausragenden handwerklichen Verarbeitung und der bestechenden künstlerischen Ausführung mit hochwertigen Uhren durchaus vergleichbar sind«, konstatiert Stefan Muser, Inhaber des Mannheimer Auktionshauses Dr. Crott. Mangels Masse seien die wirklich interessanten Tabakdosen allerdings fast komplett aus den Auktionen verschwunden. Ergebnis: Sie sind noch schwieriger zu bekommen als gesuchte Vintage-Uhren aus der Schweiz.

Entsprechend entwickelten sich die Preise. Für im Wortsinn hochkarätige Dosen muss der Sammler und Anleger meist fünfstellige Summen investieren. Die extrem seltene französische Goldemail-Schnupftabakdose »Die Treue« aus dem Jahr 1775 in 20-karätigem Gold zum Beispiel dürfte, je nach Erhaltungszustand, heute gut und gern 50.000 Euro wert sein. Begehrt sind ferner die Schnupftabakdosen aus den feinen Manufakturen in St. Petersburg. Die aus dem 19. Jahrhundert stammende russische Tabakdose »Alexander der Große vor dem Orakel Amon in der ägyptischen Oase Siwa« gehört ebenfalls zu den gesuchten Stücken und repräsentiert einen Wert im mittleren fünfstelligen Bereich. Auch aus der Schweiz kommen viel beachtete Preziosen, zum Beispiel die Louis XV-Schmuckdose aus dem 18. Jahrhundert, die allerdings eher mit einem vierstelligen Preis zu Buche schlagen dürfte.

»Keine andere Form der Kapitalanlage in handwerkliche Kunst ist so inflationsgeschützt wie edle Tabakdosen von sehr guter Qualität«, freut sich Rüdiger Falz-Fein, ehemaliger Unternehmensberater mit Wohnsitz am Zürichsee, der im Laufe der Jahre auf internationalen Auktionen mehrere kostbare Dosen ersteigerte. »Wirklich gute Ware wird nur selten angeboten. Man muss den Markt ständig beobachten und die Kataloge der internationalen Auktionshäuser wälzen. Da können keine Spekulationsblasen entstehen«, schmunzelt Falz-Fein zufrieden. Über seine eigene Kollektion möchte er nicht sprechen – »aus Sicherheitsgründen«, wie er betont.

Potenzielle Investoren sollten bei ihren Recherchen vor allem auf antike Tabakdosen französischer Provenienz aus der ersten Hälfte des 18. Jahrhunderts achten. Um allerdings so kostbare Stücke zu bekommen, braucht ein Anleger schon den Spürsinn einer Miss Marple.

INVESTMENTKOMPASS

Begehrte Stücke

Antike Tabakdosen aus Frankreich, Russland (St. Petersburg) und der Schweiz gehören zu den ersten Adressen. Besonders wertvoll sind sehr gut erhaltene Dosen aus dem 18. Jahrhundert mit einer seriösen Expertise.

Wo kaufen?

Die meisten antiken Tabakdosen befinden sich im Eigentum von Museen. Gelegentlich werden einige über internationale Auktionshäuser versteigert, teilweise auch auf Uhrenauktionen.

Preise und Perspeketiven

Sehr seltene und gut erhaltene Stücke aus dem 18. und 19. Jahrhundert aus Gold und Email kosten in der Regel zwischen 20.000 und 50.000 Euro. Bei weniger gesuchten Stücken muss immerhin noch mit einer vierstelligen Summe gerechnet werden. Die Preise dürften stabil bleiben und in den nächsten Jahren weiter steigen, da nur selten gesuchte Dosen angeboten werden.

Taschenuhren – Rendite nur mit der Spitzenliga

Diese Uhr wurde wohl nicht unbedingt für die Westentasche gebaut: Die astronomische Goldsavonette »Grande Complication« von Union Glashütte aus dem Jahr 1896 wiegt rund 400 Gramm und dürfte damit die schwerste jemals in Sachsen hergestellte Taschenuhr sein. Seit Ende 2010 hat sie einen neuen Besitzer. Er zahlte auf einer Auktion von Dr. H. Crott 341.000 Euro für den gewichtigen und komplizierten Zeitmesser. Wem nicht der Sinn nach musealen Uhren steht, kann auch für zeitgenössische Stücke viel Geld ausgeben. Die Waltham Vanguard zum Beispiel ist eine gelungene Fusion von Uhrmacherkunst und edelstem Schmuckdesign. Diamanten und Saphire zieren diese Taschenuhr in einem Gehäuse aus 18-karätigem Gelbgold. Wer sich die Vanguard für sein Uhren-Portfolio sichern möchte, muss umgerechnet etwa 49.500 Euro investieren.

»Der Fokus lag lange Zeit auf Armbanduhren, doch wirklich spektakulär ist die Preisentwicklung bei Taschenuhren«, weiß Stefan Muser, Inhaber des Mannheimer Auktionshauses Dr. Crott. Das erstaunt im ersten Moment sogar Branchenkenner, denn in den vergangenen Jahren spielten Taschenuhren nur eine Nebenrolle. »Preise, wie sie noch vor 25 Jahren bezahlt wurden, lassen sich heute nicht mehr annähernd erzielen«, berichtet Thomas Eder vom Münchner Fachgeschäft Antike Uhren Eder. Angesichts des niedrigen Preisniveaus hätten Sammler kein Interesse daran, sich von ihren Uhren zu trennen. Julien Schaerer, Managing Director des Genfer Auktionshauses Antiquorum, berichtet ebenfalls von einer »seit zehn Jahren sinkenden Nachfrage nach Taschenuhren«.

Der scheinbare Widerspruch lässt sich einfach auflösen. Während die Preise für Zeitmesser im unteren und mittleren Segment deutlich gesunken sind, sorgt vor allem das Interesse solventer Sammler aus China für atemberaubende Wertsteigerungen bei sehr komplizierten Taschenuhren. »In einigen Fällen haben sich die Preise in den letzten vier Jahren fast verdreifacht«, sagt Auktionator Stefan Muser. Doch eine normale Dreizeiger-Uhr im 14-karätigen Goldgehäuse findet kaum die Gnade der anspruchsvollen Sammler und Investoren aus Asien. Es sollte schon etwas ganz Besonderes sein. Ganz oben auf der Wunschliste stehen zum Beispiel Uhren mit Schlagwerk – im Idealfall eine Minutenrepetition (siehe Info-Kasten) – oder Musikwerk. Auch Email-Taschenuhren seien gefragt, berichtet Julien Schaerer von Antiquorum: »Außergewöhnliche Taschenuhren bringen in der Regel sehr gute Auktionsergebnisse«.

Aber natürlich kommt es auch darauf an, welche Signatur auf dem Zifferblatt prangt. Marken wie Piguet Meylan und Freres Rochat sind wegen ihrer Schönheit und der Qualität ihrer Werke besonders gefragt. Bei seltenen Spitzenstücken von A. Lange & Söhne oder Patek Philippe habe sich der generelle Preisrückgang im Bereich der Taschenuhren nicht bemerkbar gemacht, stellt Thomas Eder fest. Darüber hinaus entscheiden die mechanischen Raffinessen über den Wert. Neben den begehrten Taschenuhren mit Repetition oder Musikwerk stehen klassische Komplikationen für luxuriöse Zeitmesser hoch im Kurs, zum Beispiel der Ewige Kalender und das Tourbillon. »Was die Komplikationen angeht, tendiert Patek Philippe noch immer zur Marktführerschaft«, fügt Julien Schaerer hinzu.

Der erste Eindruck zählt

Um Spitzenpreise zu realisieren und Anlegern eine interessante Rendite zu sichern, muss die Taschenuhr aber noch eine Reihe weiterer Qualitätskriterien erfüllen. Nur wenn sich das Gehäuse in erstklassigem Zustand befindet, wird die Uhr einen attraktiven Preis erzielen. »Wie im Leben zählt der erste

Eindruck. Beschädigungen, die auf den ersten Blick zu erkennen sind, wirken sich sehr stark auf den Verkauf aus«, stellt Günter Eichberger fest. Der Uhrenexperte des Wiener Auktionshauses Dorotheum gibt weitere Tipps für den Kauf hochwertiger alter Taschenuhren: »Ein funktionierendes Uhrwerk ist Bedingung. Und natürlich sollte das Zifferblatt makellos sein. Immerhin handelt es sich um die »Visitenkarte« einer Uhr.«

Auch die Wiener Experten berichten über einen Trend hin zu wirklich alten Taschenuhren, vor allem aus dem frühen 18. Jahrhundert, mit Werken von bekannten Uhrmachern und innovativen Erfindungen. Günter Eichberger rät von falschen Kompromissen ab: Nur Topstücke erreichten Toppreise. »Insgesamt ist der Sammlermarkt selektiver geworden. Uhren, die in den erwähnten Qualitätskriterien – also Aussehen, Funktion des Werkes und Zustand des Zifferblatts – keine Höchstnoten erzielen, werden vom Markt nur mehr sehr bedingt angenommen.«

Immerhin könnten von dem starken Interesse an hochwertigen alten Taschenuhren später auch die Zeitmesser in bezahlbareren Preiskategorien profitieren. Davon ist der Münchner Uhrenexperte Thomas Eder überzeugt: »Taschenuhren werden früher oder später wieder attraktiver werden. Denn wer sich mit diesem Thema etwas beschäftigt, wird recht schnell fasziniert sein von dieser Technik und Geschichte.« Schließlich gab es Zeiten, in denen der deutschen Kaiser höchstselbst einigen handverlesenen ausländischen Gästen und Gastgebern hochwertige Uhren aus Glashütte überreichte. Bei seinem Besuch in Konstantinopel im Jahr 1898 etwa beglückte Kaiser Wilhelm II. den osmanischen Sultan mit einer bei A. Lange & Söhne gefertigten Taschenuhr.

INVESTMENTKOMPASS

Differenzierte Preisentwicklung

Taschenuhren im unteren oder mittleren Preissegment sind als Kapitalanlage weitgehend ungeeignet. Wertsteigerungspotenzial weisen aber Taschenuhren mit einer Vielzahl von technischen Finessen (Komplikationen) auf. Absolutes Highlight ist dabei die Minutenrepetition (siehe Kasten »Kleines Taschenuhren-Glossar«. Gefragt sind ferner Email-Taschenuhren, außerdem sollte eine Signatur des Herstellers auf dem Zifferblatt prangen.

Bekannte Namen

Zu den Klassikern zählen Taschenuhren von A. Lange & Söhne oder Patek Philippe. Von Sammlern geschätzt werden ferner die Marken Piguet Meylan und Frères Rochat.

Erhaltungszustand zählt

Das Uhrwerk muss einwandfrei funktionieren, und das Zifferblatt sollte makellos sein. Nur dann lassen sich Taschenuhren zu guten Preisen verkaufen.

Kleines Taschenuhren-Glossar

Lépine-Gehäuse: offene Taschenuhr, ohne Sprungdeckel.
Savonette: Taschenuhr mit Sprungdeckel und Krone bei »3-Uhr«.
Halbsavonette: Savonette mit Sichtfenster im Sprungdeckel.
Linie (auch Pariser Linie oder Ligne): altes französisches Maß, häufig bei der Werkbeschreibung von Uhren anzutreffen; 1 Linie = 2,256 mm.
Minutenrepetition: Schlagwerk in einer Uhr, das auf Abruf die vergangenen Stunden, Viertelstunden und Minuten schlägt.
Viertelstundenrepetition: Schlägt die vergangenen Stunden und Viertelstunden (Beispiel: Es ist 11.50 Uhr, das Werk schlägt 11 Mal die vergangenen Stunden und 3 Mal die vergangenen Viertelstunden).

(Orient-) Teppiche – Rendite aus Wolle und Seide

Es klingt wie ein Märchen aus Tausendundeine Nacht: Da bot ein kleines Auktionshaus in Bayern einen Perserteppich mit einem Mindestpreis von 900 Euro an. Nach einem hitzigen Bietergefecht fiel der Hammer bei gut 20.000 Euro. Eigentlich ein lukratives Geschäft für Verkäufer und Auktionator gleichermaßen. Doch dann wurde dieser Teppich vom Auktionshaus Christie's in London für umgerechnet über sieben Millionen Euro versteigert. Eine Traumrendite, zumal wenn man bedenkt, dass zwischen dem Kauf und Verkauf des begehrten Perserteppichs gerade einmal sechs Monate lagen.

Aber diese Zeit reichte aus, um das faszinierende Geheimnis dieses außergewöhnlichen Stücks zu ergründen. Es handelt sich um einen sehr seltenen Vasenteppich aus dem iranischen Kerman. Das allein erklärt freilich nicht diese spektakulären Preissprünge. Was das Fieber solventer Sammler von seltenen Orientteppichen steigen ließ, war vielmehr die Provenienz des »Persers«. Der Teppich befand sich nämlich lange Zeit im Besitz der französischen Kunstmäzenin Comtesse de Béhague (1870-1939). »Nicht auszuschließen, dass die Comtesse den Teppich in ihrem Schlafzimmer hatte«, regte William Robinson, Experte für Islam-Kunst, die Fantasie potenzieller Käufer weiter an.

Es gehört gleichsam zum kleinen Einmaleins des Kunsthandels, dass sich ein prominenter Vorbesitzer wertsteigernd auf das Objekt auswirkt. Das gilt auch für seltene Orientteppiche. So ließ der Emir von Qatar für einen Täbriz-Teppich aus dem Hause Rothschild im Juli 1999 umgerechnet rund 1,8 Millionen Euro zahlen.

»Trotz temporärer Schwankungen in der Nachfrage galt der Teppich schon immer als interessantes Prestige- und Wertobjekt«, sagt Wolfgang Matschek, Experte für Orientteppiche, Textilien und Tapisserien im Wiener Auktionshaus Dorotheum. Derzeit sei die Nachfrage aus Asien, vor allem Indonesien, sehr stark. Aber auch Italien, Deutschland, England und die USA seien gute Märkte. Zunehmend interessierten sich überdies wohlhabende Russen für Orientteppiche als Kapitalanlage. Das spricht für weiter steigende Preise, obwohl der US-amerikanische Markt für Perserteppiche aufgrund des gegen den Iran verhängten Embargos aktuell geschlossen ist.

»Im Nahen Osten, wo die meisten Teppiche hergestellt werden, haben früher die Weber selbst ihre Erzeugnisse als Wertanlage gesammelt und in schlechten Zeiten verkauft«, so Experte und Autor George O'Bannon (*Orientteppiche*). Wer heute ein außergewöhnliches Stück erstehen möchte, muss zwar nicht unbedingt Millionen, aber doch eine hohe vierstellige oder gar fünfstellige Summe investieren. Zudem ist viel Wissen erforderlich, denn der Wert alter Orientteppiche hängt von einer Vielzahl von Kriterien ab. Die Preise seien auf das jeweilige Einzelstück zugeschnitten, ähnlich wie bei einem Gemälde, sagt O'Bannon. Der Anleger sollte immer mit dem Risiko hoher Schwankungen rechnen.

Für antike Teppiche gelten individuelle Bewertungen

Dennoch gibt es – neben der Provenienz des guten Stücks – mehrere Qualitätskriterien, die über den Wert eines Teppichs bestimmen. »Es ist ein weitverbreiteter Irrglaube, dass ein besonders feiner Teppich automatisch sehr teuer sei. Das mag bei neuen Teppichen gelten, bei den alten aber hat längst schon ein anderer für diese Arbeitsleistung gezahlt«, gibt Wolfgang Matschek zu bedenken. »Bei antiken Teppichen wird individuell bewertet. Nicht die Feinheit entscheidet, sondern die Bedeutung des Stücks in seiner Gruppe, die Farbe, der Erhaltungszustand, der Flor und nicht zuletzt die aktuelle Modeströmung.« So könne ein grober Teppich, der in vielen anderen

Qualitätskriterien überzeuge, deutlich teurer sein als ein feiner. Sogar Fragmente, also lediglich Teile antiker Teppiche, erzielen meist Preise von mehreren Tausend Euro. Sie dienen dann natürlich nicht als Bodenbelag, sondern werden auf Leine genäht und zieren die Wand – wie ein Gemälde.

Hoch im Kurs stehen derzeit unter anderem Teppiche aus Turkmenien, dem klassischen Herkunftsland von sogenannten Nomadenteppichen. Die von Ort zu Ort ziehenden und üblicherweise in Zelten lebenden Völker waren auf transportable Webstühle angewiesen. Und die Farbstoffe für die Teppiche wurden aus wild vorkommenden Pflanzen gewonnen. Die Zahl der Ornamente ist bei Nomadenteppichen eher begrenzt. Die Knüpfer fertigten die Muster aus dem Gedächtnis an und variierten sie von Teppich zu Teppich. Aus dem Kaukasus kommen hingegen in erster Linie Dorfteppiche, die von Knüpfern in bäuerlichen Gemeinschaften gefertigt wurden. Im Gegensatz zu den Nomaden konnten sie sich feststehender Web- und Knüpfstühle bedienen, außerdem stand ihnen meist ein breites Spektrum an Naturfarben zur Verfügung.

Wolfgang Matschek gerät ins Schwärmen, wenn er von kaukasischen Teppichen erzählt: »Das sind faszinierend farbenfrohe, dicke Dorfteppiche. Nur leider findet man im Kaukasus kaum noch solche Stücke. Gleiches gilt für die begehrten antiken Teppiche aus der Türkei. Die Ursprungsländer sind weitgehend leergekauft«, sagt der Experte. Auch nach Perserteppichen mit floraler Musterung besteht mittlerweile wieder eine steigende Nachfrage mit anziehenden Preisen. Begehrt sind darüber hinaus alte Seidenteppiche, zum Beispiel aus Zentralpersien oder der Türkei. Zu den versteckten Perlen zählen schließlich die Tiger-Teppiche aus Tibet, von denen man bis in die 1970er-Jahre kaum etwas wusste. Dabei handelt es sich um sehr seltene Baumwoll-Teppiche mit Tigerfellmusterung. Schätzungen zufolge gibt es weltweit weniger als 200 authentische Tiger-Teppiche. Wer einen besitzen möchte, muss in der Regel mindestens den Gegenwert eines Kleinwagens investieren. Aber welcher passionierte Sammler und Anleger mag bei solch raren Stücken noch auf dem Teppich bleiben?

INVESTMENTKOMPASS

Die wichtigsten Herkunftsländer

Türkei, Persien (Iran), Kaukasus, Turkmenien, Turkestan, Usbekistan, Tibet, Indien und Afghanistan.

Alt oder antik?

Antike Teppiche sollten mindestens 100 Jahre, semi-antike mehr als 50 Jahre alt sein. Bei 50 Jahren oder jünger spricht man von alten Teppichen.

Checkliste zur Prüfung alter Teppiche

- Zustand: Ist der Teppich vollständig oder zerschnitten? Ist der Flor abgenutzt, sind die Kanten unversehrt und die Abschlüsse (wo die Fransen sind) vollständig? Wurde der Teppich repariert (Mottenschaden)?
- Farbe: Sind die verwendeten Naturfarben typisch für den Teppich? Weist er eine natürliche Patina auf, die sich im Laufe der Jahrzehnte oder Jahrhunderte ergibt?
- Seltenheit: Gibt es nur noch wenige Stücke von vergleichbarer Art, handelt es sich gar um ein Unikat?
- Ist es ein Nomaden- oder Dorfteppich?
- Wolle: Wurde die jeweils typische Wolle verwendet?

Einkaufsquellen

Fachhandel und anerkannte Auktionshäuser.

Perspektiven

Wertsteigerungspotenzial besteht bei farbenfrohen Dorfteppichen aus dem Kaukasus und antiken Teppichen aus der Türkei, ferner bei Perserteppichen mit floraler Musterung sowie bei alten Seidenteppichen.

Traktoren – Rendite mit Zugkraft

Während die meisten Freunde historischer Fahrzeuge mit Vorliebe in gesuchte Oldtimer wie die Daimler-Benz-Baureihen W114 und W115 investieren, aber auch den Jaguar E-Type oder den »Youngtimer« Porsche 914 nicht verschmähen, entwickelte sich in den vergangenen Jahren ein renditestarker Nischenmarkt: Tatsächlich kann man mit alten Traktoren in gutem Zustand seine Geldanlage auf Touren bringen.

Nicht nur der Landbevölkerung sind die großen Traktormarken in bester Erinnerung, wie zum Beispiel Deutz, Fendt, Güldner, Hanomag, Porsche, Lanz und Schlüter. Auch der Italiener Ferruccio Lamborghini stellte in seinem 1948 gegründeten Unternehmen zunächst Traktoren her. Die ersten Modelle waren umgebaute Militärfahrzeuge.

Doch die alten Schlepper aus den 1950er- bis 1970er-Jahren mit ihren charakteristischen Hauben rosteten später nur noch vor sich hin. Auf den Oldtimertreffen besaßen sie lange Zeit keinen besonders hohen Stellenwert. Dann aber setzte allmählich die Renaissance der Mechanik ein. In einer vollelektronischen, computergesteuerten Welt sehnen sich viele Menschen nach mechanischen Spitzenleistungen – abseits von Displays, Digitalanzeigen, elektronischen Assistenzsystemen und Computerabstürzen.

Marktsegment wächst seit Jahren zweistellig

Plötzlich standen Traktoren wieder hoch im Kurs – und das ist durchaus wörtlich zu nehmen. Traktoren seien aus dem Dornröschenschlaf erwacht und jetzt ein großes Thema im Markt, sagen Experten. Tatsächlich wächst dieses Marktsegment seit gut zehn Jahren regelmäßig zweistellig. Das schlägt sich natürlich in den Preisen nieder: Am teuersten sind die Traktoren der Marke Porsche Diesel, zum Beispiel der Porsche Diesel Junior oder der Porsche Diesel Super. Für beide Modelle müssen heute jeweils rund 10.000 Euro investiert werden. Auch für Traktoren anderer Marken in gutem Zustand muss man mehrere Tausend Euro bezahlen. Die etwas günstigeren Einsteigermodelle haben weniger PS, außerdem fehlt ihnen oft die Magie einer großen Marke.

Durchschnittlich benutzte alte Schlepper der 1950er- und 1960er-Jahre der Marken Fahr, Deutz, Fendt, Güldner, Hanomag oder Lanz kosten aktuell in gebrauchsfähigem (aber unrestauriertem) Zustand 2.500 bis 3.000 Euro. Schlepper von Porsche sind, wie erwähnt, kaum unter 10.000 Euro zu bekommen.

Der Wertzuwachs ist beachtlich: Im Jahr 1999 kostete ein alter Traktor des Typs Fendt Farmer durchschnittlich 600 D-Mark. Heute zahlt man in jedem Fall mehr als 2.000 Euro. Das heißt, in knapp 13 Jahren hat sich der Preis etwa versiebenfacht. Von solchen Renditen können Aktienanleger nur träumen.

Angesichts der teilweise drastisch gestiegenen Preise wenden sich Einsteiger den weniger bekannten Marken und auch den »Youngtimern« zu. Dazu zählen Fahrzeuge aus den 1980er-und 1990er-Jahren.

Experten warnen aber davor, einen alten Traktor bei Internet-Auktionshäusern zu kaufen. Denn dort finden sich fast nur noch alte Exemplare, die zwar optisch schön anzuschauen sind, aber häufig schwere verborgene Mängel am Motor aufweisen. Die besten Exemplare bekommt man bei Schlepper-Vereinen, wo die Traktoren in Gemeinschaftsarbeit liebevoll restauriert wurden. Auch Raiffeisen-Organisationen und bäuerliche Ortsverbände sind mögliche Ansprechpartner, wenn man einen alten Traktor sucht. Und mit etwas Glück stößt man auf ein Gefährt, das der Rendite Zugkraft gibt.

Investmentkompass

Teure Reparaturen drücken die Rendite

Der Motor des Traktors sollte in Ordnung sein. Experten empfehlen, auf trockene Zylinder und Zylinderköpfe zu achten. Vorsicht bei »bläulichen« Abgasen, der Motor könnte kurz davor sein, den Geist aufzugeben.

Auf Papiere achten

Natürlich müssen der Fahrzeugbrief und alle übrigen Unterlagen vorliegen, auch ein Nachweis der vorgenommenen Wartungen und Reparaturen.

Begehrte Jahrgänge

Traktoren aus den 1950er- bis 1970er-Jahren sind gefragt und bergen Wertsteigerungspotenzial.

Begehrte Marken

Porsche, Deutz, Fendt, Güldner, Hanomag, Lanz, Schlüter und Lamborghini.

Youngtimer – der Charme der jungen Alten

An das Jahr 1982 dürften sich viele noch recht gut erinnern: In der damaligen Bundeshauptstadt Bonn löste Helmut Kohl seinen Vorgänger Helmut Schmidt als Kanzler ab, Italien wurde Fußball-Weltmeister, der Elektro-Konzern AEG-Telefunken beantragte Insolvenz. Scheinbar gar nicht allzu lange her. Doch die Autos, die seinerzeit produziert wurden, wechseln nun schon allmählich in den Oldtimer-Status. Sie führen dann das begehrte »H«-Kennzeichen (für »historisch«), während ihre Eigentümer auf steigende Preise hoffen dürfen. Denn wenn ein Youngtimer zum Oldtimer wird, legt meist der Wert der nostalgischen Fahrzeuge zu. Vorausgesetzt, es handelt sich um ein gesuchtes Modell einer imageträchtigen Marke. So eignen sich Youngtimer zum einen als Spekulationsobjekte, zum anderen aber auch für den vergleichsweise preiswerten Einstieg in die Welt betagter Automobile.

Während der Deutsche Oldtimer-Index – eine Art Dax für Oldies – im Jahr 2011 erneut um über 9 Prozent zulegte und heute für die begehrten Daimler-Benz-Baureihen W114 und W115 (Mercedes »Strich acht«) in sehr gutem Erhaltungszustand zwischen 10.000 und 18.000 Euro gezahlt werden müssen, sind aussichtsreiche Youngtimer zum Teil für unter 1.000 Euro zu haben. Auf der Internet-Plattform »Youngtimer-portal.de« werden der VW Jetta II Typ 19 und der Opel Ascona C als Einsteigermodelle empfohlen. Den 3er BMW E30 aus den 1980er-Jahren gibt es in sehr gutem Zustand schon ab 2.000 Euro.

Preise steigen langsam, aber stetig

Doch lohnen sich Youngtimer wirklich als Kapitalanlage? Lassen sich mit den einstigen Spießerautos bald Spitzenrenditen erzielen? Der Wiener Oldtimer- und Youngtimerexperte Rainer M. Bertl sieht durchaus Chancen, wenn der Käufer sehr selektiv vorgeht: »Die Preise für Youngtimer entwickelten sich in den vergangenen Jahren eher langsam nach oben. Dennoch lassen sich mit begehrten Modellen heute Preise erzielen, die über den in den Fachmagazinen veröffentlichten Richtwerten liegen.« Über das Wertsteigerungspotenzial von Youngtimern entscheiden nach Ansicht Bertls das Markenimage, die Seltenheit und die technischen Besonderheiten. Außerdem sollte das Auto in sehr gutem Erhaltungszustand sein.

Zur Vorsicht rät Bertl bei Youngtimern zu Schnäppchenpreisen. Diese Fahrzeuge seien oft in schlechtem Zustand. Die dann erforderlichen Reparaturen überstiegen meist die Anschaffungskosten um ein Mehrfaches. »Solche preiswerten Youngtimer sollten allenfalls dann in Betracht kommen, wenn der Käufer über ausreichenden Sachverstand und Zeit verfügt, um das Fahrzeug selbst reparieren und restaurieren zu können.« Gefragte Youngtimer-Marken seien in Deutschland praktisch alle Mercedes-Modelle, inklusive der Baureihe W124, BMW-Fahrzeuge mit großvolumigen Motoren, der Audi quattro, der Golf GTI, aber durchaus auch eher exotische Autos wie Jaguar und manche Modelle aus Japan, wie etwa Wankel-Fahrzeuge oder der Datsun ZX.

Für einen Mercedes W124 in gutem Zustand muss man heute mit Preisen ab 3.000 Euro rechnen, für einen 7er-BMW aus den 1980-Jahren zwischen 3.000 und 5.000 Euro. Steigende Preise verzeichnet ferner seit einigen Monaten ein alter Schwede: Der Saab 9000 scheint bei vielen Youngtimer-Liebhabern hoch im Kurs zu stehen. Der Preis für dieses Fahrzeug liegt derzeit um 2.500 Euro. Je nach Erhaltungszustand können die tatsächlichen Preise jedoch deutlich von diesen Erfahrungswerten abweichen.

Noch Youngtimer oder schon Oldtimer?

Wer etwas mehr investieren möchte, kann für 3.000 bis 5.000 Euro in den exklusiven Kreis der Porsche-Eigentümer aufsteigen. Dafür bekommt man das zwischen 1976 und 1988 produzierte Modell 924. Damals wurde dieser Sportwagen noch verspottet, weil unter der Kühlerhaube ein Audi-Motor brummte und es sich daher nach Meinung mancher Nörgler um keinen »echten Porsche« handelte. Heute hingegen birgt der 924 Kultpotenzial.

An der Schwelle vom Youngtimer zum Oldtimer angelangt sind inzwischen Autos, die noch vor wenigen Jahren zum Alltag auf deutschen Straßen gehörten – der Opel Senator zum Beispiel oder der Ford Sierra. Die Preise für diese Modelle dürften nach Ansicht von Experten in den nächsten Jahren zulegen.

Eine verbindliche Definition des Begriffs »Youngtimer« gibt es übrigens nicht. Sehr seltene und entsprechend begehrte Fahrzeuge können schon sehr früh zum begehrten Youngtimer aufsteigen. Ein Beispiel hierfür ist der auf 8.000 Einheiten limitierte BMW Z1, der nach der Produktionseinstellung im Jahr 1991 unter Liebhabern zum Kultauto avancierte. Für sehr gut erhaltene Exemplare werden bis zu 30.000 Euro verlangt.

Investmentkompass

Steuern und Versicherung

Wird der Youngtimer zum Oldtimer (älter als 30 Jahre), müssen pro Jahr pauschal 192 Euro Steuern gezahlt werden. Bei jüngeren Fahrzeugen hängt dies von der Schadstoffklasse und vom Hubraum ab. Die Steuer kann dann schon mal doppelt oder dreimal so hoch ausfallen. Die Versicherungstarife für Youngtimer schwanken erheblich. Wer genau vergleicht, kann viel Geld sparen.

Reparaturen

Je älter das Fahrzeug ist, desto schwieriger wird die Ersatzteilbeschaffung. Bei Youngtimern aus deutscher oder englischer Produktion stellt dies meist kein Problem dar. Schwieriger wird es bei italienischen und zum Teil auch bei französischen Fahrzeugen.

Informationen

Es gibt zahlreiche empfehlenswerte Internetseiten, so zum Beispiel www.youngtimer-portal.de oder www.autoatlas.dk (Dänemark); quartalsweise erscheint das Magazin *Motor Klassik Youngtimer*.

Wo kaufen?

Autobörsen im Internet mit Youngtimer-Angeboten: www.mobile.de, www.ebaymotors.de und www.autoscout24.de, spezialisierte Händler oder Auktionshäuser.

Wald und Ackerland – keine Bäume, die in den Himmel wachsen

Die Finanz- und Eurokrise bescherte der Immobilienbranche eine Sonderkonjunktur. Anleger aus dem In- und Ausland investierten verstärkt in das sogenannte Betongold. Gerade Objekte in Deutschland genießen offenkundig besondere Wertschätzung. An begehrten Standorten wie München, Stuttgart, Hamburg oder Wiesbaden explodierten die Preise förmlich. Schon warnte sogar die Deutsche Bundesbank vor einer Immobilienblase in Deutschland. Längerfristig freilich stellt sich eine ganz andere Frage, zumindest dann, wenn die Objekte als Kapitalanlage, also zur Vermietung, gekauft wurden. Wo werden in 20 oder 30 Jahren bei einer insgesamt deutlich zurückgehenden Bevölkerungszahl in Deutschland die Mieter sein, die den derzeit in großem Umfang entstehenden Wohnraum nachfragen? Nach einer Prognose des Population Reference Bureau (PRB) in Washington wird die Einwohnerzahl in Deutschland von derzeit rund 81,6 Millionen bis zum Jahr 2050 auf 71,5 Millionen sinken. Gleichzeitig wird aber gebaut, als wüchse die Bevölkerungszahl immer weiter. In den wirtschaftsstarken Regionen des Landes werden Neubaugebiete erschlossen, immer mehr Eigentumswohnungen und Eigenheime kommen auf den derzeit noch aufnahmefähigen Markt. Wer indessen nicht nur auf Sicht von drei oder vier Jahren, sondern von drei oder vier Jahrzehnten denkt, kommt schnell zu der Erkenntnis, dass derzeit erhebliche Überkapazitäten entstehen.

Aber es gibt durchaus interessante Alternativen zum Erwerb von Wohnhäusern und Eigentumswohnungen: Zunehmend interessieren sich Anleger für Wald und Ackerland. Und das ebenfalls mit Blick auf die künftige Bevölkerungsentwicklung – allerdings nicht nur in Deutschland, sondern global.

Denn weltweit wächst die Bevölkerungszahl. Im Herbst 2011 wurde der siebenmilliardste Erdenbürger geboren. Tendenz: weiter steigend. Parallel dazu werden der Bedarf an Lebensmitteln und der Energiehunger wachsen. Kein Wunder also, dass weitsichtige private und institutionelle Anleger zunehmend in Ackerland und Wald investieren. Obwohl dieses Investment so neu gar nicht ist. Kein Geringerer als Henry Ford (1863–1947) stellte einmal goldrichtig fest: »Land sollte man kaufen, denn dieses Produkt wird nicht mehr hergestellt.« Der ehemalige Staatssekretär im niedersächsischen Landwirtschaftsministerium zeigt sich gar euphorisch: »Die Preise für Wald und Acker steigen immer weiter. Wald ist als Geldanlage sogar sicherer als Gold.«

Langfristig eine gediegene Rendite

Schon in den vergangenen Jahren erwiesen sich solche Investments als höchst interessant. Der US-amerikanische NCREIF-Farmland-Index hat sich seit 1992 immerhin verdreifacht. Und der »Wald-Index« NCREIF Timberland legte seit 1987 jährlich im Schnitt um rund 15 Prozent zu. Sicher, die wichtigsten Aktienmärkte stiegen in diesen Jahren noch stärker, mussten jedoch gleichzeitig phasenweise erhebliche Rückschläge verkraften. Eigentümer von Wald und Ackerland hingegen verzeichneten eine stetige, gediegene Rendite. Längst sind es keine kauzigen Sonderlinge mehr, die diese Art des Investments favorisieren. Der ehemalige Vorstandsvorsitzende der Heidelberger MLP, Bernhard Termühlen, investierte ebenso in Ackerland wie der legendäre Hedgefonds-Milliardär George Soros.

Grund und Boden kann man in Westdeutschland erstehen, im Osten der Republik sind die Preise hingegen etwas günstiger. Allerdings haben sich die Preise für Ackerland in Deutschland seit 2005 teilweise etwa verdoppelt. Interessant erscheinen ferner die baltischen Staaten, aber auch Polen und Rumänien. Allerdings kommt es nicht nur auf den Preis an, sondern vorrangig auf die Fruchtbarkeit des Bodens.

Der Investor hat zwei Möglichkeiten, mit dem erworbenen Ackerland umzugehen. Er kann

- die Flächen verpachten oder
- sie selbst bewirtschaften.

Wer die Flächen verpachtet, überträgt das unternehmerische Risiko etwa infolge von schlechten Ernten auf seinen Pächter, dafür fällt die Rendite bescheidener aus (im Schnitt zwei bis drei Prozent pro Jahr). Bei der Selbstbewirtschaftung sind die Renditen etwa doppelt so hoch. Das freilich kommt nur infrage, wenn die Fläche nicht so groß ist, dass Personal oder Bewirtschaftungsgesellschaften eingesetzt werden müssen. Außerdem besteht bei einer Selbstbewirtschaftung auf überschaubaren Flächen die Möglichkeit, selbst Lebensmittel anzubauen. Angesichts der Tatsache, dass Lebensmittel immer knapper und somit teurer werden, ist dies vielleicht keine schlechte Idee.

Die Sache mit dem Holz hat allerdings einen Haken: Die direkte Investition in Wald eignet sich sicher nicht für Kleinanleger. Angesichts der gestiegenen Bodenpreise muss der Investor mit Kaufpreisen von einer Million Euro aufwärts rechnen – sofern er in Deutschland überhaupt noch Waldflächen bekommt. Für Unternehmerfamilien wie die Piëchs oder Porsches kein Problem, doch der Kleinanleger sollte sich eher nach entsprechenden Fonds umschauen. Sie funktionieren nach dem klassischen Fondsprinzip. Das heißt, das eingesammelte Geld von vielen kleinen und mittleren Anlegern fließt in einen Topf. Mit dem Kapital ersteht das Fondsmanagement dann Wald – vor allem in Rumänien, wo die Bodenpreise noch deutlich geringer sind als in Deutschland. Im Idealfall profitiert der Anleger gleich auf dreifache Weise: erstens durch das biologische Wachstum der Bäume, zweitens von der Anpassung des Erntezeitpunktes an den aktuellen Holzpreis und drittens vom Anstieg der Bodenpreise.

Unternehmerische Risiken bedenken

Holz ist ein Rohstoff der Zukunft, keine Frage. Nicht von ungefähr stammt der Modebegriff »Nachhaltigkeit« aus der Forstwirtschaft. Er besagt ganz schlicht, dass jeweils nur so viele Bäume gefällt werden dürfen wie auch wieder nachwachsen. Hinzu kommt, dass man mit Holz wesentlich effizienter arbeiten kann als mit anderen Materialien. Ein Beispiel: Bei der Herstellung von Holzfenstern werden während des gesamten Produktionsprozesses weniger als 10 Prozent jener Energie verbraucht, die bei der Herstellung von Fenstern aus Kunststoff oder Aluminium erforderlich ist.

Doch sollte der Anleger auch Unsicherheitsfaktoren bedenken. Zum einen ist die Beteiligung an einem geschlossenen Fonds immer mit der Übernahme von unternehmerischen Risiken verbunden. Es gibt keine Garantien, wirklich dauerhaft Gewinne zu erzielen. Außerdem trägt der Anleger das Insolvenzrisiko der Fondsgesellschaft. Hinzu kommt, dass es mindestens 20 Jahre dauern kann, bis ein Baum aufgewachsen ist und anschließend gefällt und verkauft werden kann. Schließlich können Waldbrände oder Schädlinge die Bäume vernichten.

Zweifellos fällt Wald und Ackerland etwas aus dem Rahmen der ansonsten im vorliegenden Buch vorgestellten Sachwerte. Dennoch: Wer viel Geduld aufbringt und ökologisch investieren möchte, kann durchaus maximal 10 Prozent seines Vermögens in einen »Holzfonds« investieren. Doch auch dabei wachsen die Bäume nicht in den Himmel. Bei zweistelligen Renditeversprechungen sollte man sehr auf der Hut sein.

INVESTMENTKOMPASS

Wie investieren?

Ein direktes Investment in Wald kommt normalerweise nur für Großanleger in Betracht. Für Anleger mit kleinerem oder mittlerem Investitionsvermögen bieten sich entsprechende Fonds an.

Wie hoch sind die Renditen?

Bei einem Direktinvestment zwischen 2 und 4 Prozent pro Jahr, abhängig von der Region und den vorherrschenden Baumarten. Manche Fonds werben mit zweistelligen Renditen. Bei solchen Angeboten ist Vorsicht angebracht. Außerdem: Wer in geschlossene Fonds investiert, erwirbt faktisch eine unternehmerische Beteiligung.

Perspektiven

Langfristig gute Aussichten auf eine stetige Rendite. Aber: Der Anleger sollte sich darüber im Klaren sein, dass Wald und Ackerland nicht für die kurzfristige Spekulation geeignet sind. Sie versprechen vielmehr Werterhalt, längerfristig Wertsteigerung und Inflationsschutz.

Weine – flüssige Werte als Outperformer

Weintrinker seien intelligent, sexy und gesund, stellte Hugh Johnson einmal fest. Ein solches Urteil kann nicht überraschen, denn immerhin stammt es von einem der weltweit bekanntesten Weinkritiker. Für ihn sind edle Gewächse ein durchaus lohnendes Geschäft. Aber eignen sich die flüssigen Werte wirklich als alternative Kapitalanlage? Offenkundig, denn die starke Nachfrage aus China katapultierte die Preise für »Investment-grade«-Weine in geradezu astronomische Höhen.

Diese Performance raubt nicht nur Weinfreunden den Atem: Der Preis für einen 1982er-Chateau Lâfite Rothschild hat in gut zehn Jahren um beinahe 1000 Prozent zugelegt. Auch andere Spitzenmarken aus dem Bordelais verzeichneten spektakuläre Preissteigerungen. Der Liv-ex-100 – also der in London ermittelte »Dax« für Blue-Chip-Weine – erklomm in den vergangenen Jahren ein Allzeithoch nach dem anderen. Und die führenden Auktionshäuser Sotheby's und Acker Merrall & Ondit erzielten bei Weinversteigerungen vor wenigen Jahren in Hongkong einen neuen Umsatzrekord von 25 Millionen US-Dollar. Von einem wahren »Goldrausch« berichtet das Fachmagazin *Falstaff*.

Angesichts solcher rational kaum noch erklärbaren Preissprünge warnte sogar der renommierte Weinkritiker Robert M. Parker, von dessen Urteil die Wertentwicklung von Top-Gewächsen maßgeblich abhängt, indirekt vor einer Blasenbildung. »Bordeaux ist zu sehr auf den Wohlstand der asiatischen Märkte ausgerichtet. Doch unabhängig davon, dass es dort viele reiche Leute gibt, erscheinen ständig steigende Preise sehr gefährlich«. Man mag es kaum glauben: Wenige Jahre nach der Finanzkrise, die auch auf dem Weinmarkt vorübergehend für Einbrüche sorgte, erlebt die Branche ein sensationelles Comeback.

Bordeaux-Weine machen das Hauptgeschäft

»Keine Frage, hochwertige Bordeaux-Weine machen nach wie vor das Hauptgeschäft und eignen sich in besonderer Weise für ein Wein-Investment«, meint Stefan Sedlmeyr, Geschäftsführer und Mitinhaber des Auktionshauses Munich Wine Company. Vor allem die prestigeträchtigen Marken aus dem Bordelais interessieren gleichermaßen Sammler und Investoren. Namen wie Mouton Rothschild, Petrus, Cheval Blanc, Lafite Rothschild und andere erste Adressen dominieren denn auch im Index-Korb des Liv-ex 100 (siehe Tabelle unten). Im marktbreiteren Weinindex Liv-ex-500 werden ferner Spitzenweine aus dem Burgund, Italien, Portugal, aus der sogenannten »Neuen Welt« (Australien und Kalifornien) und natürlich Jahrgangschampagner berücksichtigt.

»Wie in anderen Luxussegmenten gilt gleichermaßen für Wein: Die Marke macht's«, weiß Marc Fischer, Chef des Zürcher Weinauktionshauses Steinfels. Dieser Prestigefaktor erweist sich als ein wichtiger Preistreiber. Kleinere, unbekannte Marken von ähnlicher, vielleicht sogar noch besserer Qualität, haben in dieser Hinsicht das Nachsehen.

Die stärksten Marken gibt es im Bordelais. Daher sollten Bordeaux-Gewächse als Basis für ein Wein-Investment gelten. Sozusagen als Depotbeimischung erscheinen zunehmend auch die stärksten Brands aus anderen renommierten Anbaugebieten interessant. Zu den Kultweinen mit Wertsteigerungspotenzial gehören zum Beispiel Romanée-Conti aus dem Burgund, die italienischen Marken Sassicaia, Gaja und Ornellaia sowie der legendäre Penfolds Grange aus Australien. Im Liv-ex-500 sind ferner der kalifornische Opus One von Mondavia, Rhône-Weine (vor allem Guigal und Clos des Papes) sowie alte Ports der Marken Fonseca und Taylor vertreten.

Zusammensetzung des Liv-ex 100
- Bordeaux (rot): 95,09 %
- Bordeaux (weiß): 0,69 %
- Burgund (rot) : 1,56 %
- Champagne : 2,25 %
- Italien : 0,3 %
- Rhône : 0,1 %

Zusammensetzung des Liv-ex 500
- Bordeaux (rot): 64 %
- Bordeaux (weiß): 2,4 %
- Burgund (rot) : 11,1 %
- Burgund (weiß): 5,8 %
- Rhône: 5,2 %
- Champagne: 3,1 %
- Italien: 4,9 %
- Neue Welt (Australien, Kalifornien): 2,7 %
- Port: 0,8 %

Auch Modezyklen beachten

Doch klar ist auch: Längst nicht jeder Wein bringt die erhofften Renditen. Das hat dann vielfach nichts mit Qualität als vielmehr mit den Vorlieben des Kunden zu tun. Die Weinarten und Provenienzen unterliegen ebenso wie die Kunst und die Haute Couture modischen Zyklen. Spanischer Spitzenwein etwa scheint seit Jahren gleichsam mega-out zu sein. Die Spanier haben ihre Top-Weine, zum Beispiel den Vega Sicilia Unico. Doch abgesehen von diesen absoluten Spitzen sind spanische Gewächse seit Jahren eher schwer zu verkaufen. Und wenn, dann selten zu wirklich guten Preisen. Die Italiener wiederum haben sich ihre Krise der vergangenen Jahre selbst eingebrockt. Sowohl die Weingüter in der Toskana als auch im Piemont erlagen in der Euphorie zur Jahrtausendwende der Versuchung, zu den Preisen von französischen Spitzenweinen aufzuschließen. Mittlerweile sind die Preise für edle Italiener gesunken – und damit auch für Investoren wieder interessant.

Verhalten optimistisch zeigen sich Experten schließlich bei der Beurteilung deutscher Weine. Bis zum Ersten Weltkrieg war der deutsche Wein der teuerste der Welt. Dann kam der Absturz. Mittlerweile sind wieder zahlreiche deutsche Weingüter mit hervorragenden Gewächsen auf dem Markt. Und der Kunde ist bereit, für hohe Qualität einen angemessenen Preis zu zahlen.

INVESTMENTKOMPASS

Welche Weine haben Wertsteigerungspotenzial?

Aussicht auf Wertsteigerung bergen in erster Linie die extrem seltenen Weine sowie Gewächse, die von dem bekannten Weinkritiker Parker mit 100 Punkten – der Bestnote – geadelt wurden. Fachleute raten unter Investmentgesichtspunkten davon ab, Weine mit weniger als 90 Parkerpunkten zu erwerben.

Wichtig: das Füllniveau

Achten sollte der Käufer zudem auf das Füllniveau der Flasche. Weist zum Beispiel ein 1982er Bordeaux noch ein hervorragendes Füllniveau »Into neck« (im Hals) oder nur ein geringeres »Base of neck« aus?

Big is beautiful

Die Größe macht's. Überdurchschnittliche Renditechancen haben Spitzenweine in großen Flaschenformaten, also zum Beispiel 1,5- oder 3-Liter-Flaschen (Magnum beziehungsweise Jeroboam). Der Grund ist einfach: Solche Formate sind seltener als die üblichen 0,75-Liter-Flaschen. Als wertsteigernd erweisen sich überdies die üblichen Gebinde von zwölf Flaschen des gleichen Weins mit jeweils 0,75 Litern Inhalt oder sechs Flaschen mit je 1,5 Litern.

Risiken streuen

Als Mindestinvestment gilt ein Betrag von 10.000 bis 12.000 Euro. Risiken minimieren durch Streuung. Nicht nur Top-Weine einer Provenienz kaufen. Aber immer konsequent auf Qualität achten.

Vorsicht Fälscher!

Vorsicht vor dreisten Fälschungen. Der Investor sollte nur bei einem renommierten Auktionshaus oder im Fachhandel kaufen.

Whisky – in Schottlands Gold investieren

An alles hatten die Betrüger gedacht, um ihren arglosen Opfern das Geld aus der Tasche zu ziehen. Letztlich scheiterten sie an einem Fehler, den sie mit einer einfachen Recherche in einer Internet-Suchmaschine hätten vermeiden können. So aber köderten sie potenzielle Kunden mit einem vermeintlich alten Single-Malt-Whisky, angeblich aus einer der renommiertesten Destillerien Schottlands. Ein paar Hundert Euro sollte die Flasche kosten. Ohne Frage ein stolzer Preis, aber für eine solche Rarität sicher nicht übertrieben teuer. Da scheint in den nächsten Jahren mit etwas Glück ein ansehnlicher Wertzuwachs durchaus realistisch, dachte sich mancher Whisky-Freund und befasste sich etwas näher mit der scheinbar interessanten Offerte. Ein kurzer Blick in eines der Fachbücher oder auf eine der einschlägigen Seiten im Internet entlarvte den Anbieter jedoch als unseriösen Zeitgenossen, der seinen Kunden einen relativ einfachen Brand als alten Single-Malt-Whisky verkaufen wollte: Er hatte auf dem Etikett als Altersangabe ein Jahr genannt, in dem die Destillerie noch gar nicht existierte. Peinlich für den dreisten Fälscher, Glück für viele Whisky-Freunde, die ansonsten möglicherweise viel Geld für qualitativ minderwertige Ware ausgegeben hätten.

Die Aktivitäten der Whisky-Fälscher machen zweierlei deutlich: Erstens wird Single Malt nicht länger als ein etwas schräges Investment angesehen, das Sammlern vor allem als Alibi dient. Und zweitens sind immer mehr Kunden bereit, viel Geld für ein rares Top-Destillat auszugeben. Ein paar Hundert Euro pro Flasche muss der Kunde und Anleger schon rechnen, wenn er einen gesuchten Whisky von einer der ersten Adressen kaufen möchte. Anspruchsvolle Sammler und Genießer bewegen sich sogar schnell im vierstelligen Bereich.

Whisky als Asset-Klasse erscheint manchem noch immer reichlich exotisch. Wenn es schon »liquide Anlageformen« sein sollen, dann gelten nach wie vor rare Weine, vor allem aus dem Bordeaux, als erste Wahl. Dabei gibt es Whisky-Auktionen in größerem Umfang schon seit den 1980er-Jahren. Damals kamen im renommierten Auktionshaus Christie's die ersten nach dem Zweiten Weltkrieg angelegten Whisky-Sammlungen unter den Hammer. Verwundert rieben sich da viele Freunde dieses Edelbrandes die Augen: Der Wert mancher Single Malts war in rund 30 Jahren um das Fünf- bis Zehnfache gestiegen.

Im Jahr 2002 wurde eine Flasche (!) eines damals 62 Jahre alten Whiskys der renommierten Destillerie Dalmore für sage und schreibe 31.500 Euro versteigert. Ein glückliches Händchen bewies auch der Importeur Norbert Shelley, der in den 1990er-Jahren 76 Flaschen Macallan – von 30-jährigen bis zu Abfüllungen von 1856 – kaufte. Leider ist nicht bekannt, welchen Preis er für diese flüssigen Preziosen zahlte. Tatsache ist aber, dass der Wert dieser Sammlung innerhalb von drei Jahren auf rund 300.000 Euro stieg. Man darf getrost davon ausgehen, dass Norman Shelley kein schlechtes Geschäft machte.

Aber es geht auch eine Nummer kleiner. Whisky-Experte Thomas B. Ide berichtet von Bränden, die vor zehn Jahren rund 180 Euro pro Flasche kosteten, mittlerweile aber so stark gefragt sind, dass sie locker bis 1.000 Euro bringen können. Eine ansehnliche Rendite – noch dazu garantiert quellensteuerfrei.

Das klingt gut, doch sollte man bei Whisky-Investments vorsichtig sein. Selbst erfahrene Spirituosen-Experten trauen sich bisweilen an dieses Thema nicht heran. Und so mancher, der sich vom bernsteinfarbenen Getreidebrand aus Schottland einen kräftigen Schluck aus der Renditepulle genehmigte, erwachte mit einem finanziellen Kater.

Nur Single Malts bergen Potenzial

Grundsätzlich stehen die Zeichen gut, dass die Preise für die flüssigen Preziosen in den nächsten Jahren weiter steigen werden. Der Grund: Rund um die Welt entdecken immer mehr renditeorientierte Genießer den besonderen Reiz einer Whisky-Sammlung. »Unter Investment-Gesichtspunkten sollte man ausschließlich in Single-Malt-Whiskys investieren. Hände weg von Blended Whiskys«, rät Thomas B. Ide, der vor vielen Jahren sein Hobby zum Beruf machte und in Rheinfelden die »Whisky-Chamber« aus der Taufe hob.

In Schottland unterscheidet man vier Whisky-Regionen, als da wären: Highlands, Speyside, Island und die Lowlands. Differenzierter betrachtet, gilt es folgende Regionen und Unterregionen zu unterscheiden:

- Northern Highlands
- Western Highlands
- Central Highlands
- Eastern Highlands
- Speyside
- Islands
- Islay
- Campbeltown
- Lowlands.

Single Malts aus dem Süden überzeugen oft durch einen intensiven Geschmack. Aus dem Norden hingegen kommen die etwas milderen Varianten.

Freunde des Malt-Whiskys schätzen vor allem die außerordentliche Geschmacksvielfalt dieser Nobelbrände. Eigentlich erstaunlich, wird doch jeder Single Malt – wie erwähnt – aus reinem Gerstenmalz gebrannt. Danach reift er mindestens drei Jahre in Fässern, in der Regel freilich wesentlich länger. Der Geschmack und die Aromen von Single Malts werden vor allem von vier Kriterien bestimmt. So entscheidet zum Beispiel die Brennerei, ob das Malz nach dem Keimen mit neutraler Heißluft oder Torfrauch »gedarrt« wird. Bei der Verwendung von Torfrauch erhält der »Malt« später einen mehr oder minder stark ausgeprägten torfigen Geschmack. Das lieben viele Whisky-Freunde, andere wiederum können sich damit überhaupt nicht anfreunden. Ferner spielt die Gärung eine wichtige Rolle. Aus dem gemahlenen Malz wird zunächst mit heißem Wasser der Zucker gelöst. Nach der Abkühlung setzt man Hefe zu – die Gärung kann beginnen. Allerdings gibt es erhebliche Unterschieden zwischen den Hefestämmen. Manche verleihen dem späteren Whisky eine frische, fruchtige Komponente. Die Whiskyfreunde werden an Äpfel, Birnen oder Zitrusfrüchte erinnert. Andere Hefestämme sorgen für frische Blumen- oder Grasaromen. Wieder andere erzeugen komplexe, würzige Aromen.

Drittens entscheidet die Bestimmung der Fässer über den späteren Charakter. Junge Fässer sind dabei nicht geeignet; ihr Geschmack wäre zu intensiv. Daher reift das »Gold Schottlands«, wie der Single Malt häufig genannt wird, in gebrauchten Eichenfässern heran. Kenner schätzen spanische Sherryfässer, die allerdings recht teuer sind. Daher verwenden einige schottische Destillerien mittlerweile Fässer, die zuvor Kentucky-Bourbon oder Tennessee-Whiskey enthielten (US-amerikanischer und irischer Whiskey wird übrigens mit »e«, schottischer und kanadischer Whisky ohne »e« geschrieben).

Schließlich entscheidet die Lagerung über den späteren Geschmack und die Aromen des Whiskys. Dabei gilt, wie im Übrigen fast für alle Edel-Spirituosen: Je länger, desto besser. Im Laufe der Jahre reifen die zunächst noch frischen Aromen. Zugleich übernimmt der Whisky mehr und mehr Substanz aus der Fasswand. Neben Rauchigkeit, Gärung, Wahl der Fässer und der Lagerung bestimmen natürlich auch die Qualität der Destillation und die Art der eingesetzten Brennblasen über den Charakter des späteren Produkts.

Sammler und Investoren sollten ferner ausschließlich in Originalabfüllungen investieren, also in Whiskys, die unmittelbar vom Hersteller auf Flasche gefüllt werden. Die Brände unabhängiger Abfüller mögen in manchen Fällen sogar qualitativ besser sein, ihr Renditepotenzial ist in der Regel aber beschränkt. Ähnlich wie beim Wein, zählen beim Whisky die prestigeträchtigen Namen.

Besonders interessant erscheinen Brände aus dauerhaft geschlossenen Destillerien, die ihre Brennlizenzen zurückgegeben haben und somit niemals wieder brennen werden. Die Whiskys aus diesen »Lost Distilleries«, wie sie im Fachjargon heißen, sind äußerst rar. Nachschub ist nicht mehr zu erwarten, da die Brennerei nicht mehr existiert. Trifft dieses beschränkte Angebot auf eine steigende Nachfrage, können die Preise explodieren. Einige der ersten Adressen haben wir in nachfolgender Tabelle aufgelistet.

»Lost Distilleries«, die ein Investment lohnen

- Brora (schon relativ teuer)
- Banff
- Coleburn
- Convalmore
- Glenury Royal (schon relativ teuer)
- Imperia (tendenziell unterbewertet, wenig Originalabfüllungen)
- Kinkleith (bereits sehr teuer)
- Ladyburn (teuer, aber noch bezahlbar)
- Pittyvaich (noch unterbewertet)
- Port Ellen (schon überteuert)
- Rosebank (eher unterbewertet)

Manche Destillerien werden allerdings nur vorübergehend dichtgemacht und behalten ihre Brennlizenz. Ein bekanntes Beispiel hierfür ist die Destillerie Ardbeg auf der Insel Islay. Diese traditionsreiche Brennerei wurde vorübergehend geschlossen. Ende der 1990er-Jahre übernahm der französische Luxusgüter-Konzern Louis Vuitton Moët Hennessy (LVMH) das Unternehmen und eröffnete die Destillerie wieder. »Seither verzeichnen wir einen regelrechten Hype um Ardbeg-Whiskys«, sagt Thomas B. Ide. Zu den Highflyern gehört darüber hinaus die Brennerei Bowmore, die ihren Sitz ebenfalls auf der Isle of Islay hat. Im Jahr 1779 von David Simson gegründet, handelt es sich um die älteste Destillerie auf dieser schottischen Insel. Von Genießern und Investoren gleichermaßen geschätzt wird unter anderem der Bowmore Claret, der in Bordeaux-Weinfässern heranreift.

Experte Ide empfichlt Einsteigern jedoch, nicht unbedingt die sehr teuren Whiskys zu kaufen, die in den vergangenen Jahren durch hohen Marketingaufwand gepusht worden seien. »Die Chance, dass sich der Preis für einen Whisky, der aktuell etwa 1.000 Euro pro Flasche kostet, in den kommenden Jahren verdoppelt, erscheint eher gering. Ein Whisky, der heute bei 200 oder 300 Euro pro Flasche liegt, kann in ein paar Jahren aber durchaus auf 1.000 Euro steigen«, meint der Experte. Der Grund ist einfach: Zwar sind Whisky-Genießer und -Investoren durchaus bereit, für gesuchte Qualitäten ein paar Hundert Euro auszugeben. Bei 1.000 Euro verläuft jedoch oft die Schmerzgrenze. Von wenigen Investoren abgesehen, möchte kaum ein Whisky-Freund vierstellige Preise zahlen. Muss er auch nicht, denn es gibt durchaus Malt-Whiskys zum Preis von 100 Euro oder sogar noch darunter, deren Wert in den nächsten Jahren deutlich steigen könnte. Dabei handelt es sich um Brände aus Destillerien, die derzeit nicht so stark im Fokus stehen.

Nachkriegsjahrgänge sind gefragt

Wer in Whisky investiert, sollte langfristig planen, denn meist dauert es viele Jahre, bis die Brände an Wert zulegen. Ähnlich wie beim Wein, gilt auch für Whisky: je älter, desto wertvoller. Von Ausnahmefällen abgesehen, stammen die ältesten derzeit noch verfügbaren Getreidebrände aus den 1930er-Jahren. Sehr begehrt bei Sammlern sind ferner Whiskys aus den Nachkriegsjahrgängen. »Für sehr alte Whiskys muss der Liebhaber schon Preise zwischen 1.000 und 2.000 Euro akzeptieren«, weiß Theresia Lüning, Chefin des Versandhauses »The Whisky Store« und ausgewiesene Expertin für harte Getränke.

Mit kühlem Kopf entscheiden

Wie erwähnt, sollten unter Investment-Aspekten ausnahmslos schottische Single Malts und damit die höchste Qualitätsstufe infrage kommen. Blended Whiskys – selbst die teuersten – eignen sich nicht als Kapitalanlage. Wichtig ist darüber hinaus eine konsequente Investmentstrategie. Kein erfahrener Anleger käme auf die Idee, Aktien oder Aktienfonds nach dem Zufallsprinzip zu kaufen. Der erfolgreiche Anleger wird sich zunächst informieren, sich für bestimmte Branchen oder Regionen entscheiden und dann vielversprechende Titel aussuchen. Bevor der Whisky-Investor in größerem Umfang Geld in das hochprozentige »Lebenswasser« steckt, gilt es, eine ganz individuelle Anlagestrategie zu entwickeln. Vier Formen des Whisky-Investments stehen zur Wahl:

1. Die »Erste-Adressen«-Strategie. In diesem Fall ersteht der Investor die besten Abfüllungen einer bestimmten renommierten Brennerei.
2. Die »Regional-Strategie«. Der Anleger kauft ausschließlich Whiskys aus einer ganz bestimmten Region (zum Beispiel Highland oder Insel Islay).
3. Die »Best-of-Strategie«. Der Anleger ersteht ausschließlich die Top-Abfüllungen aller renommierten Destillerien.
4. Die »Limited-Strategie«. Der Investor entscheidet sich ausschließlich für limitierte Abfüllungen renommierter Destillerien.

Bleibt die Frage, nach welchen Kriterien man die Brände auswählen soll. Für Anleger, die ihr Geld in edle Weine investieren, ist es ein ungeschriebenes Gesetz, nur Rebensäfte zu kaufen, die vom renommierten Weinkritiker Robert M. Parker möglichst viele Punkte bekommen. Der »Parker« des Whisky-Marktes heißt Michael Jackson. Der mittlerweile verstorbene Whisky-Experte bewertete die Brände ebenfalls mit Punkten, und sein Whisky-Standardwerk *Malt Whisky* gilt vielen Sammlern und Investoren nachgerade als »Bibel«. Die einzelnen Single Malts werden in diesem Buch nach den Kriterien »Farbe«, »Duft«, »Körper«, »Geschmack« und »Abgang« beurteilt, dann folgt die entsprechende Punktzahl.

Experte Thomas B. Ide warnt jedoch davor, das Urteil von Michael Jackson zum Maß aller Dinge zu machen: »Auch dem Investor sollte der Whisky schmecken. Dann kann er ihn immerhin noch genießen, wenn sich der Preis wider Erwarten nicht in die erhoffte Richtung entwickeln sollte«, sagt Ide augenzwinkernd.

Investmentkompass

Lagerzeit
Grundsätzlich gilt natürlich: Je älter der Whisky ist, desto besser. Malt-Whiskys reifen in der Regel mindestens acht Jahre, mitunter sogar mehrere Jahrzehnte in Fässern. Ein Teil des Brandes verdunstet im Laufe der Jahre. Brennmeister sprechen in diesem Zusammenhang poetisch vom »Anteil der Engel«.

Wie lagern?
Whiskys sollten vor prallem Sonnenlicht und großer Hitze geschützt werden. Feuchte Keller sind zur Lagerung übrigens wenig geeignet, da das Etikett aufweicht und eventuell schimmelig wird.

Wo kaufen?
Spitzen-Whiskys nur bei Fachhändlern oder in renommierten Auktionshäusern (zum Beispiel *www.bonhams.com*; *www.mctears.co.uk* oder *www.whiskyauction.com*).

Perspektiven
Alte Malt Whiskys aus nicht mehr existierenden Brennereien weisen das stärkste Wertsteigerungspotenzial auf.

Wissenschaftliche Instrumente – Nostalgie treibt die Preise

Vom »Charme des Ungefähren« schwärmt Deutschlands Marktführer im Liebhabersegment der Einzeigeruhren, die nie die Zeit sekundengenau anzeigen können. Wenn das stimmt, dann dürften Sonnenuhren als ziemlich ungefähre Zeitmesser die wohl charmantesten Uhren sein. Und nicht nur das: Antike Stücke von großen Meistern erreichen Preise, für die man durchaus eine zeitgenössische Schweizer Nobeluhr mit Komplikationen bekommt.

Zu den großen Meistern zählt der im Jahr 1588 verstorbene Uhr- und Sonnenuhrmacher Ulrich Schniepp. Er kümmerte sich unter anderem um die Zeitmesser des bayerischen Herzogs Wilhelm V. und machte sich durch eine Reihe von außergewöhnlichen Sonnenuhren einen bleibenden Namen. Bekannt sind seine Büchsensonnenuhren für die Reise oder die von ihm gefertigte Pulverflasche mit eingebauter Sonnenuhr. Seltene Büchsensonnenuhren von Ulrich Schniepp aus dem 16. Jahrhundert werden heute zu Preisen bis 15.000 Euro gehandelt.

Ein anderes Instrument zur archaischen Zeitmessung – die Sanduhr – bleibt zwar deutlich hinter den kostbaren Sonnenuhren zurück, doch seltene Stücke aus dem 17. Jahrhundert können durchaus vierstellige Summen erzielen.

Beide Ur-Uhren zählen zur Kategorie der historischen wissenschaftlichen Instrumente, die sich seit Jahren steigenden Sammlerinteresses erfreut. »Zu dieser Gruppe gehören daneben unter anderem Globen, Mikroskope, Fernrohre sowie Instrumente aus der Medizin und zur Vermessung«, weiß Simon Weber-Unger, Experte im Wiener Auktionshaus Dorotheum.

Vor allem Globen steigen seit Jahren im Preis. Gesuchte Modelle aus dem 18. Jahrhundert sind selten unter 5.000 Euro zu haben. Dazu zählt der Erdglobus im Holzgestell des Nürnberger Pfarrers und Mathematikers Johann Philipp Andreae (1700–1760) mit Kupferstichsegmenten und einem Vollkreismeridianring aus Messing, der im Dorotheum jüngst zu einem Schätzpreis zwischen 3.000 und 5.000 Euro angeboten wurde. Aber auch Globen aus dem 20. Jahrhundert sind mitunter gefragt. Für Reliefgloben mit in Ölfarbe gemaltem Kartenbild zahlen passionierte Sammler ebenfalls vierstellige Summen.

Sehnsucht nach der prä-digitalen Zeit

»Historische Globen sind meist kunstvoll verarbeitet, haben einen wissenschaftlichen Hintergrund und noch dazu einen starken Symbolcharakter, zum Beispiel Macht«, sagt Weber-Unger. Obwohl Globen sehr gefragt seien, entwickle sich der Markt weg vom Sammler, der ausschließlich in bestimmte Instrumente, also etwa nur in Globen oder Mikroskope, investiere. »Kunstsinnige Menschen umgeben sich gern mit Objekten, die ein bisschen mehr bieten als nur Alter. Gerade wissenschaftliche Instrumente stehen oft für eine ganze Epoche an technischer Revolution oder Wissenschaftsgeschichte«, erläutert der Wiener Experte. Das macht den besonderen Reiz von historischen wissenschaftlichen Instrumenten aus und lässt wohl auch künftig steigende Preise erwarten. Hinzu kommt eine zunehmende Sehnsucht nach Objekten aus prä-digitalen Zeiten, als Instrumente im doppelten Wortsinn noch »begreifbar« waren.

Nicht alle Artefakte mit Wertsteigerungspotenzial müssen derweil optische Hochgenüsse sein. Manche jagen dem Betrachter vielmehr einen Schauer über den Rücken. Zum Beispiel die sogenannten Pelikane, mit denen die Dentisten vom 17. bis ins 19. Jahrhundert kranke Zähne zu entfernen pflegten. Obwohl schon der Berliner Hofzahnarzt Johann Jacob Serre (1759–1830) den Pelikan als ein »sehr ungeschicktes Instrument« bezeichnete, kamen vor allem im 18. Jahrhundert besondere Luxus-Ausführungen auf den Markt, die heute allerdings anmuten wie Folterinstrumente aus dem Mittelalter. Ein eiserner Pelikan mit Überwurf und gedrechseltem Wurzelholzgriff bringt auf Auktionen rund 1.000 Euro und mehr. Und um im Bereich des Makabren zu bleiben: Sogar alte Arm- und Beinprothesen werden für ein paar Hundert Euro gehandelt.

Ein besonders populärer Vertreter aus der prä-digitalen Zeit ist die mittlerweile nur noch selten zu findende mechanische Rechenmaschine Curta I aus den 1950er-Jahren. Sie erinnert an eine Epoche, als nicht per Mausklick und Tastendruck gearbeitet wurde, sondern mittels einer Kurbel, weshalb man die Curta häufig als »Kaffeemühle« bezeichnete. Die von Curt Herzstark entwickelte, zylinderförmige Rechenmaschine wurde bis 1970 im Fürstentum Liechtenstein produziert. Eine gut erhaltene Curta I von 1950 bringt aktuell zwischen 1.500 und 2.000 Euro. Wer eine solche Rechenmaschine sein Eigen nennt, darf wohl mittelfristig auch mit einer Wertsteigerung rechnen.

INVESTMENTKOMPASS

Die Ursprünge

Der Begriff »Historische wissenschaftliche Instrumente« leitet sich aus dem englischen »Antique scientific instruments« ab. In England hat sich schon früh ein Markt für solche Geräte gebildet. Zu dieser Kategorie gehören optische, mechanische, medizinische und naturwissenschaftliche Instrumente und Modelle.

Die Nachfrage

Begehrt sind vor allem Globen, Mikroskope, Sonnenuhren, mineralogische Instrumente sowie (zahn)medizinische Modelle.

Die Preistreiber

Wer mittel- bis langfristig eine Wertsteigerung anstrebt, muss auf Seltenheit, Originalität, Provenienz und den wissenschaftsgeschichtlichen Kontext der Objekte achten.

Zeppelinpost – »Wertpapiere« nur für Liebhaber

Eigentlich war es ein ganz normaler Einschreibebrief, der Ende April 1937 im Hauptpostamt Erfurt aufgegeben und dort unter der Nummer 363 registriert wurde. Empfänger sollte ein gewisser Kurt Roetsch in Chicago sein. Der Brief musste auf dem schnellsten Weg in die USA gelangen, deshalb entschied sich der Absender für eine Sendung per Luftpost. Und das wiederum bedeutete damals den Transport mit einem Zeppelin. Doch selbst das war seinerzeit nicht mehr so exotisch wie noch ein paar Jahre zuvor. Denn inzwischen beförderten Zeppeline neben den Passagieren regelmäßig auch Tausende von Postsendungen. Selbstverständlich erhielt der Brief den begehrten Zeppelin-Stempel (»Deutsche Luftpost – Europa-Südamerika«), was ihn zwar schon zu einer besonderen Sendung, aber natürlich nicht wirklich wertvoll machte. Vielleicht würde Mister Roetsch den Brief aufheben, ihn später stolz seinen Kindern und Enkeln zeigen. Dass daraus aber einmal ein kostbarer Schatz der Aerophilatelie werden sollte, konnte der Absender nicht ahnen, als er den Brief dem Schalterbeamten in Erfurt aushändigte. Tatsächlich aber hätte nicht viel gefehlt und der Brief wäre ein Opfer einer der spektakulärsten Katastrophen der Luftfahrtgeschichte geworden – so wie über 17.000 andere Postsendungen, die an Bord des Zeppelins LZ-129 am 6. Mai 1937 in Lakehurst bei New York in Flammen aufgingen. Die wenigen Sendungen, die gerettet werden konnten, nennen Philatelisten ein wenig pietätlos »Absturzpost«. Und jeder Sammler darf sich glücklich schätzen, wenn er einen Brief oder eine Karte aus dem Katastrophen-Zeppelin besitzt. Nach Möglichkeit natürlich mit Brandspuren. Es gibt lediglich 368 Postsendungen, die damals aus dem brennenden Zeppelin gerettet werden konnten. Entsprechend hoch sind die Preise.

Wer sich zum Beispiel bei ebay umschaut, findet zahlreiche Postkarten mit Zeppelinstempeln, die für einen Preis im mittleren zweistelligen Bereich erhältlich sind. Eignet sich Zeppelinpost also wirklich als Kapitalanlage? Grundsätzlich nicht, räumen sogar leidenschaftliche Aerophilatelisten ein. Es ist eben wie Briefmarkensammeln: Nur wenige und äußerst seltene Stücke bergen Wertsteigerungspotenzial. Ansonsten ist auch die Aerophilatelie in erster Linie eine Passion für Sammler mit ausgeprägter Affinität zur Luftfahrt und nicht unbedingt eine alternative Geldanlage.

16.000 Euro für einen Zeppelin-Brief

Und dennoch gibt es sie: Zeppelin-Briefe und -Postkarten, die auf Spezialauktionen erst zu Preisen zugeschlagen werden, die dem Gegenwert eines Kleinwagens entsprechen. Eine der spektakulärsten Versteigerungen in dieser philatelistischen Nische war eine Auktion im Mai 2008 in Wiesbaden. Das renommierte Auktionshaus Heinrich Köhler verkaufte damals die viel beachtete Sammlung von Gerhard Wolff, dem es ganz offenkundig nicht leichtfiel, sich von seinen Schätzen zu trennen. »Natürlich empfinde ich Traurigkeit, wenn ich mich von meiner Sammlung trenne. Aber es bereitet mir Freude, wenn ich weiß, dass Hunderte anderer Sammler mit diesen Stücken so glücklich werden, wie ich es einmal war.« In der Tat konnten sich die Auktionsergebnisse sehen lassen. Nicht weniger als 16.000 Euro brachte ein Brief mit einem kompletten Zeppelin-Briefmarkensatz mit dem Ersttagsstempel »Washington APR 19, 1930« ein. Der Brief hatte eine Rundreise von Friedrichshafen am Bodensee nach Lakehurst und von dort zurück nach Friedrichshafen gemacht.

Ein Zeppelin-Brief der finnischen Post, adressiert an Frau Fröken Mirjam Tavaststejerna im Konsulat Finnlands in Stockholm brachte 11.500 Euro ein. Ein kleines, skurriles Detail hatte diesen Brief zu einer Seltenheit gemacht. Er war mit zwei 10 M.-Marken frankiert. Eine der Marken trug den richtigen Aufdruck »Suomi Zeppelin 1930«. Doch auf der anderen Marke stand »Suomi Zeppelin 1830« – ein klassischer Fehldruck, der diesen Brief zu einer absoluten Großrarität machte. Ein Zeppelin-Brief mit Bordstempel von einer Reise nach Südamerika wechselte bei 8.000 Euro seinen Besitzer. Dafür ist der Umschlag vom Zeppelin-Pionier Dr. Eckener persönlich signiert. Dies sind nur einige Highlights für eine herausragende Wertentwicklung in diesem Sammelgebiet.

Nun gab es früher neben den Zeppelinen auch noch andere Luftschiffe, die ebenfalls Post beförderten. Diese Sendungen werden aber als Luftschiffpost bezeichnet. Mit anderen Worten: Nur Karten und Briefe, die tatsächlich an Bord eines Zeppelins waren, gelten als Zeppelinpost. Schon mit dem Zeppelin LZ 6 wurden nicht nur Passagiere, sondern auch Postsendungen befördert. Hierzu wurden die Briefe und Karten mit einem luftschiffeigenen Poststempel versehen. Nach dem Ersten Weltkrieg nahmen die deutschen Luftschiffer zwar schnell wieder den Verkehr auf und beförderten sowohl Passagiere als auch Post. Doch hatten sie die Rechnung ohne die Siegermächte gemacht. So musste der Zeppelin LZ 120 »Bodensee« im Jahr 1921 als Reparationsleistung an Italien übergeben werden. Den neu gebauten LZ 126 erhielten die Amerikaner als Reparationszahlung. Er wurde in den USA ebenfalls zur Postbeförderung eingesetzt. Damit begann die Geschichte der US-amerikanischen Zeppelinpost.

Ihre Blüte erlebte die Zeppelinpost mit den Luftschiffen LZ 127 und LZ 129 in den Jahren zwischen 1928 und 1937. Die Zeppeline wurden mehr und mehr als luxuriöse und im Vergleich mit den Überseeschiffen sehr schnelle Verkehrsmittel geschätzt. Sie ermöglichten es wohlhabenden Menschen, die sich die teuren Tickets leisten konnten, in überschaubarer Zeit in die USA und nach Südamerika zu gelangen. Und immer mit dabei: jede Menge Post.

Briefe und Karten wurden abgeworfen

Nicht immer blieben die Briefe und Karten bis zur Landung am Ziel an Bord. Vielfach wurden sie auch unterwegs in speziellen Behältnissen abgeworfen. Daneben gab es sogenannte »wilde Abwürfe« einzelner Poststücke. Sie wurden mit der Bitte der Zeppelin-Besatzung versehen, die Briefe und Karten dem nächsten Postamt zur weiteren Bearbeitung zu übergeben. An Bord der Zeppeline entstanden mit der Zeit sogar eigene kleine Postämter, wo man die begehrten Flugpost-Stempel erhielt. Fast für jeden Flug gab es eigens gestaltete Flugbestätigungsstempel. Zu besonderen Ereignissen gab die Reichspost zudem eigene Zeppelin-Briefmarken heraus. So zum Beispiel anlässlich der Polarfahrt des LZ 127 im Jahr 1931 oder zur Weltfahrt desselben Luftschiffs zwei Jahre zuvor. Zeppelinpost mit Stempel und Zeppelin-Briefmarken sind bei den Sammlern besonders begehrt.

Jeder Zeppelin-Brief und jede Zeppelin-Karte erzählt eine kleine Geschichte, weckt den Traum von Reisen in ferne Länder. Aber handelt es sich auch um »Wertpapiere«? Zwar gibt es eine weltweite Fangemeinde, die – wie die genannten Beispiele belegen – durchaus bereit ist, viel Geld für besonders rare Poststücke zu zahlen, dennoch ist der Markt sehr eng. Wirklich wertvolle Stücke lassen sich fast ausschließlich über entsprechend spezialisierte Auktionshäuser kaufen oder verkaufen (siehe Investmentkompass). Im Grunde trifft somit alles, was wir im Zusammenhang mit Briefmarken erwähnten, auch auf ein Investment in Zeppelinpost zu. Wer sich für dieses Thema interessiert – und Zeppelinfreunde gibt es viele –, kann einen sehr überschaubaren Teil seines Vermögens durchaus in solche seltenen Poststücke investieren. Doch mit einer nennenswerten Wertsteigerung darf – wenn überhaupt – erst sehr langfristig gerechnet werden. Insofern handelt es sich um ein klassisches »Enkel-Investment«. Das heißt, erst die übernächste Generation profitiert davon. Allerdings können sich besondere Ereignisse, wie der 75. Jahrestag des Zeppelin-Absturzes in Lakehurst, auch kurzfristig preissteigernd auswirken.

INVESTMENTKOMPASS

Spreu vom Weizen trennen

Chancen auf Wertsteigerung haben nur rare Poststücke, die zum Beispiel bei außergewöhnlichen Flügen verschickt wurden oder aber einen prominenten Absender oder Empfänger haben. Besonders begehrt: Die sogenannte »Absturzpost« aus dem Jahr 1937. Auf guten Erhaltungszustand achten.

Wo kaufen oder verkaufen?

Vorsicht Fälscher! Es empfiehlt sich, nur auf Auktionen anerkannter Auktionshäuser zu kaufen, wie zum Beispiel Heinrich Köhler (www.heinrich-koehler.de), Auktionshaus Feldmann (www.felzmann.de), Schwanke Auktionen (www.schwanke-auktionen.de) und Johannes E. Palmer Auktionen (www.aerophil.de).

Weitere Informationen

Eine wahre Fundgrube ist die Seite www.ezep.de. Der Betreiber hat seinen Sitz, wie könnte es anders sein, am Bodensee unweit der Zeppelinstadt Friedrichshafen.

Perspektiven

Wertsteigerungspotenzial bei sehr raren und gesuchten Stücken, allerdings nur langfristig.

Zigarren – Investment oder blauer Dunst?

Mitunter kann der Humidor zum Tresor werden. Dann nämlich, wenn in diesen edlen Feuchtschränken Spitzenzigarren gelagert werden. Dennoch ist dieses Investment nur etwas für Aficionados, die sich sehr gut auskennen und darin einen Teil ihrer genussvollen Leidenschaft sehen. Welche Provenienzen kommen überhaupt in Betracht, welche Marken überzeugen?

Manches Investment kann unversehens in Rauch aufgehen. Das weiß die Anlegergemeinde spätestens seit der Lehman-Pleite im Herbst 2008. Bei Zigarren ist das ganz wörtlich zu nehmen, denn ähnlich wie bei Top-Weinen steht der Aficionado bei diesen edlen Tabakprodukten oft vor der Versuchung, sich dem Genuss hinzugeben – statt seine Havannas im Humidor aufzubewahren und auf eine Wertsteigerung zu hoffen. Eine Stunde Tabakgenuss, und die Renditeerwartung zerfällt in Asche. Wer mithin Feuer und Flamme für edle Zigarren ist, sollte schon sehr stark bleiben, wenn er auf eine Rendite spekuliert.

Mehr noch als beim Wein stellt sich die Frage, ob gesuchte Zigarren tatsächlich als Kapitalanlage taugen, oder ob es sich nicht doch eher um ein beliebtes Alibi für Zeitgenossen handelt, die schon mal für eine Davidoff Aniversario No. 1 knapp 45 Euro pro Stück hinblättern. Auch die Doppelcorona Colón Grand Vintage 2001 aus Panama gehört mit knapp 29 Euro pro Stück sicher schon zu den Investment-Grade-Zigarren.

Zigarren: Genuss- statt Assetklasse

Alles nur blauer Dunst? Die Meinungen gehen auseinander. »Zigarren bieten durchaus gute Renditechancen. Allerdings kommt es auf die Besonderheit des Deckblattes und der Tabakkomposition, das Alter, die Herkunft und den Hersteller an«, stellt der Finanzexperte und Buchautor Valentin Brodbecker fest. Marc Benden, Chef des Düsseldorfer Unternehmens Tabac Benden, äußert sich schon deutlich zurückhaltender: »Wir haben durchaus ein paar alte Davidoffs in unserem Privatbestand, für die uns schon viel Geld geboten wurde. Generell sind Zigarren für mich jedoch eine Genuss- und keine Assetklasse«.

Trotzdem haben rare Tabakprodukte aus dem High-end-Segment schon so manchen Connaisseur glücklich gemacht. Und zwar nicht etwa beim formvollendeten Genuss, sondern beim Verkauf der Zigarren. Im Jahr 2007 zum Beispiel wechselte eine Box mit 25 Stück La Flor de Cano Short Churchills für umgerechnet 8.300 Euro den Besitzer. Ein Humidor mit 96 Stück Hoyo de Monterrey Diademas brachte es bei einer Auktion auf 12.000 Euro. Und eine gut gelagerte Davidoff »Aniversario 80« aus dem Jahr 1985 dürfte heute einen Wert zwischen 700 und 800 Euro pro Stück haben.

Ein Randthema für Freaks

Längst haben auch professionelle Marktteilnehmer die Chance erkannt, mit Nobel-Zigarren Geld zu verdienen. Auf dem Investmentmarkt sind die Aficionados nicht mehr unter sich, seit bei renommierten Auktionshäusern edle Havannas versteigert werden. Und vor einigen Jahren legte sogar ein Düsseldorfer Finanzdienstleister einen geschlossenen Fonds auf, der gezielt in renditeträchtige Zigarren und deren Vertrieb investierte. So richtig erfolgreich waren jedoch weder die Auktionatoren noch die Fondsmanager. Cigar-Investments bleiben eben ein Randthema für Freaks und können nicht etwa mit dem Renditepotenzial großer Spitzenweine verglichen werden.

Dennoch erfüllt es manchen Zigarrenfreund durchaus mit Besitzerstolz, wenn er in seinem Humidor einige der teuersten Exemplare aufbewahrt, von denen er weiß, dass er sie mit etwas Glück mit einem schönen Gewinn verkaufen könnte. Doch welche Kriterien müssen erfüllt sein, um überhaupt auf eine nennenswerte Rendite hoffen zu dürfen? Ähnlich wie beim Wein kommt es zunächst auf die Provenienz und die Marke an. Was für die Bacchus-Jünger Bordeaux, ist für die Zigarren-Freunde Havanna, selbst wenn auf Castros kommunistischer Zuckerinsel in den vergangenen Jahren viel geschlampt wurde, was zu deutlichen Qualitätsschwankungen führte. Daher sind vor allem Jahrgangszigarren (»vintage cigars«) aus früheren Zeiten gefragt. Havannas aus den Jahren vor 1998 weisen im Allgemeinen eine gute Qualität auf. Und natürlich wirken große Namen mit hohem Prestigefaktor potenziell wertsteigernd. Hierzu zählen Davidoff, Cohiba, H. Upmann, Hoyo de Monterrey, Montechristo, Partagas, Ramón Allones sowie Romeo y Julieta.

Hoch im Kurs stehen die erwähnten »vintage cigars«, die aus den besten Tabaken eines Jahrgangs per Hand gerollt werden. Mitunter liegen diesen Zigarren Zertifikate bei, aus denen die Fermentationszeit, der Monat der Produktion und die Reifezeit hervorgehen. Schließlich können sich auch außergewöhnliche Formate wertsteigernd auswirken. Besonders großformatige Zigarren haben in dieser Hinsicht Vorteile. Die Davidoff Aniversario No.1 beeindruckt zum Beispiel durch ihr stattliches Gigante-Format. Ferner werden Doppelcoronas sowie die Formate Lonsdale und Churchill geschätzt. Zur hohen Schule der Zigarrenherstellung zählt ferner das Format Doppel-Figurado, also Zigarren mit einem konischen Körper, der sich nach beiden Enden verjüngt. Dieses Format gleicht einem Mini-Zeppelin.

Wer in Zigarren investieren möchte, braucht neben einem hohen Maß an Expertise in erster Linie einen wirklich guten Feuchtschrank (Humidor), denn ansonsten sind die guten Stücke bald so brüchig wie manche Hoffnung der Anleger.

INVESTMENTKOMPASS

Heikles Investment

Zigarren sind vorrangig ein Genussmittel. Nur ein wirklicher Aficionado mit sehr viel Wissen über dieses Tabakprodukt sollte sie auch als Investment in Betracht ziehen. Vorausgesetzt, er verfügt über einen qualitativ wirklich hochwertigen Humidor.

Wertsteigernde Kriterien

Große Marken und prominente Herkunft versprechen gute Preise. Ferner kommt es auf das Deckblatt, die Tabakkomposition und das Alter an. Gefragt sind in erster Linie Jahrgangszigarren.

Vorsicht Fälschungen

Seit Jahren sind raffinierte Fälschungen von teuren Zigarren auf dem Markt. Sogar Experten tun sich bisweilen schwer, diese billigen Imitate zu erkennen.

Risiken

Niemand vermag einigermaßen verlässlich einzuschätzen, welche Zigarren im Wert zulegen dürften und wie viele Jahre die Kraft der Tabakblätter reichen wird.

Sichwortverzeichnis

Z